다양성이 존중받는 세상을 꿈꾸는 소시민의

노랑생각

진인진

다양성이 존중받는 세상을 꿈꾸는 소시민의   노랑생각

초판 1쇄 발행 | 2019년 10월 10일

지은이 | 김성현
발행인 | 김태진
발행처 | 진인진
등   록 | 제25100-2005-000003호
주   소 | 경기도 과천시 별양상가 1로 18 614호(별양동 과천오피스텔)
전   화 | 02-507-3077-8
팩   스 | 02-507-3079
홈페이지 | http://www.zininzin.co.kr
이메일 | pub@zininzin.co.kr

ISBN 978-89-6347-422-9 03300

* 책값은 표지 뒤에 있습니다.

목차

서문
노랑생각

전국에 흩어져 살기에 자주 볼 수 없는 친구들이 아주 가끔 모인다. 모여서 각자의 일 얘기, 세상 돌아가는 이야기를 나누는 아저씨들의 수다가 상당하다.

그러던 어느 날 누군가 물었다. "너희들은 아이들과 대화가 잘 되느냐"고. 우리가 경험하지 못한 그리고 미처 예상하지 못한 세상을 사는 아이들과 인식의 간극은 없느냐는 질문이었다. 세대가 달라지며 경험과 가치도 어느 정도 바뀌지 않았느냐며 우리의 시각에서 아이들에게 강요할 수도 없고, 강요해서도 안되지만 그래도 세상을 보는 인식은 공유해야 좋은 것이 아니겠느냐는 대화가 이어졌다.

우리가 겪었던 20대와 우리 아이들이 지나는 20대가 똑 같을 수는 없지만 아이들을 이해하기 위해서라도 그리고 아이들과 더 좋은 대화를 위해서라도 우리의 인식은 넓어져야 하지 않겠느냐는 결론. 그러다가 근자에 와서 쟁점이 되거나 문제가 커보이게 된 몇 가지 주제에 대한 대화를 나눈 기억이 있다. 그러다가 갑자기 튀어나온 한 친구의 제안은 누군가 이걸 정리해서 청년과의 대화에 도움이 되도록 하자는 이야기로 연결됐다. 일단 다들 좋은 생각이라 떠들었지만 누군가는 정리를 해야 한다는 무거운 부담감. 그 누군가가 된 나. 같이 왁자지껄 떠들 때가 좋았다.

하... 이제 어떻게 해야 하나...

그러다가 대학 시절 그토록 쓰기 싫어했던 리포트 과제를 이제서야 한다는 생각으로 책을 보며 생각을 정리한 게 이 책이다. 진작하지 않은 공부를 탓하며 다 늦은 나이에 새로 공부하는 즐거움(?)을 맛보며 어설프게나마 생각을 정리한 결과물이다. 그냥 우리의 생각이 이 정도 수준밖에 안되지만 청년세대인 아이들과 공유하고 싶다는 애비들의 심정으로 말이다.

나에게 짐을 떠넘긴 친구들은 그 사이에도 즐겁게 웃고 떠들어댔다. 내 속이 타들어가는 건 애써 외면하고, 책은 언제 다 되냐는 질문은 자주 하면서 말이다. 긴 시간이 지나 이제 수준 낮은 리포트가 마무리 됐다. 아들에게 한 부분을 읽혔더니 재미있단다. 블로그 보는 기분이라면서. 표현은 좋은데 생각해보니 그다지 깊이 있는 내용은 아니라는 말을 돌려 한 게 아닐까 의심스럽다. 그럼에도 불구하고 억지로 한 리포트 과제가 아까워서 공유차 내놓기로 대단히 과감한 결정을 했다. 혹시라도 비슷한 고민을 해본 누군가에게 도움이 될지도 모른다는 순진한 기대와 함께. 난 아직 순진하니 이런 기대를 포기하지는 않는다. 최소한 몇몇 친구들 집의 대화에는 도움이 될 것이라는 단세포적인 기대감을 가지면서.

그간 이 책을 함께 구상하고 함께 떠들었던 친구들(이라 부르고 웬수라 읽는다)이 떠오른다. 임광호, 한동철, 강준모, 이찬홍, 양

기동, 윤석운. 너희들은 좋겠다. 숙제 대신해 주는 친구가 있어서. 망할 것을 알면서도 기꺼이 출판의 짐을 떠맡아준 친구 김태진 사장에게 고마운 마음 전한다.

이제 제목이 왜 '노랑생각'이냐는 질문에 답하려 한다.

아침마다 자주 보게 되는 장면에서 떠올렸다. 아파트 단지 입구마다 이른 시간 노랑색 유치원 차들이 즐비하다. 왜 그리 진한 노랑색을 입힌걸까. 그건 안전을 상징하는 의미이며 편안한 느낌을 주며 눈에 잘 띄기 때문이다. 어느 부모인들 아이들이 안전한 세상에서 살기를 기대하지 않을 수 있겠는가. 눈에 선명하게 보이기에 안전한 세상을 꿈꾸는 이들이 함께 그 노랑색을 보며 기억한다. 안전을 위해 주의하라는 경고의 의미를 새기며 말이다. 세월호의 노란 리본 역시 안전에 대한 희구가 아니겠는가.

뿐만 아니다. 민주와 평화를 위해 애써왔던 이들의 정치행위에 많은 경우 노랑색을 사용했다. 민주정부를 세웠던 김대중, 노무현 대통령을 생각하면 노랑색이 같이 떠오른다. 평화를 위한 여정에 노랑색이 늘 함께한 것이다. 김대중 전 대통령이 1987년 대선에 출마했을 때와 1988년 13대 총선에서 돌풍을 일으켜 제1야당이 되었을 때 사용하던 상징색이 노랑이었다. 노무현 전 대통령이 당선된 2002년 대선에서 사용한 상징색도 노랑이었다. 2010년 국민참여당에 이어 현재는 정의당이 노랑색을 상징색으로 사용하고 있다.

평화와 안전을 생각하는 이들은 주로 노랑색을 상징적으로 사용했다. 나 역시 평화로운 세상과 안전한 국가를 꿈꾸는 한 소시민이기에 그 생각을 노랑생각이라는 이름으로 정리해 본 것이다. 그간 우리나라는 전쟁 중이어서 갖는 두려움과 염려, 개발에 매진하느라 미처 챙기지 못해 생긴 안전불감증으로 많은 어려움을 겪어왔다. 그렇기에 평화와 안전을 희구하는 것은 이 시대를 사는 소시민들 모두의 소망이다. 평화로운 세상과 안전한 나라를 꿈꾸며 사는 모든 이들과 마음을 같이하고 싶은 소망을 담았다. 노랑색이 넘실거리는 장면을 상상하면서 지은 제목이 그래서 '노랑생각'이다.

그리 긴 시간을 살아온 건 아니지만 그간 경험하고 생각한 내 판단 가운데 하나는 스펙트럼이 넓다는 것이다. 생각이 정말 다양하다. 그 다양한 생각들을 존중하고 이해하려 애쓴다면 세상은 지금보다 훨씬 좋아졌을 것이라 생각한다. 전체의 어느 일부에 위치하면서 마치 진영 전체의 이해를 대변한다는 듯이 과감하고 씩씩하게 주장을 펼치는 이들이 참 많다. 같은 사안을 보는 시각은 정말 다양하다. 그 다양한 시각의 일부를 가지고 있는 입장에서 나와 다른 이들의 생각과 행동을 이해하려는 마음으로 마음을 좀 열면 어떨까. 촛불집회든 태극기집회든 참여하는 이들의 생각이 하나일까? 분명 아니다. 각론에서 다 다른 생각을 하면서도 큰 줄기를 공유하는 이들의 마음을 모으는 것일 뿐이다. 한 집회에 참여한 이들끼리 의견이 달라 충돌하는 장면도 때로 발견한다. 자기 입장만을 강변하는 그 태도 때문이다. 다름은 작고 같음은 큰데 그 부분을 애써 외면하고 작은 다름에 주목하며 배제하기 시작한다면 평화로운 세상은 요원하다. 좀 더 넓게 보려는 의지와 노력이 필요한 시점이다.

이 책에서 정리한 여러 가지 쟁점들에 대한 생각 역시 많이들 다를 것이다. 내 생각을 담은 것이지 이것이 정답일 리도 없고 가능하지도 않다. 다만 이런 시각이 있음을 이해하고 다른 의견을 착한 방법으로 서로 나누다보면 인식의 깊이와 넓이가 깊어지고 넓어지지 않겠는가. 세대 간의 대화든, 생각이 다른 친구들과의 대화든 어느 경우든 말이다. 난 평화와 안전을 사랑하는 노랑주의자로 귀와 마음을 열고 세상을 보려한다.

2019. 9.
김성현

::

Part 1

1장
경제적 인간과 신이 된 시장

돈이 신앙인 사람

JTBC 정치부회의에 나와 매일 정치 관련 소식을 전하는 양원보 기자가 쓴 『1996년 종로, 노무현과 이명박 엇갈린 운명의 시작』이라는 책에 보면 흥미로운 부분이 나온다(양원보, 2018: 126-159).

> 1995년 8월 전국에 내린 집중호우로 곳곳에 수해가 발생했다. 특히 충남 지역에 피해가 컸다. 민자당 지도부는 소속 의원들에게 적십자를 통해 수해 성금을 내라고 지침을 내렸다. 그즈음 민자당 종로지구당 사무실에선 회의가 열렸다. 얼마를 낼지를 놓고서였다.
> "성동 이세기나 용산 서정화는 얼마나 냈대?"
> 이명박은 같은 당 서울 지역구 의원들의 상황이 궁금했다.
> "제가 조사를 해보니 대략 100만 원 선에서 정해지는 것 같습니

다. 그런데 다만….”

한 참모가 말끝을 흐렸다.

“다만 뭐? 왜?”

이명박은 생략된 이야기를 듣고 싶었다.

“의원님께서는 기업인 출신이시고 하니까 다른 분들보다는 조금 더 내시는 게 아무래도 모양새가 좋을 것 같다는 생각이….”

말이 끝나기도 무섭게 욕설이 튀어나왔다.

“뭐라고 이 새끼야?”

이명박은 회의 테이블에 놓여 있던 재떨이를 잡아 던졌다. 참모가 간신히 피했기에 망정이지 가만있었더라면 피를 볼 뻔한 상황이었다.

“의원님, 고정하십시오!”

주변 사람들이 달려들어 그를 진정시켰다. 이명박은 벌겋게 달아올랐다.

“이 자식아, 그게 네 돈이야? 어디서 함부로 이 씨…….”

비슷한 일은 또 있었다. 김유찬은 『이명박 리포트』에서 이명박을 7년 넘게 모셨던 운전기사가 하루아침에 쫓겨난 사연을 다음과 같이 소개했다.

하루는 우연히 거리에서 이명박 씨를 모셨던 운전기사 이 모 씨를 만나게 됐다. (중략) 그의 눈에는 눈물이 글썽거렸다. “내가 생활이 어려워서 이명박 의원에게 200만 원만 꿔달라고 했어. 전세금이 올라서 목돈을 갑자기 만들 길이 없었거든. 바로 다음 날

부터 그만 나오라고 하더라고. 그래도 성실하게 7년이나 모셨는
데……."

이명박의 돈 씀씀이에 대한 당시 종로지구당 관계자들의 증언
은 한결같다. 가진 것에 비해 터무니없이 안 썼다는 거다. 주종탁은
당시를 이렇게 회상했다.

"당시 이명박 씨가 우리한테 질리도록 했던 말이 '경영 마인드'
였습니다. '우리 정치도 경영 마인드를 갖춰야 한다'는 거였죠.
돈 함부로 쓰지 말라는 거였습니다. 그런데 정치가 기업 경영하
고 같습니까? 기업은 돈을 아끼는 게 선이지만 정치는 돈을 써
야 하는 거거든요."

돈에 대한 이명박의 인색함은 곳곳에서 뒷말을 낳았다. 이런
일도 있었다. 이명박은 1993년 6.3동지회 회장에 추대됐다. 그런 배
경에는 그의 재력에 대한 기대감이 있었다. 이어지는 주종탁의 이
야기.

"왜 이명박 씨에게 회장직을 맡겼겠습니까? 돈 좀 내라는 거였
거든요. 그런데 6.3동지회 행사 때 사람들이 공짜 밥이나 얻어먹
자고 왔다가 '회비 내라'는 말 듣고 다들 기겁을 했다고 해요. 있
는 놈이 더 하다고 다들 욕했대요."

당시 종로지구당 살림을 맡은 사람은 권영옥 사무국장이었다.

그는 이명박과 사돈지간이다. 주종탁에 따르면 권영옥이 이명박과 지구당 간부들 사이에 끼어 마음고생이 심했다고 한다.

> "권영옥 국장이 어느 날 저한테 그러더군요. '나도 MB에게는 돈 이야기 절대 안 한다. 정말 꼭 해야 하는 상황이면 매제 김재정을 통해 이야기했다'고. MB는 '감방 갈래? 돈 내놓을래?' 하면 감방 갈 사람이라고도 했어요. 그에게 돈은 신앙이었죠."

좀 길기는 하지만 굳이 인용한 것은 전후 맥락을 이해하며 읽어야 한다는 생각 때문이다. 인용한 부분에서 가장 눈에 띄는 것은 '돈이 신앙인 사람'이라는 말이다. 돈이 필요하고 돈을 좋아하는 것은 거의 모든 사람의 모습이다. 하지만 그 돈을 신앙으로까지 격상시켜 우러른다면 이미 주객이 전도된 것이라고 할 수밖에 없다.

나도 돈을 좋아하고 그 필요를 절실히 느낄 때가 많다. 별로 잘하는 것도 없고, 버는 재주보다는 쓰는 재주가 더 신박한 나로서는 이 나이가 되도록 별로 모아 놓은 것도 없고 미래에 대한 준비도 부족하다. 당연히 돈의 필요를 매일 절감한다. 두 아들이 크는 동안 그 필요를 충분히 채워주지 못했다고 생각하는 아버지의 마음으로 가끔은 내 작은 능력을 탓하기도 했다. 고맙게도 그간 두 아들은 내게 특별히 많은 것을 요구하지도 않았고, 유행 따라 필요한 것들에 대해 특별히 매달리지 않았다. 고마운 부분이다. 그런데 이것이 혹시 너무 이른 나이에 아비의 무능력을 헤아린 어른스러운 대처였다면 말이 달라진다. 너무 이르게 어른이 되는 걸 원하지도 않았고 그리 가르친 기억은 없는데 아이들이 그럴 정도였다면 내 모습이 그

만큼 없어 보였다는 말이 되니까.

하여간 돈에 대해 생각을 하면 필요는 간절하고, 그만큼 수입이 형성되지 않으니 아쉬운 경험을 하는 이들이 태반이다. 그렇다고 해서 모든 사람이 돈을 신앙으로까지 격상시켜 섬기지는 않는다. 그런 의미에서 보면 앞에 인용한 책의 내용이 마음 아프다. 진실인지 아닌지는 내가 판단할 수 없으나 다른 단편적인 증언에 따라 어느 정도 사실이 아닐까 짐작할 뿐이다.

이명박 전 대통령의 부인인 김윤옥 여사가 대선 전인 2007년 사업가로부터 명품 가방과 함께 현금 3만 달러를 수수했다는 보도가 나온 시기에 당시 MB 캠프 전략기획본부장이었던 정두언 전 의원은 CBS라디오 '김현정의 뉴스쇼'와 인터뷰를 했었다. 본인이 확인한 사안이라면서 인터뷰 말미에는 명품 가방을 포함해 다수의 뇌물 수수 의혹이 제기된 것에 대해 돈과 권력을 동시에 거머쥐려 했던 게 큰 잘못이라며 돈이 일종의 신앙인 것. 돈의 노예가 돼 있는 것이라고 말한 바 있다.

이런저런 글과 기사를 통해 짐작할 수 있는 것은 그 부부는 돈을 매우 좋아했다는 점과 경우에 따라서는 불법도 용인할 수 있었다는 점, 그리고 해석에 따라서는 그 모습이 신앙으로까지 비친다는 점이다. 사실인지 아닌지는 난 모르지만 그렇게 보이는 것은 사실이다.

이 부부만 이렇게 돈을 좋아하는 것일까? 그건 아니다.

사실은 우리 누구나 돈을 좋아하고 심지어 편법, 불법을 통해서라도 갖기를 희망한다. 그것도 안 되면 요행이라도. 그만큼 돈은 효용 가치가 크고 그것이 우리에게 행복을 주는 대단히 중요한 요소라고 생각하기 때문이다.

SBS 방송 '그것이 알고 싶다'의 특집 2부작 '돈 나라 사람 나라' 제작을 위해 설문조사를 한 바 있다. 결과가 매우 흥미롭다. 이 시대를 사는 한국인들이 주저하지 않고 '행복의 제1조건'으로 꼽는 돈의 의미와 철학이 잘 드러나기 때문이다.

전국 30~50대 성인남녀 744명을 대상으로 한 조사에서 '얼마면 가족, 친구와 절연할 수 있을까'를 물었더니 10억 원 이상 50.8%, 5억-10억 원 미만 7%, 1억-5억 원 미만 3.6% 등으로 억대만 넘어가면 가족이고 친구고 간에 버릴 수 있다고 답한 것이다. 100명 중 1-2명은 1,000만 원 미만이라도 할 수 있다는 극단적인 답변까지. 10억 원만 주면 가족, 친구와 절연하겠다는 사람이 절반이 넘었다는 사실은 가히 충격적이다.

확실한 부자가 되는 방법을 묻는 항목에서는 로또 등 복권(32.3%), 부모의 유산(27.7%), 부동산 투자(22.3%) 등을 꼽았다. 답변은 소득 수준에 따라 차이가 났다. 월 300만 원 이하의 소득자는 로또, 유산, 부동산 순으로 생각한 반면 500만 원 이상의 고소득자는 유산, 부동산, 로또 순으로 생각했다. 평생 직장을 다니며 알뜰하게 저축해도 아파트 한 채 장만하기 쉽지 않은 현실이 일확천금을 꿈꾸는 세태를 낳았음을 슬프게 확인할 수 있다.

'과연 우리는 얼마의 돈이 있어야 만족할 수 있을까'라는 질문에는 20억 원(32.7%), 30억 원(28.6%), 10억 원(17.7%) 등이라고 답변했으며 소득이 높을수록 액수도 높아지는 추세였다. 문제는 53%의 사람들이 그 금액을 모으는 것은 불가능하다고 답했다는 점이다 (〈스포츠경향〉, 2009.1.8.).

필요는 하고, 갖고 싶기는 하고, 가급적 많아지기를 기대하지만 실제로는 그 큰 돈을 만져보기조차 불가능하다는 것을 우리는 이미 안다. 그럼에도 불구하고 여전히 희망은 포기하지 않기에 복권을 매주 사는 것이다.

'2017 복권 관련 인식 조사'에 따르면 복권이 있어 좋다'는 복권 종합평가 공감도는 74.5%로 2008년 이후 최고치 기록했다. 최근 1년간 복권 구입 경험에 대해 질문한 결과, 57.9%가 구입 경험 '있다'고 응답했다. 로또복권은 '한 달에 한 번' 구입하는 사람이 21.7%로 가장 많고, 다음으로 '매주'(18.4%), '2주에 한 번'(14.7%) 순이다. 연금복권과 즉석복권은 '1년에 한 번' 구매자가 각각 27.6%, 24.8%로 가장 많은 비율을 보였다. 복권 구매비로는 로또복권과 연금복권 모두 구매자의 대부분이 1만 원 이하로 구매했는데, 1회 구매 시 평균 복권 구매 금액은 로또복권 8,694원, 연금복권 7,609원이다. 2017년 온라인복권 판매액은 약 3조 8000억 원으로 3년 전인 2014년보다 24.9%나 늘었다. 그러니까 매주 730억 원어치씩의 복권이 판매된 것이다(기획재정부 복권위원회 통계).

넉넉지 않은 이들은 꿈이라도 꾸려는지 그렇게들 복권을 사면서 끈을 놓지 않고 있는 가운데 있는 이들의 돈질은 갈수록 기승을 부리니 상대적 박탈감이 점점 커지고, 계층 간의 위화감도 따라서 커지며, 돈에 따라 사법부의 판결과 권력의 유무가 결정된다고들 이해하게 되는 것이다. 이것이 사실이든 아니든, 사실이 아니라고 자신 있게 말할 수 없는 현실이 서글프다.

삶이 어려워질수록 돈은 사람에 앞서 행세하려 하는 속성을 갖는다. 국민이 힘겨운 살림살이로 고통 받는 때에는 더욱 돈의 행세가 가까이 느껴진다. "젊은 사람은 돈이 전부라고 생각한다. 더 나이를 먹게 되면 돈이 전부라는 것을 뼈저리게 느끼게 된다"는 오스카 와일드의 말이 갈수록 실감 나게 다가온다.

현실이 그렇다고 해서 우리가 돈에 대한 관점을 제대로 갖지 않고 거기에 매달려 아웅다웅하는 것이 과연 좋은 일일까? 물론 아니라고들 답하겠지만 그리 만만치 않은 게 사실이다. 돈에 대한 명확한 입장을 견지해야 그나마도 복잡하고 험한 세상에서 중심 잃지 않고 살 수 있지 않을까?

> "일은 누구나 한다. 돈을 벌어야 하기 때문이다. 물론 돈 그 자체는 목적이 아니라 수단일 뿐이다. 먹고 살고, 아이들을 키우고, 부모님을 잘 모시고, 노후대비를 하고, 그리고 여유가 있다면 재미있게 노는 게 목적이다. 그렇게 하려면 일을 해서 돈을 벌어야 한다. 만약 돈벌이가 되는 그 일이 즐겁기까지 하다면 금상첨화라 할 수 있다. 우리는 이런 사람을 '프로'라고 한다."(유시민, 2013: 19).

유시민의 책 『어떻게 살 것인가』에 나오는 말이다. 일상적인 삶을 사는 데는 당연히 돈이 필요하고 미래를 위해서도 필요하다. 그래서 모두의 관심사이기도 하지만 그것은 결국 수단이지 목적은 아니다. 세상에 돈이 목적이라고 하면 얼마나 허망하고 슬픈 일인가. 수단인 그 돈을 벌면서 즐거워 할 수 있다면 정말 좋겠다는 생각을 누구나 하지 않을까. 돈은 수단이라는 분명한 사실만은 새겨두고 살아야 인간적인 삶이 되지 않겠나.

경제적 인간

돈으로 얽히고설킨 세상을 살다 보니 돌아가는 경제 상황이 궁금해진다. 궁금해 하지 않아도 경제 뉴스는 매일 수시로 다가온다. 하지만 경제학에 대한 사전 지식이 부족한 상태에서 오늘날 세상이 돌아가는 것을 헤아리기는 쉽지 않다. 문제는 경제학이라는 게 만만치 않은 학문이라는 점이다. 개론부터 원론까지 두루두루 살피면서 경제학의 속살을 다 헤아려가며 세상 돌아가는 걸 파악한다는 건 분명 무리다. 그렇다고 포기할 수는 없는 일.

그렇다면 어떻게 해야 할까? 이미 알려진 잘 정리된 개요들을 살펴보면 된다. 가장 쉬운 것은 사전을 찾아보는 일이고, 그 위에 잘 설명된 해설서를 살펴보면 꽤 도움이 된다. 겨우 이 정도 갖고 경제학에 대해 잘 안다고는 할 수 없겠지만 상당 부분 이해하는 데 도움이 되는 정도라고 하면 납득이 되지 않을까. 그래서 난 꽤 여러 책을 둘러보고 살피면서 경제를 이해하려 애썼다. 여전히 충분하지 않은 지식이고, 깊이 있는 설명을 하라고 하면 난 못하지만, 그 정도라도 숙지해야 조금이라도 더 깊은 이해가 가능하리라 믿기 때문이다.

그러다가 손에 든 책이 『잠깐 애덤 스미스 씨, 저녁은 누가 차려줬어요?』(카트리네 마르살, 2017)다. '유쾌한 페미니스트의 경제학 뒤집어보기'라는 부제가 달린 이 책은 카트리네 마르살이 쓴 책이다. 저자는 스웨덴의 유력 일간지인 아프톤블라데트(Aftonbladet)의 편집주간을 지내며 국제금융, 정치와 페미니즘에 관한 기사를 주로 썼다. 뒤집어 봐서 그런 건지 문장이 워낙 좋은 건지 하여간 참 잘

읽히고 내용을 이해하는 데 아주 많이 도움이 된다.

"페미니즘은 늘 경제학의 문제였다"라는 첫 문장으로 시작되는 이 책은 애덤 스미스로부터 시작된 주류 경제학에 유쾌하고도 날카로운 비판의 내용으로 가득하다. 카트리네 마르살은 현재 주류 경제학의 문제를 해결하는 데 페미니즘은 필수적이라는 주장을 편다. 너무도 이해하기 쉽게 말이다.

이 이야기를 하기 위해 흔히 경제학의 아버지로 불리는 애덤 스미스의 『국부론』에 나오는 '우리가 저녁을 먹을 수 있는 것은 푸줏간 주인의 자비심 때문이 아니라 자신의 이익을 추구하려는 그들의 욕구 때문이다.'라는 유명한 문장을 인용한다. 애덤 스미스는 모두가 자신의 이익을 위해 행동하면 마치 '보이지 않는 손'이 있는 것처럼 세상이 유지된다고 했다. 애덤 스미스는 『국부론』에서 시장의 자율적인 조정 능력을 강조하면서 개인이 사적 이익을 추구할 수 있도록 내버려 두는 것이 사회 전체의 이익에 이바지한다고 주장한 바 있다. 국가가 개인의 경제 활동에 개입하지 않아도 시장에서의 가격 조정을 통해 수요와 공급이 균형을 이룬다는 것이다. 이런 시장의 기능을 '보이지 않는 손'이라고 표현한 것이다.

하지만 저자는 애덤 스미스가 구상한 세상이 '남성 그리고 그가 하는 일만이 의미를 갖는 경제'라고 말한다. 푸줏간 주인이나 빵집 주인이 이기심을 발휘해 돈을 벌 수 있었던 것도 그의 아이를 키우고 식사를 준비하고 텃밭에서 채소를 키운 그들의 부인 혹은 누이 덕분이라는 점이 망각됐다는 것이다. 동의되는 시각이다. 커다란 한 부분을 빼고 분석하며 방법을 찾으려 하니 정확한 분석과 대안이 나오지 않는다는 말이다. 모름지기 분석이라 함은 작은 변인까지도 찾아가며 세심히 살펴야 하는 것인데 이렇게 큰 요소를 애초에 떠올리지도 않았고, 당연히 분석도 하지 않았으니 반쪽 판단밖에 더 되겠느냐는 저자의 의도에 깊이 동의하며 책에 빠져들 수밖에 없다.

이 책 전반에 자주 등장하는 용어가 '경제적 인간'이다. 우선이 용어에 대한 이해부터 해보자.

"국부론의 저자 애덤 스미스는 인간의 경제 활동은 자기애에서 비롯된다고 보았다. 이러한 이기적인 모습은 철학에서 말하는 이기주의와는 다른 것으로, 체계적인 계획과 합리적인 판단에 기초하여 목표 달성을 위해 최선을 다한다는 의미에서 '경제적 인간'으로 표현되기도 한다. 경제적 인간은 인간을 합리적인 존재로 가정하고 있는 주류 경제학 이론의 기본전제가 된다."('경제적 인간(*Homo Economicus*)'『한경 경제용어사전』)에서 보듯이 '경제적 인간'은 경제학의 기본전제다.

경제학자들은 인간이 가격과 금리뿐만 아니라 경제에 영향을 미치는 날씨 따위의 요소까지 포함하는 다양한 경제적 변수에 일관성과 논리를 가지고 대응하는 합리적인 존재라고 인식한다. 인간은 경제적인 이익을 극대화하는 결정을 내린다는 말이다. 그래서 무엇을 구입하든 매번 가장 최소의 비용으로 가장 취향에 맞는 선택을 하는 존재라는 말이다.

자신에게 이익이 되는 합리적인 선택을 하는 '경제적 인간'은 자본주의 체제에 최적화된 인간 모델이다. 한정된 자원을 가지고 최대한의 이윤을 추구하는 존재로 경제적 성향이 다른 성향보다 큰 사람을 의미하기도 한다. 그러니까 합리적이고 이성적인 통제가 가능한 인간이라는 말이다. 정말 그런가? 경제학에서 보는 그 합리적인 인간의 모습처럼 현실이 자로 잰 듯이 딱딱 맞아떨어지진 않는다. 인간은 감성적이고 충동적이기도 하며, 즉흥적이기까지 한 존재이니 말이다.

'경제적 인간'이 이익 추구적 동기로 사는 인간이라고 말한다면 동의가 되지만 보통 사람들에게 같은 내용을 적용할 수는 없다. 인간은 가장 합리적인 결정만 하는 존재는 아니다. 가장 합리적인 결정을 하는 존재 같지만, 전혀 뜻밖에도 여러 요인에 따라 비합리적이고 냉철하지 못한 결정을 하기도 한다. 그럼에도 불구하고 경제학자들은 인간이 합리적이라는 원칙을 전제로 복잡한 행동을 효율적으로 단순화하거나, 각 이론의 근거로 삼는 경향이 있는 것으로 보인다.

경제적 인간은 자신에게 이익이 돌아오는 경우에만 타인과 힘을 합쳐 일하지만 보통 사람들은 그렇지 않으며, 보통 사람들은 남을 배려하는 경우도 많고 희생적 태도를 보이는 경우도 많다. 논리적이지 않은 판단과 행동을 하기도 한다는 사실을 우리 모두는 안다.

책에는 몇 가지 사례를 들어 '경제적 인간'의 합리적 결정자라는 인식을 반박한다.

심리학자들은 유치원생들과 초등학교 2학년, 6학년 어린이들이 경제적 인간처럼 행동하는지 알아보는 실험을 했다. 7세 이상의 어린이들은 성인들과 동일하게 불의에 반응했다. 반면 그보다 어린 아이들은 경제적 인간과 동일하게 행동했다.

돈을 나눠 가질 때 5세 어린이들은 돈을 공평하게 나누는 것에는 전혀 관심 없고 가능한 한 많이 가지고 싶어 했다. 가질 수 있는 액수가 적은 경우에도 아예 못 받는 것보다는 낫다고 생각했다. 손에 넣을 수 있는 것이면 무엇이든 일단 쥐고 봤다. 경제적인 인간처럼 말이다. 그러나 세계 경제를 운영하는 것은 5세 아이들이 아니다. 연구를 진행한 연구원들은 7세 정도부터 정의와 공정성 같은 요소를 고려하기 시작했다고 말했다. 경제적 인간은 성장하면서 지나가는 하나의 단계에 불과하다(카트리네 마르살, 2017: 149).

그렇다면 어른들은 어떨까? 다음 사례를 살펴보자.

스위스에서 한 국민투표가 실시되기 전 연구조사가 진행됐다. 투표의 안건은 핵폐기물 처리 시설 유치였고, 학자들은 사람들이 이 문제를 어떤 식으로 사고하는지 궁금해 했다.

연구원들은 설문지를 가지고 집집마다 방문했다. "당신이 사는 동네에 핵폐기물 처리 시설이 들어와도 된다고 생각합니까?"라는 질문에 50%가 "그렇다"고 대답했다.

사람들은 물론 그것이 위험하며, 자기 집의 경제적 가치를 하락시킬 것이라고 생각하여 이를 좋아하지는 않았다. 그러나 그 시설이 어딘가에는 설치가 되어야 하기 때문에, 정부가 자기 동네에 그 시설을 두겠다고 하면 그것을 받아들여야 할 의무가 있다고 생각했다. 스위스 시민답게.

반면 사람들에게 매년 비교적 큰돈(평균 근로자의 6주 분에 해당하는 금액)을 보상으로 받는 대신 그 시설을 동네에 설치하는 것에 동의하겠냐고 묻자, 그러겠다고 하는 비율이 25%로 떨어졌다. 모범 시민이 되고 싶어 기꺼이 받아들이려 했지만, 보상이 끼어드는 순간 문제는 더 이상 모범 시민과는 별개의 것이 되고 말았다, 금전적 보상이 동기를 죽인 것이다(카트리네 마르살, 2017: 173).

많은 경우 경제적 동기 부여책은 큰 효과를 발휘하지만, 사람들이 모두 당근에 반응하고 경제적 유인에 의해 움직이는 것은 아니라는 사례다. 이기적이고 이익추구적 이기만 한 경제적 인간이라면 충분히 받아들였어야 할 일이 그렇지 않은 결과로 나타나는 일들은 사실 흔하다. 따라서 경제학에서 가장 합리적이고 이익추구적인 인간상으로만 정리하고 논지를 시작한다면 오류가 될 가능성이 크다고 할 수 있다. 그 대상이 아이든 어른이든 마찬가지다.

　　그럼에도 경제적 인간상을 믿는 경제학자들은 이것이 실제로는 불완전할지 몰라도 이용할 수 있을 정도로는 충분히 가깝다고 주장한다지만 그다지 동의되는 말은 아니다. 경제적 인간은 아주 좋게 말하면 '단순화된 인간'이고, 나쁘게 말하면 '환상'일 뿐이라는 카트리네 마르살의 말에 오히려 적극 동의된다. 그럼에도 불구하고 경제적 인간은 오늘날까지 경제 논리를 지배하고 있다. 경제학이 말하는 경제적 인간은 자기 이익을 추구하려는 욕구만이 유일한 추동력인 반면 현실의 사람들은 자신의 복잡한 동기와 다양한 추동력에 의해 움직인다. 돈과 관련된 일에서도.

　　오늘날 신자유주의는 세계를 휩쓰는 시대정신처럼 보인다. 신자유주의는 사람 사이에는 오직 한 가지 관계만이 존재하는데 그게 바로 경제적 관계라고 말한다. 시민, 노동자, 소비자를 구분할 필요가 없다. 모두 동일한 경제적 인간일 뿐이라는 말이다. 고전적 자유주의가 시민으로서의 인간과 경제적 주체로서의 인간을 구분한 것과는 완전히 다른 적용이다.

　　신자유주의의 바람은 국가의 역할을 화폐 발행, 군대 및 경찰 조직, 사법 체계 운영 정도로 최소화하는 것이다. 그래서 낮은 세금, 작은 정부, 금융 부문에 대한 축소를 주장한다. 신자유주의를 따르는 이들은 고용 시장이든 주식 시장이든 개인이 원하는 대로 행동하도록 내버려두면 경제는 성장하게 되어 있단다. 경제적 인간이 자신이 이익을 극대화하는 방향으로 일할 것이기에. 복지 프로그램 등은 시장을 파괴할 뿐이란다. 그런 보장이 있으면 경제적 인간은 가장 합리적인 선택을 하기 때문에 실업이나 질병 등을 이유로 정부에서 돈을 받을 수 있으면 일을 하지 않고 아픈 쪽을 선택할 거란 말이다. 그게 이익이 되니까.

인간을 너무 획일화되고 이익만을 추구하는 존재로 그리는 경제적 인간이라는 말이나 신자유주의는 내가 상상하는 인간의 모습이 아니다. 하지만 내 기대와는 달리 의외에도 경제적 인간상과 신자유주의는 점점 더 확산되고 이미 대세화 된 것으로 보인다. 안타깝게도.

신이 된 시장

2013년 3월 제266대 교황으로 취임한 프란체스코 교황은 여러 가지 면에서 이전의 교황들과 다른 평가를 받는다. 겸손하고 탈권위적인 모습의 그는 약자들에 대한 관심이 지극한 것으로 알려져 있다. 우리나라를 방문했을 때에는 세월호 유가족을 만나 위로의 마음을 전하기도 했고, 남북정상회담 즈음에는 성공을 기원하는 메시지를 전하기도 했다. 그의 그런 따뜻한 모습이 대중에게 좋은 기억으로 남는 것은 당연했다.

프란체스코 교황은 2013년 11월 26일『복음의 기쁨 *Evangelii Gaudium*』이라는 문헌을 발표한다. 이 문헌은 전임자인 베네딕토 16세 교황과 함께 쓴『신앙의 빛 *Lumen Fidei*』이후, 프란치스코 교황의 첫 공식 문헌이다. 총 5장 288항으로 교회가 걸어갈 새 길을 제시하는 내용이다. 이 문헌에서 프란치스코 교황은 자기 안위만을 신경 쓰고 폐쇄적이며 건강하지 못한 교회보다는 거리로 나와 다치고 상처받고 더럽혀진 교회가 되자고 권고한다. 프란체스코는 이 문헌에서 배제와 불평등의 경제를 비판하면서 신격화된 시장과 시장의 절대적인 자율성을 옹호하는 이데올로기가 현대 세계가 직면한 문제의 근원이라고 선언한다. 내가 주목하는 부분은 이 문헌에 돈, 부자와 빈자, 금융, 불평등 등 경제와 관련된 내용이 많이 나온다는 점이다. 게다가 그 내용이 지금의 모습이 잘못된 것이니 변화되어야 한다고 강하게 주장한다. 관련된 내용을 몇 가지 추려 보자.

"오늘날 배척과 불평등의 경제는 안 된다고 말해야 합니다. 그러한 경제는 사람을 죽일 뿐입니다. 나이든 노숙자가 길에서 얼어 죽은 것은 기사화되지 않으면서, 주가지수가 조금만 내려가도 기사화되는 것이 말이나 되는 일입니까? 이것이 바로 배척입니다. 한쪽에서는 굶주림에 시달리는 사람들이 있는데도 음식이 버려지고 있는 현실을 우리는 더 이상 가만히 보고 있을 수만은 없습니다. 이는 사회적 불평등입니다. 오늘날 모든 것이 경쟁의 논리와 약육강식의 법칙 아래 놓이게 되면서 힘없는 이는 힘센 자에게 먹히고 있습니다. 그 결과 수많은 사람이 배척되고 소외되고 있습니다. 그들에게는 일자리도, 희망도, 현실을 벗어날 방

법도 없습니다."(52항)

"일부 사람들은 자유 시장으로 부추겨진 경제 성장이 세상을 더욱 정의롭고 평등하게 만들 것이라고 주장하는 낙수 효과(trick-le-down) 이론을 여전히 옹호하고 있습니다. 사실로 전혀 확인되지 않은 이러한 견해는 경제권을 쥐고 있는 이들의 선의와 지배적인 경제 제도의 신성시된 운용 방식을 무턱대고 순진하게 믿는 것입니다."(54항)

"다른 이들을 배척하는 생활양식을 유지하고자, 또는 이기적인 이 이상을 좇고자, 사람들은 무관심의 세계화를 펼쳐왔습니다. 알게 모르게 우리는 다른 이들의 고통스러운 절규 앞에서 함께 아파할 줄 모르고 다른 이들의 고통 앞에서도 눈물을 흘리지 않으며 그들을 도울 필요마저 느끼지 못하게 되었습니다. 이 모든 것이 마치 다른 누군가의 책임이지 우리 자신의 책임은 아니라고 생각하는 것입니다."(54항)

"우리는 돈이 우리 자신과 우리 사회를 지배하도록 순순히 받아들이고 있기 때문입니다. 우리가 겪고 있는 현재의 금융 위기는 그 기원에 심각한 인간학적 위기가 있다는 것도 간과하게 만들고 있습니다. 곧 인간이 최우선임을 부정하고 있는 것입니다. 우리는 새로운 우상을 만들어 냈습니다. 고대의 금송아지에 대한 숭배가 돈에 대한 물신주의라는, 그리고 참다운 인간적 목적이 없는 비인간적 경제독재라는 새롭고도 무자비한 모습으로 바뀌

었습니다."(55항)

"소수의 소득이 기하급수적으로 늘어나는 동안, 대다수가 이 행복한 소수가 누리는 번영과는 더욱 거리가 멀어지고 있습니다. 이러한 불균형은 시장의 절대 자율과 금융 투기를 옹호하는 이념의 산물입니다. 이 이념은 공동선을 지키는 역을 맡은 국가의 통제권을 배척합니다. 그리하여 눈에 보이지 않고 때로는 가상으로 존재하는 새로운 독재가 출현하여 일방적이고 무자비하게 자기 법과 규칙을 하고 있습니다."(56항)

"이러한 태도 뒤에는 윤리와 하느님에 대한 거부가 숨어 있습니다. 대체로 사람들은 윤리를 경멸에 찬 냉소의 눈길로 바라봅니다. 사람들은 윤리가 돈과 권력을 상대화하기 때문에 비생산적이고 지나치게 인간적이라고 생각합니다. 또한, 인간을 조작하고 타락시키는 것을 단죄하기에 윤리는 위험하다고 느낍니다. 궁극적으로 윤리는 시장의 범주를 벗어나는 책임 있는 응답을 요구하시는 하나님께 우리를 이끕니다."(57항)

"금융 개혁에 윤리적 고려가 반영되려면 정치 지도자들의 강력한 태도 변화가 필요합니다. … 돈은 봉사해야지 지배해서는 안 됩니다."(57항)

"사회 안에서 다양한 민족들 사이에 배척과 불평등이 사라지지 않는 한, 폭력이 뿌리째 뽑힐 수는 없을 것입니다. 가난한 이들과 못 사는 민족들이 폭력을 유발한다고 비난을 받지만, 균등한 기회가 주어지지 않으면 온갖 형태의 공격과 분쟁은 계속 싹을 틔울 토양을 갖고 언젠가는 폭발하기 마련입니다. … 단순히 불평등이 제도에서 배척당한 이들의 폭력적 반응을 유발하기 때문만이 아니라, 사회 경제 제도가 그 뿌리부터 불의하기 때문입니다. … 한 사회에 밴 악은 언제나 분열과 죽음의 잠재력을 지니고 있습니다."(59항)

"오늘날의 경제 운영 체제는 무분별한 소비를 부추기고, 그 결과 걷잡을 수 없는 소비 지상주의가 불평등과 결합되어 사회 조직을 이중으로 손상시키고 있습니다. 불평등은 결국 폭력을 낳습니다. 군비 경쟁은 그 어떠한 해결책도 되지 못하고 또 될 수도 없습니다. … 터무니없는 일반화에 빠져 가난한 이들과 가난한 사람들의 고통은 자업자득이라며 비난만 하는 이들도 있습니다. 그러면서 이들은 그들을 진정시키고 길들여 해를 끼치지 않는 존재로 만드는 '교육'만이 해결책이라고 주장합니다. 수많은 나라에, 그 나라의 정부와 기업과 기관 안에, 그 지도자들의 정치 이념이 무엇이든지 간에, 매우 널리 퍼져 있고 깊이 뿌리박혀 있는 부패가 사회적 암 덩어리로 자라나고 있는 것을 소외된 이들이 본다면, 그러한 주장은 더욱 기막힌 일이 될 것입니다."(60항)

"모든 그리스도인과 공동체는 가난한 이들이 사회에 온전히 통합될 수 있도록 가난한 이들의 해방과 진보를 위한 하나님의 도구가 되라는 부르심을 받고 있습니다. 이를 위하여 우리는 가난한 이들의 울부짖음을 귀담아 잘 들어주고 그들을 도와주어야 합니다. … 가난한 이들에게 귀를 기울이시는 하나님의 도구인 우리가 그러한 부르짖음에 귀를 막는다면, 우리는 아버지의 뜻과 그분의 계획을 거스르는 일입니다."(187항)

"자비의 복음과 인간 사랑으로 인도되는 교회는 정의를 요구하는 울부짖음을 듣고 있으며, 온 힘을 다 기울여 그 부르짖음에 응답하고자 합니다. 이러한 맥락에서 우리는 예수님께서 당신 제자들에게 '너희가 그들에게 먹을 것을 주어라.'(마가 6, 37) 하신 명령을 이해할 수 있습니다. 이는 빈곤의 구조적 원인을 없애고 가난한 이들의 온전한 발전을 촉진하도록 일하라는 의미입니다. 또한, 우리가 부딪히는 구체적인 곤경에 대처하는 연대성의 작은 일상적 행위이기도 합니다. … 이는 소수의 재화 독점을 극복하고 공동체 차원에서 모든 사람의 삶을 먼저 생각하는 새로운 마음가짐을 전제로 합니다."(188항)

"하나님께서 친히 '가난하게 되실'(2코린 8,9) 정도로 하나님의 마음속에는 가난한 이들을 위한 특별한 자리가 있습니다. 우리의 구원 역사 전체는 가난한 이들의 존재를 특징으로 합니다."(197항)

"교회에게 가난한 이들을 위한 선택은 문화, 사회, 정치 또는 철학의 범주 이전에 신학의 범주입니다. … 교회는 가난한 이들을 위한 선택을 해왔습니다. ⋯ 이러한 까닭에 저는 가난한 이들을 위한 가난한 교회를 바랍니다. 가난한 이들은 우리에게 많은 것을 가르쳐 줍니다. 그들은 신앙 감각(sensus fidei)을 지니고 있을 뿐만 아니라, 자신의 고통 속에서 고통 받으시는 그리스도를 알아 뵙는 것입니다. 우리는 가난한 이들을 통하여 우리 자신이 복음화 되어야 합니다. 새로운 복음화는 가난한 이들의 사람에 미치는 구원의 힘을 깨닫고 그들을 교회 여정의 중심으로 삼으라는 초대입니다."(198항) [1]

조금 긴 인용이지만 프란치스코 교황이 갖는 경제에 대한 관점을 볼 수 있는 부분이라 인용했다. 내가 공감하는 부분이기도 하기에.

하비 콕스는 프란치스코 교황이 발표한 『복음의 기쁨』이 현대의 고삐 풀린 소비주의와 '배제와 불평등의 경제'를 신랄하게 비판했기 때문에 악명(?)을 얻었다고 말한다. 교황이 "일부 사람들은 자유 시장에 의해 고무되는 경제 성장이 필연적으로 세계에서 정의와 포용을 확대하는 데 성공할 것이라고 하는 낙수 이론을 여전히 옹호한다"며 "이런 견해는 경제 권력을 휘두르는 사람들의 선량함과 지배적인 경제체제의 신성화된 작용에 대한 투박하고 천진난만한 신뢰를 표현한다" "이윤 증대를 가로막는 모든 것을 집어삼키는 경향이 있다"고 밝히고 있기 때문이다. 하비 콕스는 이 문서의 중요성을 프란치스코 교황이 이런 불의에 대해 많은 이들이 느끼는 도덕

---

1   이 부분은 『복음과 상황』에 실린 가톨릭 평신도 신학자 김근수의 글에서 추린 것이다.
     http://www.goscon.co.kr/news/articleView.html?idxno=29971

적 분노를 넘어서 나아간다는 데 주목하고 그의 논지를 이어간다.

하비 콕스는 교황의 이 문서에서 '지배적인 경제체제의 신성화된 작용'과 '신격화된 시장' 같은 종교적인 언어를 구사하는걸 보고 이런 의문을 갖기 시작한다. "교황은 정말로 '제한되지 않은 소비자본주의'가 유사종교, 심지어 이단이 되었다고 믿은 걸까?"라는. 이때부터 경제에 관한 탐구를 시작하여 연구한 것을 책으로 냈다. 바로 『신이 된 시장』(하비 콕스, 2018)이다. 하비 콕스는 이 책에서 시장이 종교라는 점을 여러 가지 측면에서 고찰하고 비교하며 자신의 논지를 드러낸다. 한 번 살펴보자.

경제적 불평등에 의해 야기된 조기 사망을 '살인하지 말지어다'라는 가르침에서 금지한 살인과 동일시하는 프란치스코 교황의 말을 과장으로만 보지도 않지만 단순한 은유도 아니라고 이해한다. 교황은 모든 것을 아우르는 강력한 세계관, 즉 모든 것을 자신의 궤도로 끌어당기기 때문에 일종의 종교로 인식해야 한다는 현실관에 대해 관심을 가질 것을 촉구한다. 더 이상 '시장의 종교'라는 말은 단순한 비유적 표현이 아니다. 실제로 시장의 작용에 관한 믿음은 자체적인 사제와 의례, 교의와 신학, 성자와 예언자, 온 세계에 복음을 전하고 모든 곳에서 개심자를 확보하려는 열망을 완비하는 등 기능하는 종교의 형태를 띤다. 시장 신앙의 사제들이 공식적으로 시장을 종교로 인정하지 않겠지만 그렇다고 해서 이런 현실이 바뀌는 것은 아니다.

하비 콕스는 이 책에서 오늘날 세계 경제가 작동하는 방식이 '자연스러운' 것이거나 '세상 돌아가는 이치'가 아니라 강력하고 지구적인 가치와 상징의 체계에 의해 규정된다는 점을 드러내고자 했다. 이런 체계는 유사종교로 볼 때 가장 잘 이해할 수 있다는 말과 함께 말이다. 여기서 '유사'와 '종교'라는 두 단어는 모두 중요하다. 고전 종교의 모든 특징을 보여준다는 점에서 하나의 종교이지만, 시장은 과거의 우상처럼 인간의 손으로 만들어진 것이기 때문에 유사품이라는 전제 하에. 이 책에서 '시장'은 일부가 전체를 의미하는 비유적 표현으로 썼다. 따라서 이 책에서 '시장'은 자신이 널리 퍼지고 가장 유력한 일부를 구성하는 경제, 문화 체제를 의미한다.

칼 폴라니가 고전적인 저서 『거대한 전환』에서 보여주는 것처럼, '시장'이 이런 반신반인과 지하 정령을 넘어서 오늘날과 같이 비할 데 없는 '조물주'로 올라선 것은 지난 300년의 일일 뿐이다. 처음에 '시장'이 올림포스산의 지고한 존재인 것처럼 올라서는 과정은 제우스가 고대 그리스의 판테온에 있는 다른 모든 신 위로 우뚝 선 과정과 똑같다. 하지만 최근에 '시장'은 구약에 등장하는 야훼에 가까운 존재가 되고 있다. 단지 다른 신들과 경쟁하는 우월한 신이 아니라 온 세상이 그의 통치를 받아들여야 하고 어떤 경쟁자도 허용하지 않는 '지고신', 즉 유일한 참된 '신'이다(하비 콕스, 2018: 18). 그 정도로 시장이라는 종교가 강력하다는 것을 말하고 싶었던 것이다.

'시장'의 사제들에 따르면, '시장'은 전지하고 전능하며 편재한다. 종교에서 말하는 전지전능무소부재하다는 의미다. '시장'은 모든 것의 가치를 알고 모든 거래의 결과를 결정한다. 또한, 국가를 일으키고 가구를 파산시킬 수 있으며, 그 어떤 것도 '시장'의 환원주의적 상품화를 피하지 못한다. '시장'은 독자적인 교의와 예언자, 복음의 열정을 완비한 채 전 세계를 자신이 생활방식으로 개종시킨다. 기독교에서 말하는 신은 전능하고(모든 힘이 있고), 전지하며(모든 지식이 있으며), 편재한다(모든 곳에 존재한다). 하비 콕스의 지적에 따르면 '시장' 역시 마찬가지다. 신이 할 수 있는 것을 다 하고 있다는 말이다. 하비 콕스의 분석에 따르면, '시장'은 스스로 신격화되었다. 그 결과로 세계가 직면한 불평등 증대, 급속한 지구온난화, 글로벌 빈곤이라는 부정의 등 모든 문제의 해결이 어려워진다.

신의 전능은 무엇이 실재인지 규정하는 능력을 말한다. 그것은 무에서 뭔가를 만들고 뭔가에서 무를 만드는 힘이다. '시장'이 의지가 있지만, 아직 달성하지 못한 전능이란 천지 만물을 상품으로 전환하는 '시장'의 굽힐 수 없는 능력에 상상 가능한 어떤 한계도 없다는 말이다.

미사나 예배에서 성직자는 '이것이 내 몸이다'라고 말한다. 그리스도의 몸, 더 나아가 모든 신실한 사람들의 몸이라는 뜻이다. 기독교와 유대교는 인간의 몸이 '하느님의 형상에 따라' 만들어졌다고 생각한다. 하지만 지금은 인간의 몸이 상품으로 전환되어야 하는 최후의 신성한 재료가 됐다. 이 과정은 혈액에서 시작되었지만 이제 신장, 피부, 골수, 정자, 심장 등 모든 신체 기관이 구매 가능한 품목으로 바뀔 수 있으며, 아직 예외적인 기관도 조만간 그렇게 될 것이라는 의미를 갖고 있다(하비 콕스, 2018: 19-20).

하버드 보건대학원의 명칭이 3억 5천만 달러에 하버드 T. H. 챈 보건대학원으로 명칭이 변경되거나, 그 이전에 뉴잉글랜드 황야의 작은 대학에 불과하던 17세기 초에 첫 번째 후원자 존 하버드를 기리기 위해 하버드대학교가 된 일이 있다. 이름이 바뀐 것은 그냥 그렇게 된 것이 아니라 돈을 지불하는 누군가가 있었기 때문에 그렇게 되었다는 말이다. 돈이 이름을 그렇게 정하도록 했다는 의미다. 하비 콕스는 보건대학원의 명칭 변경의 의미를 '시장'의 영향력이 점점 더 광범위해지고, 사실상 '편재'하게 되었다는 점이라고 꼽는다(하비 콕스, 2018: 23). 더욱이 그 영향력은 모든 방향으로 움직인다. 성서의 하느님과 마찬가지로 하늘 꼭대기로 올라가거나 땅 밑으로 내려가더라도 '시장'을 벗어날 수 없다.

옛날에는 예언자가 황홀경에 빠진 상태로 답을 구하는 사람에게 신들의 마음이 어떤지, 여행을 떠나거나 결혼을 하거나 전쟁을 시작하기에 때가 좋은지 알려주었다면 오늘날엔 시장이 그 역할을 한다는 해석이다. 이스라엘의 예언자들은 광야로 갔다가 돌아와서 야훼가 자애로운지, 진노하는지 알렸다면 오늘날엔 시장이 그렇게 알린다는 말이다. 오늘날 '시장'의 변덕스러움은 월 스트리트를 비롯한 금융 감각 기관의 1일 보고서에서 드러난다. 우리는 날마다 '시장'이 '우려하거나' '안도하거나' '신경과민 상태거나' 때로 '환호하는지' 알 수 있고, 경외심을 품은 열성 신자들은 이런 계시를 바탕으로 매도나 매수 관련 중대한 결정을 내린다(하비 콕스, 2018: 26). 이 사실을 의심하는 이가 있을까? '시장'의 기분을 내다보는 점쟁이와 예언자는 주요 투자은행의 금융 컨설턴트와 최고경영자다. 그들은 '시장'의 성찬식을 주관하는 고위 사제들이다. 그들의 훈계에 거스르는 행동을 하면 파문당하고 천벌 받을 위험이 있다. 예를 들어 어떤 정부의 정책이 '시장'을 화나게 만들면, 불경한 행동을 한 책임자는 고난 받을 것이다. 이미 권력은 시장으로 넘어갔다는 것을 의미하는 표현이다.

전지적 능력을 생각해 보자. 전통적인 의미에서 하느님은 '모든 사람의 마음과 소원을 다 아시며, 은밀한 것이라도 모르시는 바

없는' 존재로 규정된다. 하느님과 마찬가지로 '시장' 역시 우리 마음 속 가장 깊숙한 비밀과 은밀한 욕망을 안다. 그들이 밝히는 '마음의 비밀'은 '시장' 신앙의 복음 전도 사업인 판촉 활동을 위한 원료로 제공한다. 성공적인 모든 전도자와 마찬가지로 판촉 활동 역시 마음과 무의식에 호소한다. 현재의 정통 신앙이 워낙 지배적이기 때문에 '시장'의 전지적 능력에 의문을 품는 것은 섭리의 불가사의한 지혜에 의문을 제기하는 것과 같다고 하비 콕스는 지적하고 있다(하비 콕스, 2018: 27-28).

편재하려는 신의 의지가 존재한다. 사실상 모든 종교가 이런 저런 방식으로 이런 사고를 가르치며, '시장'의 종교도 예외는 아니다. 최근 경제 이론은 데이트나 가정생활, 부부 관계, 육아같이 한때는 시장의 계산과 무관한 영역에도 이런 계산을 적용하려 시도한다. 한때는 적어도 삶의 내면 깊숙한, 혹은 '정신적' 차원은 '시장'에 저항한다고 생각되었지만 이런 생각은 틀렸다. 하비 콕스의 표현에 따르면, 유형 재화 시장이 포화 상태가 됨에 따라 고요나 평온같이 예전에는 시장과 무관한 은총의 상태가 매물 목록에 등장한다. 급기야는 황홀경과 영성이 흔히 마사지, 수정 구슬 부적, 영적 독해 등이 동반되면서 편리한 복제물 형태로 제공된다. 그리하여 '시장'은 과거에 기도와 금식이 필요한 종교의 은혜를 제공할 수 있다. 예전과 달리 오랜 기간에 걸친 헌신이나 지루한 금욕적 고행을 할 필요가 없는 것이다. 뭐든지 돈 주고 쉽게 살 수 있는 세상이 된 것이다(하비 콕스, 2018: 29).

세상의 모든 종교가 아무리 서로 다르다 해도 '시장'의 종교가 모든 종교에 가장 무서운 경쟁자가 되었다는 것은 분명해 보인다.

시장경제와 소비자 문화에는 종교의 모든 특징이 있다. 신구를 막론하고 어떤 종교도 경험적인 증거가 필요하지 않으며, 우리 눈 앞에 펼쳐지는 것은 신앙의 경쟁이다. 많은 것이 위태롭고, 시장은 구약의 정복 이야기에 등장하는 야훼처럼 필요하면 전쟁도 불사한다. '시장신'은 급진적인 개인주의와 즉각적인 이동성을 선호한다. '시장'의 종교와 전통 종교 사이에는 극복하기 힘들어 보이는 모순이 존재한다. 전통 종교는 인간이 유한한 피조물이며, 지상의 모든 사업에는 한계가 있다고 가르치지만 시장 종교는 그렇지 않다(하비 콕스, 2018: 31-32).

교황이 쓴 『복음의 기쁨』이나 이후에 한 연설과 저술 어디에서도 '시장'의 폐지를 요구하지 않는다. 교황은 '시장'이 사회의 주인이 아니라 하인이라는 적절한 역할을 회복하기를 바란다. 종교 영역에서 유래한 단어를 고안하자면, 교황은 '시장'을 '탈 신격화'해서 '시장'이 다시 시작되기를 원하는 것이다. 그런데 이런 역 신격화가 가능할까? 하비 콕스는 가능하다고 믿는 입장이다.

하비 콕스가 신이 된 시장'이라고 말할 때의 의미를 정리하면 이렇다.

오늘날 '시장'은 신과 마찬가지로 전능하고 전지하며 편재한다. 아직 전능과 편재를 완벽하게 달성하지는 못했지만, 하느님이 우리의 모든 "소원을 아시"는 것처럼 '시장'은 우리 마음속 가장 깊숙한 비밀과 은밀한 욕망을 안다. 그리고 속속들이 알기 위해 끝없이 노력한다. '시장'은 우리 주변에 있을 뿐만 아니라 화소와 광고를 통해 우리 머리와 마음속까지 들어오고, 끊임없이 복음을 설파한다. "이걸 사면 당신은 행복해질 것이다."라고. 인간에게 죄의식을 심어

주는 것은 이제 전통적인 종교의 신이 아니라 무정한 얼굴을 한 '시장'이다. 근대의 인간은 종교의 굴레에서 벗어났다고 생각했지만, '시장신'을 섬기는 새로운 종교를 받아들였을 뿐이다. 끊임없이 자기 계발에 몰두하라는 '시장신'의 명령을 성실하게 따르지 않으면, 내면 깊숙한 곳에서 죄의식이 올라온다. 과거의 신이 신자에게 안식일과 명상, 기도와 금식을 요구했다면, 현대의 '시장신'은 자기 계발이라는 고행을 요구한다. 그리고 금전적 성공을 거둬야 돈으로 살 수 있는 은총을 내려준다(하비 콕스, 2018: 335-336).

하비 콕스는 '시장'은 사회의 주인이 아니라 사회의 하인이라는 원래의 역할을 회복해야 한다는 입장이다. 그렇기에 시장은 그 신전을 허물고 협동조합이나 소규모 공동체, 지역 시장에 활력을 불어넣어야 한다는 대안을 제시한다. 경제학의 세련된 공세에 비하면 소박하고 순진해 보이는 대안이지만 이 역시 필요한 대안임은 분명해 보인다.

일상을 사는 데 돈이 필요한 것은 분명하고, 돈을 모으고 사용하는 것을 대체적으로는 좋아한다. 그 돈을 얻기 위해서는 각자의 노력이 필요하다. 일상생활을 하고 여가를 즐기며, 가끔은 더 높은 삶의 질을 위해 필요한 그 돈에 대한 관점이 명확해야 사는 데 어려움이 없다. 그 돈에 대한 집착이 강해지면 불법, 탈법이라도 하고 싶어지는 것이고 그 이후의 결과는 그다지 유쾌하지 않게 된다. 분명한 건 돈은 도구라는 점이다. 개인의 이익을 원하는 것 역시 일반적인 현상이지만 사람이 모두 경제적 인간의 모습만 갖고 사는 것은 아니다. 자기 이익만을 위해 사는 것이 아니라 누군가의 필요를 채워줄 수도 있고, 공동체를 위한 희생도 하는 것이 사람이다. 사람의 일면을 전부인 것으로 판단하고 세우는 계획과 분석은 오류일 가능성이 크다. 하지만 경제학은 다른 면을 보지 않고 내달리는 경우가 많아 왔다.

시장은 각 공동체의 필요에 따라 생겼고 또 발전해 왔다. 시간이 지남에 따라 시장의 기능이 추가되고 확대되면서 어느 순간부터는 사람을 종속시켜 왔다. 누군가의 삶에 관한 관심은 없어도 시장의 흐름을 파악하는 것은 중요한 일이 된 것이다. 그 시장은 점점 심화되어 이제는 사람을 도구로 쓰는 단계까지 왔다. 그야말로 시장만능주의다. 더불어 사는 사회라는 인식은 어디론가 사라지고 불평등의 심화와 빈곤의 확대가 나타나는데도 시장은 아랑곳하지 않는다. 어느새 신의 위치에까지 오른 것이다. 그 신이 된 위치에서 도구가 아닌 지배자의 역할을 하는 것이 돈 또는 시장이라면 만물의 영장이라는 우리 인간은 도대체 뭐가 되나. 종속적으로 살면서도 그 사실을 깨닫지 못하거나, 깨달았더라도 이미 너무 깊숙한 상황까지 몰린 상황이라 바꿀 수 없다고 포기한다면, 그 틀 안에서 각개약진으로 살아남기를 위한 싸움을 하는 수밖에 없다. 자유의지를 가진 인간이라 하기에는 너무 초라하지 않은가.

이런 오늘의 현실이 바람직하다고 여기는 사람은 없다. 다만 그 해법을 알지 못하거나 의지가 부족한 것이 문제일 뿐. 하비 콕스는 협동조합이나 소규모 공동체, 지역 시장에 활력을 불어넣어야 한다는 대안을 제시한다. 『호모 이코노미쿠스의 죽음』(피터 플레밍, 2018)을 쓴 피터 플레밍은 공공성 강화를 한 방법으로 제시한다. 당장 어느 것이 가장 나은 대안인지 나는 모른다. 하지만 지금의 구조가 잘못되었다고 여기는 이들이 그야말로 편만한 상태라면 이제는 방향을 바꿀 때도 되지 않았나. 그 방향이 홀로 가는 길이라면 두렵겠지만 이제 홀로 가는 길은 아닌 것이 확실하다. 깨달음이 시작이다. 난 좀 더 인간적이고 공공성을 가진 사람으로 살고 싶다. 돈이 아닌 사람이 먼저인 세상의 일원이고 싶다.

필립 로스코 세인트앤드루스 대학교 경영대학원 교수는 그의 책에서 『차가운 계산기: 경제학이 만드는 디스토피아』(필립 로스코, 2017)에서 모든 것을 숫자로 환산하는 경제학에 대해 이렇게 질타했다. "때로는 우리는 아마 경제학을 완전히 잊고 살아야 할 것이다. 사랑, 돌봄, 그리고 예술에서도 우리는 아끼려고 계산하는 따위의 짓은 하지 말아야 한다. 남을 위하는 마음과 시민으로서의 미덕, 사랑과 돌봄 등은 연습해야만 자라난다. 이런 것들은 아껴야 할 희소한 자원 같은 것이 결코 아니다. …… 나는 감히 주장하고자 한다. 우리의 인생에서 경제학은 끼어들 자리가 없다. 너그러운 인생을 살자. 사람들에게 베풀며 함께 웃으며 살자. 삶에 사랑과 기쁨이 넘치도록 하자. 그렇게 더 부유해지자." 난 이 말에 충분히 공감한다. 모든 것을 계산하고 그 계산이 인격보다 우선되는 세상을 사는 것은 행복한 일이 아닐테니까. 모든 영역을 지배할 만큼 큰 영향력을 가진 신이 된 시장을 극복하는 것은 따뜻한 마음들이 모여야 가능하다.

가령 이런 따뜻한 태도 말이다.

"버스를 타고 가는데 출입구 쪽에 사람이 몰려 있어서 나중에 탄 사람이 들어가지를 못합니다. 타지 못한 사람들은 소릴 칩니다. 들어가게 해달라고, 입구에 있는 사람은 더 이상 탈자리가 없으니 그만 태우라고 소릴 지릅니다. 이럴 때 용감히 나가서 "뒤로 좀 갑시다. 저 사람들도 어렵더라도 같이 타고 가야지"라고 말하는 사람, 앞에 헤치고 나가서 앞 사람들을 설득해서 뒤로 보내고, 문을 열어 사람들을 타게 하는 사람들이 진보주의자입니다. 어떤 사람을 가려서 태우는 것이 진보가 아닙니다. 모두 다 함께 태우자고 소리치고, 앞에 있는 사람을 뒤로 보내고 함께 탈 수 있는 자리를 만드는 것이 진보주의자입니다."(노무현, 2009: 213)

라고 말한 노무현의 마음과 같이 따뜻한 진보의 마음이 모인다면 제 아무리 신이 된 시장이라 하더라도 그것은 사람이 만든 것이기에 극복 가능하다는 생각을 한다. 그만 태우고 가자고 주장하는 이들이 보수라고 한다면 난 그런 보수보다 불편해도 더 태우고 가자는 진보가 좋다. 더불어 같이 살자는 것, 이기심보다 이타성을 가진 존재로 살자는 마음, 계산기로 사람을 바라보지 않겠다는 의지에 동의하는 이들이라면 돈이 우리의 상전이 되어서는 안된다는 명제에 동의할 것이다. 심지어 돈이 신이라니. 동의하기 어렵다. 세상은 더 따뜻해져야만 한다.

참고문헌

노무현, 2009, 『진보의 미래』, 동녘.

양원보, 2018, 『1996년 종로, 노무현과 이명박 엇갈린 운명의 시작』, 위
　　　즈덤하우스.

유시민, 2013, 『어떻게 살 것인가』, 아포리아.

카트리네 마르살, 2017, 『잠깐 애덤 스미스 씨, 저녁은 누가 차려줬어
　　　요?』, 부키.

피터 플레밍, 2018, 『호모 이코노미쿠스의 죽음』, 한스미디어.

필립 로스코, 2017, 『차가운 계산기』, 열린책들.

하비 콕스, 2018, 『신이 된 시장』, 문예출판사.

'경제적 인간(Homo Economicus)', 『한경 경제용어사전』.

"10억 생긴다면 가족·양심도 버리겠다", 〈스포츠경향〉 2009. 1. 8

기획재정부 복권위원회 통계 http://www.bokgwon.go.kr/history/02
　　　_01.jsp

2장
참정권과 선거

정당과 유권자

우리 나라 사람들은 선거권이 거저 주어진 게 아니라는 사실을 잘 모른다. 선거권은 쉽게 말하면 투표권, 즉 투표할 권리인데 이 권리를 갖기 위해 여성, 흑인 등이 얼마나 지난한 싸움을 해왔는지를 모르는 것이다. 그도 그럴 것이 우리나라의 경우 제헌 헌법에서 만 21세 이상의 국민 모두에게 투표권을 주었으니 자세한 저간의 사정을 모르는 것이 어쩌면 당연하다. 우리 제헌 헌법은 긴 연구와 역사를 거친 게 아니라 미국법과 일본법의 영향으로 짧은 시간 안에 일정 부분 고민 없이 수용한 내용을 담은 것이다. 다른 나라들이 오랜 기간 싸우면서 힘겹게 쟁취했던 투표권을 어느 날 갑자기 거저 얻은 것이다. 쉽게 얻은 투표권이었기에 쉽게 포기하기도 하고, 후보들에 대한 충분한 이해 없이 대충(?) 찍기도 하는 것이다. 그럼에도 불구하고 민심은 대단한 것이어서 예상치 못한 결과도 만들어 낸다.

정말 대단한 국민이다.

  아주 거칠고 전혀 과학적이지 않은 주장일 뿐이지만 투표 행위에 대한 내 판단은 이렇다. 10명의 유권자가 있다면 그 중 1명은 정당이나 후보자들의 면면에 대해 상당히 잘 안다. 그렇기에 주변 사람들에게 여러 가지 이유를 조목조목 들이대며 특정 후보에게 투표하라고 알려주는 중요한 정치적인 행위를 한다. 다른 2-3명은 정치 상황에 대한 큰 윤곽은 이해하고 있으나 자세한 저간의 사정은 잘 모른다. 따라서 1명의 특별한 유권자의 영향을 받거나 출신 지역 출신 후보자 또는 지지 정당 후보에게 투표한다. 다른 2-3명은 비교적 무관심층에 가까워 별로 아는 바가 없다. 그래서 선거벽보나 공보물을 보면서 유명 인물인지 살피거나, 출신 지역이 비슷한지, 동문인지 등을 살피고 거기에도 해당사항이 없으면 미디어 시대에 발맞춰 비교적 호감 가는 인물인지를 보고 후보를 선택한다. 나머지 4-5명 정도는 투표 당일에 끌려가서 추천 받은 후보를 선택하거나 아예 투표를 포기한다. 대략 이런 정도로 구분되는 유권자들의 행태로 보면 책임 있는 행위인 투표에 대해 이렇게 대충 실천해도 되는지를 생각하게 된다.

  어쩌면 어처구니없어 보이는 이런 유형의 유권자들이 하는 투표로 나라의 중요한 판단을 하는 정치인을 선택한다는 게 얼마나 무책임한 일인가에 대한 고민을 하게 되는 것이다. 그래서 어떤 이들은 나이를 제한해야 한다느니 등급을 나눠서 투표권의 차등을 두어야 한다느니 하는 답답한 심정에서 하는 소리를 내뱉기도 한다. 하지만 의외로 이런 유권자들이 하는 선택의 결과가 아주 절묘할 때가 많다. 이른바 민심이 살아 있음을 보여주는 경우가 많은 것이다. 정치인들이나 언론, 학계에서 하는 예상을 뒤엎는 결과가 나온 일이 어디 한 두 번이던가. 특정 정당을 지지하는 이들의 입장에서는 속 타는 일일 수도 있지만 지지를 요청하고 호소하고 받아야만 사는 이들의 입장보다는 선택을 하는 유권자가 더 상위에 속하는 분들이다. 어쩌겠는가 유권자 선택의 결과인데.

진영에 따라서 선거결과에 대한 전혀 다른 해석을 하며 한 쪽은 환호하고, 다른 쪽은 통탄해마지 않는 상황을 목도한 일도 여러 번이다. 어쨌든 투표는 대단히 중요한 행위이고 그 행위의 결과는 민심으로 표현된다. 그리고 이제 그 선택을 받은 사람들이 이른바 정치라는 행위를 하는데, 이 정치는 국민을 안심하고 살게 하며, 더 나은 삶의 질을 누리도록 하는 것에 집중해야 한다. 하지만 당선만 되고나면 표변하는 정치인들을 수 없이 보아왔으니 유권자의 입장에서는 복장 터질 일이다. 선택을 받을 때는 정치인이 약자가 되고, 당선 이후에는 유권자가 약자가 되는 이런 과정의 반복이 지금까지의 정치상황이 아니었을까 라는 아주 단순한 생각을 한다.

흔히들 투표를 민주주의의 꽃이라고 부르지만 더 상위의 민주주의는 대화와 토론을 통한 합의다. 대화와 토론에 익숙하지 않거나, 일정 정도 이상의 규모가 되면 대화와 토론이 이루어지기 어렵다는 한계가 있다. 그래서 불가피하게 투표라는 행위를 통해서 결정을 하게 된 것일 뿐. 4천만 유권자가 다 모여서 토론할 수는 없는 노릇 아닌가. 그래서 대의민주주의로 일꾼을 투표를 통해서 뽑아주었으면 규모도 적당하니 대화와 토론을 하고 그러면서 합의하는 과정을 거쳐서 국민을 이롭게 해야 할 것이 아닌가. 하지만 아쉽게도 난 국회나 지방의회에서 대화와 토론이 제대로 이루어지는 것을 본 기억이 거의 없다.

　세상에서 가장 하기 쉬운 게 제 1야당이다. 무조건 반대만 하면 되니까 말이다. 일정 기간 계속 앵무새 같은 말을 반복하면 그쪽 진영의 언론사가 대서특필하고, 방송은 반복적으로 기계적인 중립이라는 미명 하에 여당과 야당의 주장을 동일한 비중으로 보도하니 시간이 지나면서 국민들은 야당의 앵무새 전략에 넘어가고 만다. 옥석을 구분할 줄 모르는 유권자가 되고 마는 것이다. 그런 진영 싸움의 무한반복을 오래 보다보면 정치혐오가 발생한다. 그러면 투표를 안하게 되는 것이고. 실제 이런 전략을 실행하는 일도 꽤 있는 것으로 보인다. 국민을 우매하게 만드는 전략, 정치혐오를 부추기는 전략. 나중엔 투표를 포기하게 만드는 전략. 결국 남은 소수의 투표자들에 의해 국가적 대사가 결정되고 마는 어쩌면 고단수들의 전략인. 유권자의 처음 마음이 그런 것은 아니겠지만 진흙탕 싸움을 오래 보다 보면 어느 쪽이 옳은지는 중요하지 않게 된다. 국민도 그냥 둘로 갈라져 버린다. 상대측이 아무리 좋은 법안이나 정책을 내놔도 들을 생각도 하지 않는다. 경청이라는 걸 할 줄 모르게 된 현실이 슬프다.

선거권과 나이

현대의 모든 국가는 피부색, 민족, 성별, 출신지역, 거주지, 종교, 학력, 문자해득 등에 관계 없이 특정한 연령에 이른 사람에게 선거권을 부여한다. 2018년 기준으로 11개 국가를 제외한 전 세계 국가에서 만 18세 이상의 사람은 선거권이 있으며, 이 중 6개국에서는 만 16세부터, 6개국에서는 만 17세부터 선거권이 있다. 현재 대한민국의 선거연령은 만 19세 이상이다.

귀족과 부르주아 계급에 속하는 남성의 전유물이었던 선거권은 19세기 중엽 '보통 선거권'이 주장되면서 남성 노동자 계급의 선거권이 인정되었고, 여성의 참정권은 20세기에 들어와서 인정되기 시작해 제2차 세계대전이 끝난 후에 이르러서야 세계적으로 민주주의 제도의 표준이 되었다.

선거권을 투표권이라고도 부르기도 하나, 투표권은 선거권뿐만 아니라 국민투표와 주민투표의 권리까지 포함하는 넓은 의미를 갖는다. 대한민국에서는 2005년에 선거권이 먼저 만 20세에서 만 19세로 낮아진 뒤 2007년에 국민투표권 부여 연령이 만 19세 이상으로 낮아졌다. 또한, 주민투표권은 주민에 한정되고, 외국인도 영주권자 등에 부여하는 국가가 많다는 점이 다르다.

보통은 피선거권의 연령이 선거권의 연령보다 높은 게 일반적이나, 영국에서는 1918년에 21세 이상 남성과 30세 이상의 여성에 선거권을 부여하도록 선거권이 확대되었을 당시 25세 이상 30세 미만의 여성은 피선거권만 있고 선거권이 없는 상황이 발생하기도 했다. 또, 선거권은 특별한 경우에 제한되는데, 대한민국에서는 사형, 무기형 또는 1년 이상의 징역이나 금고의 실형이 확정된 수형자나 의식불명 등으로 판단능력이 없는 것으로 판정된 자, 선거범죄자 등에 대하여 선거권을 제한하고 있다(〈위키백과〉, '선거 연령').

이 참에 각 국의 선거 연령에 대해서도 알아보자. 세계의 선거권, 투표권 연령 역시 〈위키백과〉를 참고했다.

16세	오스트리아, 브라질, 아르헨티나, 에콰도르, 쿠바, 니카라과
17세	조선민주주의인민공화국, 인도네시아, 동티모르, 수단, 남수단, 그리스
18세	**아시아**: 중화인민공화국, 일본, 중화민국, 인도, 필리핀, 베트남, 아프가니스탄, 아르메니아, 아제르바이잔, 조지아, 홍콩, 파키스탄, 방글라데시, 카자흐스탄, 키르기스스탄, 라오스, 몽골, 네팔, 팔레스타인, 스리랑카, 타지키스탄, 태국, 우즈베키스탄, 캄보디아, 아랍에미리트, 카타르, 바레인, 키프로스, 이란, 이라크, 요르단, 사우디아라비아, 이스라엘, 터키, 예멘, 몰디브 **아프리카**: 이집트, 남아프리카공화국, 알제리, 앙골라, 베냉, 보츠와나, 부르키나파소, 부룬디, 카보베르데, 차드, 코모로, 콩고민주공화국, 지부티, 에티오피아, 에리트레아, 잠비아, 가나, 기니비사우, 기니, 케냐, 레소토, 라이베리아, 마다가스카르, 말라위, 말리, 모로코, 모리타니, 튀니지, 모리셔스, 모잠비크, 나미비아, 니제르, 나이지리아, 르완다, 상투메프린시페, 세이셸, 소말리아, 시에라리온, 세네갈, 토고, 짐바브웨, 스와질란드, 코트디부아르, 탄자니아, 우간다, 감비아, 중앙아프리카공화국, 가봉 **유럽**: 독일, 프랑스, 영국, 러시아, 스페인, 벨기에, 불가리아, 알바니아, 안도라, 벨로루시, 보스니아 헤르체고비나, 크로아티아, 체코, 덴마크, 에스토니아, 핀란드, 헝가리, 아이슬란드, 아일랜드, 이탈리아, 라트비아, 리투아니아, 룩셈부르크, 마케도니아, 몬테네그로, 몰도바, 모나코, 네덜란드, 노르웨이, 루마니아, 산마리노, 폴란드, 세르비아, 슬로바키아, 슬로베니아, 스웨덴, 스위스, 안도라, 우크라이나, 포르투갈, 리히텐슈타인 **아메리카**: 미국, 캐나다, 볼리비아, 앤티가 바부다, 바하마, 바베이도스, 벨리즈, 버뮤다, 칠레, 콜롬비아, 코스타리카, 도미니카, 도미니카 공화국, 엘살바도르, 그레나다, 과테말라, 가이아나, 아이티, 온두라스, 자메이카, 멕시코, 파나마, 파라과이, 페루, 푸에르토리코, 세인트키츠 네비스, 세인트루시아, 세인트빈센트 그레나딘, 수리남, 트리니다드 토바고, 우루과이, 베네수엘라 **오세아니아**: 호주, 뉴질랜드, 아메리칸 사모아, 키리바시, 마셜 제도, 마이크로네시아, 뉴칼레도니아, 팔라우, 파푸아뉴기니, 피지, 투발루, 바누아투

19세	대한민국
20세	나우루
21세	말레이시아, 싱가포르, 레바논, 쿠웨이트, 오만, 카메룬, 사모아, 통가, 솔로몬 제도

우리나라의 경우 만 19세다. 우리 나라보다 선거 연령이 높은 나라는 앞서 보았듯이 10개국이다. 182개국은 우리보다 선거 연령이 낮음을 알 수 있다. OECD 가입 35개국 중 우리나라만 유일하게 만 19세로 선거연령을 규정하고 있음을 아는가. 우리 나라는 1948년 제헌 헌법에서 만 21세로 처음 선거권 연령이 명시하였고, 경제적, 사회적 변화에 따라 2005년에 만 19세로 하향하여 현재에 이르렀는데, 더 낮춘다고 한들 크게 문제될 일은 없을 것으로 보인다. 이미 대부분의 나라에서 선거 연령을 낮춘 상태고, 그로 인해 생기는 부작용에 대한 언급은 없다. 다만 선거권이 하향되었을 경우 청소년들이 그들의 권리를 합리적으로 잘 행사할 수 있도록 민주시민교육을 잘 하는 것은 필요하다. 중등교육의 목표가 무엇인가. 민주시민교육이 아니던가. 건강한 양식을 갖고 건강한 민주시민이 되도록 교육하고 이끈다면 선거 연령이 문제될 것은 없다는 말이다. 오늘날로 보자면 학생이라 할 수 있는 조선시대 유생들의 정치참여 사례를 봐도 마찬가지다. 조선시대에 권당과 공관이라는 공식적 시위제도가 있었던 것은 당시가 왕 중심의 국가였음에도 불구하고 왕을 상대로 유생들의 발언권을 보장했다는 것을 의미한다. 난 이것이 나이를 지나치게 의식하여 청소년들에게서 투표권을 배제할 필요가 없음을 반증하는 하나의 예라고 생각한다. 굳이 선거 연령을 낮추는 것을 가로 막을 이유가 없다는 말이다. 최근 패스트트랙에

올린 선거법 개정안에 따르면 우리의 투표 나이를 만 18세로 낮추는 내용이 담겨 있다. 어떤 결론이 날지 몹시 궁금하다.

흑인 참정권 획득 투쟁의 배경

미국 대통령이었던 오바마는 탁월한 연설로 널리 알려진 사람이다. 수많은 명연설 가운데서도 2008년 오바마가 대통령에 당선되던 그 날 밤 시카고에서 한 연설은 오바마의 연설 중에서도 백미로 꼽힌다. 그 연설에서 오바마는 어떤 할머니의 이야기를 통해 최초의 유색인종 대통령인 자신의 당선이 가지는 역사적 의미를 극적으로 표현한 바 있다.

"오늘밤 제 머릿속에 떠오르는 이야기가 있습니다. 애틀랜타 주에서 투표한 한 여성에 관한 이야기입니다. 그분은 이번 선거에서 자신의 목소리를 내기 위해 줄을 선 수백만 국민들과 아주 흡사합니다. 다만 그녀에게는 한 가지 특별한 점이 있습니다. 그분, 앤 닉슨 쿠퍼는 올해 백 여섯 살입니다. 쿠퍼 여사는 일 세기 전, 노예세대 이후에 태어났습니다. 길에는 차가 없고 하늘에는 비행기가 없던 시절이었습니다. 그녀와 같은 사람은 두 가지 이유로 투표를 할 수 없었습니다. 바로 여성이라는 것과 그녀의 피부색 때문이었습니다. 그리고 오늘밤, 저는 쿠퍼 여사가 미국의 한 세기를 살아온 그 모든 나날들을 생각해봅니다. 그녀가 겪어야 했을 고통과 희망, 투쟁과 진전을 생각해봅니다. 할 수 없다

는 말을 들어야 했던 시대와 "우리는 할 수 있다."를 미국의 신조
로 밀고 나간 사람들을 생각해 봅니다.

더스트 볼[1]로 인한 절망과 경제공황의 충격이 미 전역을 뒤덮었
을 때 쿠퍼 여사는 우리나라가 뉴딜 정책으로 두려움 자체를 극
복하는 모습을 보았습니다. 새로운 일자리를 마련하고 공동의
새로운 목표의식을 세우는 모습을 지켜보았습니다. 그렇습니다,
우리는 할 수 있습니다. 그녀는 몽고메리의 버스, 버밍햄의 호
스, 셀마의 다리, 애틀랜타 출신의 한 목사가 사람들에게 "우리
는 극복할 것입니다."라고 외치는 현장을 지켜보았습니다. 그렇
습니다, 우리는 할 수 있습니다."[2]

1　더스트 볼(Dust bowl)은 대평원의 먼지 폭풍 지대로서, 미국 역사
　상 가장 심각한 가뭄을 겪었던 시기의 상황을 의미한다.

2　버락 오바마의 당선 연설 중 일부로 전문은 링크에 있다.
　http://100.daum.net/encyclopedia/view/204XX78000041
　"This election had many firsts, and many stories that will be
　told for generations. But one that's on my mind tonight's about
　a woman who cast her ballot in Atlanta. She's a lot like the
　millions of others who stood in line to make their voice heard
　in this election, except for one thing, Ann Nixon Cooper is 106
　years old.
　She was born just a generation past slavery. A time when there
　were no cars on the road or planes in the sky; when some-
　one like her couldn't vote for two reasons: because she was a
　woman and because of the color of her skin.
　And tonight, I think about all that she's seen throughout her
　century in America: the heartache and the hope; the struggle
　and the progress; the times we were told that we can't, and the

오바마의 연설에서 "그녀와 같은 사람은 두 가지 이유로 투표를 할 수 없었습니다. 바로 여성이라는 것과 그녀의 피부색 때문이었습니다."가 유독 눈에 띈다. 2008년에 106세라면 그녀가 태어난 해는 1892년일 텐데 이 때는 여성과 흑인에게 투표권이 없었다는 말인가? 역사의 산 증인인 그에게 과거엔 투표권이 없었던 것이다. 그렇다면 미국은 우리와 달리 모든 성인에게 투표권을 부여했던 나라가 아니라는 말인가? 그렇다. 미국은 우리와는 달라도 많이 다른 나라였다. 대한민국은 처음부터 성별에 관계없이 일정 나이만 되면 모두에게 투표권을 준 대단히 선진적인(?) 나라였지만 다른 나라들은 그렇지 않았다는 걸 잊고 있었다.

우리는 거저 쉽게 얻었지만 흑인, 여성 등의 참정권 획득 과정은 매우 지난했다. 우리는 너무도 당연히 여기는 일이 누군가에겐 너무도 간절한 일이었음을 새삼 생각하게 된다. 인종차별이라는 매

―――

people who pressed on with that American creed: Yes we can. At a time when women's voices were silenced and their hopes dismissed, she lived to see them stand up and speak out and reach for the ballot. Yes we can.

When there was despair in the dust bowl and depression across the land, she saw a nation conquer fear itself with a New Deal, new jobs, a new sense of common purpose. Yes we can. When the bombs fell on our harbor and tyranny threatened the world, she was there to witness a generation rise to greatness and a democracy was saved. Yes we can.

She was there for the buses in Montgomery, the hoses in Birmingham, a bridge in Selma, and a preacher from Atlanta who told a people that: 'We shall overcome.' Yes we can."

우 큰 벽을 안고 지내던 미국에서 흑인에 대한 차별을 없애는 과정 역시 험난했다. 노예제 폐지를 두고서는 남북전쟁까지 했던 나라가 미국이다. 우리가 자유민주주의의 수호신 또는 화신이라 여기는 나라 미국이 그랬다는 말이다. 험난한 과정을 거쳐 노예제는 폐지되었지만 그럼에도 여전히 미국에서의 인종차별은 계속됐고 법적으로 해소된 지금까지도 전혀 없다고는 할 수 없는 나라가 미국이다. 바로 그 미국에서 흑인이 정상적인 투표권을 행사하기까지는 꽤 긴 기간의 싸움이 있었음을 잊지 말아야 한다.

링컨 대통령 시기에 수정된 미국 헌법은 흑인에게 제한된 시민권을 주지 않았다. 1870년에 제정된 수정헌법 15조는 인종, 종교, 사상 등 어떤 이유로도 투표권을 제한할 수 없다는 점을 명시했다. 하지만 미국 남부의 흑인들이 20세기 중반까지 투표를 할 수 없었다는 것도 역사적 사실이다. 도대체 무슨 일이 일어 난걸까? 이 헌법과 현실의 불일치에는 통칭 '짐 크로우 법'이라 불리는 전근대적인 악법이 자리 잡고 있었다.

'짐 크로우'라는 명칭은 1830년대 뮤지컬쇼에 나오는 등장인물의 이름을 딴 것으로, 흑인을 희화하기 위해 만든 캐릭터에서 비롯되었다. 음유시인들이 벌인 뮤지컬쇼에서 백인들이 얼굴을 검게 칠하고 흑인 역할을 했는데 이 쇼들에서 흑인들을 비하하는 경우가 많았다. 게으르고 어리석고 욕심 많은 흑인 캐릭터를 통해 흑인에 대한 편견을 희극적으로 표현한 것이다. 이런 배경에서 나온 짐 크로우 법은 이 이름을 따 1880년대에 제정된 미국 남부의 여러 주와 도시가 실시했던 흑백 분리 정책법을 말한다. 이후 흑인에 대한 차별정책의 대명사로 불리게 됐다. 흑인을 대놓고 비하하는 데서 시작된 이름의 이 법 내용은 더 가관이다.

흑인들은 공공건물에 출입할 때 백인이 사용하는 문이 아닌 다른 문을 사용해야 했고, 식당에서 흑인은 백인과 같은 공간에서 식사할 수 없었으며, 화장실이나 물을 마시는 음료대도 백인용과 흑인용으로 엄격히 구별됐고, 같은 하나님을 섬기는 교회도 서로 달랐고 감옥도 달랐으며 심지어 죽어서 묻히는 묘지도 서로 달랐다. 버스나 기차를 타도 흑인은 맨 뒷자리에 앉아야 하고, 그 뒷자리마저도 백인이 버스에 올라타면 양보해야 했다. 심지어 공공장소 곳곳에는 "개와 흑인은 출입금지"라는 팻말이 나붙여질 정도였다. 지금 보면 어처구니 없는 내용이지만 엄연한 현실이었다.

제도적으로는 19세기 말부터 흑인에게 투표권이 주어졌지만 남부의 보수적인 백인정치인들은 흑인의 투표권을 빼앗기 위해 교묘한 수단을 동원했다. 헌법은 흑인의 투표권을 보장하더라도 실질적인 투표관리는 지방정부가 관할한다는 점을 악용하여 흑인의 투표권을 사실상 빼앗는 전략을 구사한 것이다. 가장 지독한 방법으로 맹위를 떨친 방법은 이른바 '문맹시험'이다. '문맹시험'이란 간단히 말해 최소한의 문자해독 능력을 입증해야 투표권을 부여하는 제도다. 얼핏 듣기에는 상당히 합리적인 방법으로 보이지만 사실은 그렇지 않다. 예를 들어 1964년 루이지애나 주에서 실제로 사용된 문맹시험지의 문제는 이렇다. "아래 빈칸에 단어 'noise'를 뒤에서부터 쓰고, 올바로 썼을 때의 두 번째 철자 위에 d를 쓰시오." 이게 문맹시험일까? 이런 문제가 버젓이 출제되고 답을 제대로 하지 못하면 투표를 하지 못했다.

이 뿐이 아니다. 심사관의 재량권이 광범위하게 인정되었기 때문에 흑인에게 '비누 한 개에 비눗방울이 몇 개나 나올까?', '몽테스키외가 쓴 법 정신의 주요내용은?' 등 도저히 통과할 수 없는 문제가 출제되고 백인에게는 '자유를 써보세요'와 같은 단순한 문제를 출제했다. 그리고는 'frudum'이라고 쓴 백인조차 통과시켜 주었다. 당시 미국 남부는 미국에서도 가난한 지역이었기 때문에 20세기 중반까지 백인 노동자나 농민들의 문맹률도 의외로 높은 편이었다. 심지어 백인이 이 정도조차 통과 하지 못하면 또 다른 구제책이 주어졌는데 할아버지 때부터 투표권이 있는 사람은 투표권을 부여한다는 '할아버지 조항' 따위의 예외규정이다.[3] 이런 방식으로 흑인들의 투표권은 '합법을 가장한 불법적 적용으로' 제한되었고, 1965년이 되기 전까지 남부 흑인들은 실제로 투표를 할 수 없었다. 투표권이 제한되자 당연히 흑인들의 권리는 '합법적으로' 짓밟히기 시작했다. 의회에 자신의 권리를 대표할 의원을 보낼 수 없었기 때문이다.

흑인의 참정권 획득 투쟁

흑인은 노예 상태에서는 해방되었지만 교육기회와 취업이 제한되었고 흑인에게 일방적으로 불리한 노동계약이 강제되어 계약의 외피를 쓴 노예상태가 연장되곤 했다. 결국 60년대 흑인들은 자신의 권리를 되찾기 위해 투쟁에 나서게 된다. 이런 배경을 이해하고 나면 『그들은 자유를 위해 버스를 타지 않았다』에 기록된 비폭력 저

---

3 '짐 크로우 법의 그늘' http://blog.naver.com/PostView.nhn?blogI
   d=miraeasset_m&logNo=220543867121

항을 통해 인종차별을 없앴던 몽고메리 흑인 시민들의 생동감 있는 글을 이해할 수 있게 된다.

1955년 12월 1일, 로자 팍스는 퇴근길 버스 안에서 백인에게 자리를 비켜주지 않았다는 이유로 인종분리법 위반으로 체포되어 감옥에 갇혔는데, 이 사건을 계기로 몽고메리의 흑인 시민들은 로자 팍스의 재판일인 12월 5일 '버스안타기 운동'을 시작했고, 무려 381일 동안 지속하여 결국 흑인을 차별하던 인종분리법의 종식을 끌어냈다. 이 책에는 그 과정들이 아주 쉽고 생생하게, 그리고 감동적으로 그려져 있다(러셀 프리드먼, 2008).

흑인 대통령이 나온 미국이라지만 50여 년 전의 미국은 여전히 인종차별을 하는 후진국이었다. 그 시기 미국의 흑인들은 백인과 같은 식당에서 밥을 먹을 수도, 같은 극장에서 영화를 볼 수도 없었고, 심지어 버스 안에서 감히 백인 옆에 앉지도 못했으며, 버스에서 앞자리 10개를 백인을 위해 무조건 비워 놓아야만 했었다. 그게 법이었으니까. 이런 배경에서 몽고메리에서의 '버스 안타기 운동'이 표출된 것이다.

1955년 12월 5일, 추운 겨울에 시작되어 이듬해 다시 추운 겨울이 돌아올 때까지 무려 381일 동안 몽고메리의 평범한 흑인 시민들은 인종차별에 맞서 '버스안타기 운동'이라는 비폭력 저항을 시작했다. 그들은 일하러 갈 때, 학교에 갈 때, 시내에 갈 때, 어디를 가든지 간에 버스를 타지 않고 걸어 다니거나 카풀을 시작했다. 당시 몽고메리 시 버스 승객의 70%는 흑인들이었고, 버스 안타기 운동이 시작된 지 한 달 만에 버스 회사들은 적자에 시달리게 되었다. 버스 안타기 운동은 직접적으로는 로자 팍스에 대한 법원의 판결을 수용할 수 없다는 불복의 표시였지만, 실제적으로는 백인보다 압도적으로 많은 흑인들이 이용하는 버스에서 흑인의 자리 이용 권리가 거부되는 것에 대한 항의의 표시였다. 5만 명에 달하는 참가자들에게 백인들은 흑인들의 운전면허증을 말소하고 보험 취소 등의 탄압을 가했지만 그들은 굴하지 않았다. 일 년 동안 지속된 이 운동은 미국 전역을 들썩거리게 했고, 외국 언론에서도 주요 이슈로 다뤘다. 그 결과 대외적인 이미지를 고민할 수밖에 없었던 미국 대법원이 1956년 11월 13일에 대중교통 이용권과 관련해서 인종차별적인 제한은 위헌이라는 판결을 내렸다. 이 버스 안타기 운동은 미국 흑인의 인권을 개선하자는 운동이 되어 미국 전역에 번졌고, 결국 짐 크로우법은 1964년 폐지됐다.

알려진 바로는 로자 팍스는 미국유색인지위향상협회의 유일한 여성 회원이었다. 로자 팍스의 동생이 2차 세계대전 때 유럽전선에 배치되어 조국을 위해 싸웠지만 부상자는 물론 사망자들에게도 흑백 차별이 있다는 것을 알게 됐기 때문에 가입했단다. 2008년 버락 오바마가 대통령에 당선되자 여러 신문과 방송에서 '오바마가 정말로 감사해야 될 사람은 로자 팍스'라는 말들이 쏟아진 이유다. 로자 팍스 개인의 싸움이 확대되어 381일이나 이어진 버스 안타기 운동으로 이어졌고 그 결과로 인종분리법의 종식이 이루어졌기 때문이다.

당시 '버스 안타기 운동'을 주도적으로 이끈 사람은 미국의 흑인 시민운동가 마틴 루터 킹 목사다. 당시 26살로 몽고메리로 이사 온 지 얼마 되지도 않은 인물이었다. 그리고 그때만 해도 그가 누구인지 아는 사람도 거의 없었다. 그런데 '버스 안타기 운동'을 이끌면서 킹 목사는 일약 미국의 대표적인 흑인 시민운동가로 자리매김하게 되었다. 그는 낮에는 카풀을 조직해 사람들을 실어 날랐으며, 밤이면 대중 집회에서 감동적이고 고무적인 연설로 흑인들의 정신을 하나로 묶었다. 특히 마틴 루터 킹은 간디의 '비폭력 저항'과 그리스도의 '사랑'이라는 두 가지 정신을 가지고 버스 안타기 운동을 이끌었는데, 비폭력이야말로 가장 강력한 무기라고 믿었던 그는 마침내 많은 폭력의 위협을 무너뜨리고 비폭력의 승리를 가져왔다.

　재미있는 것은 그 마틴 루터 킹 목사가 처음에는 이 운동을 이끄는 걸 주저했다는 사실이다. 당시 그는 목사였고 대학총장이 되고 싶어 했었다. 1955년 로자 팍스가 버스 앞좌석을 백인에게 양보하지 않았다는 이유로 재판을 받은 후 인권운동가들이 대응책을 마련하려고 몽고메리개선협회(Montgomery Improvement Association)를 결성하고 버스 안타기 운동을 벌이기로 합의했을 때, 참석자들은 킹 목사를 협회장으로 추대했었다.

　　"일이 일사천리로 진행되어서 제대로 생각할 겨를이 없었다. 만
　　약 충분히 생각할 시간이 있었다면, 아마 그 자리를 고사했을 것
　　이다.".

라고 킹 목사는 회고했다. 바로 3주 전 킹 목사와 그의 부인은 "지역사회의 중책을 맡지 않기로 했고, 학위 논문을 막 끝냈기 때문에 목회 일에 더 집중할 필요가 있었다."라고 밝혔던 인물이다. 결국 킹 목사는 버스 안타기 운동을 이끄는 지도자로 만장일치로 선출되었지만, 그날 저녁 지역사회를 상대로 해야 하는 연설을 앞두고 킹 목사는 "두려움에 사로잡혔다."고 밝힌 바 있다(애덤 그랜트, 2016: 36-37).

흑인의 참정권 쟁취 과정에 대해 잘 표현한 영화로 2014년에 제작된 영화 〈셀마(Selma)〉가 있다. 그 어떤 책으로 길게 설명하는 것보다도 압축적으로 과정 전반을 이해할 수 있도록 돕는다.[4] 몽고 메리의 버스 안타기 운동은 종결되었지만 미국 내 흑인에 대한 차별은 종결된 게 아니었다. 1960년대 미국 앨라배마 주 셀마에 사는 아멜리아 보이튼 로빈슨과 그의 남편은 선거권 쟁취를 위한 운동을 시작했다. 이에 마틴 루터 킹 등 미국 흑인 인권운동가들도 이 셀마에 도착해서 비폭력 행진을 기획하고 참여했다. 이 행진은 미국 80번 고속도로인 셀마에서 출발하여 몽고메리 시까지 이어지는 길을 수많은 흑인들이 걷고 또 걷는 비폭력 평화시위였다. 이른바 몽고메리 행진은 1965년 3월 7일과 9일, 21일 등 세 번이 있었는데, 그 중 3월 7일 행진에서는 피의 일요일이라 불리는 유혈 사태가 일어났다. 이 몽고메리 행진의 발화점이 된 사건은 1965년 2월 18일 한 경관이 인권 시위를 하는 지미 리 잭슨에게 총을 쏴서 사망케 한 사건이다. 이 살인에 격분한 시위대는 몽고메리에 위치한 주의회로 진격했지만 주 경찰의 몽둥이와 최루탄에 의해 실패로 돌아간다. 그럼에도 불구하고 흑인들은 총 3번의 가두 시위를 하면서 자신들의 의지를 세상에 보여준다.

영화 〈셀마〉는 이 셀마 몽고메리 행진을 소재로 한 영화로 이 기간의 마틴 루터 킹의 행적을 담고 있다. 차별은 여전하고 투표권 행사가 가로막힌 상황에서 벌어진 흑인들의 참정권 요구 운동은 예

---

4   우리나라에서도 개봉했었고 2018년 8월 30일 기준 영화진흥위원회 영화관입장권통합전산망 통계에 따르면 16,304명이 봤다.

상대로 쉬운 과정이 아니었다. 평화적인 행진을 통해서 입장을 드러내고 요구를 했었지만 돌아오는 건 폭력. 상대의 폭력 앞에서 흑인들은 갈등하고 고민한다. 이 행진의 지도자였던 마틴 루터 킹 역시 고뇌할 수밖에 없는 상황. 백인의 총기로 인해 사망자까지 발생하여 폭력으로 대응하고자 하는 이들도 있었기에 그 과정에서 흑인들을 설득해가며 투쟁하는 과정은 만만한 일이 아니었다. 당시 대통령은 흑인의 투표권 문제에 대해 시급하지 않은 일로 판단하고 있었고 흑인들의 요구는 거셌다. 중간에서 역할을 잘 하면 양측의 존중을 받을 수 있지만, 상황이 잘 해결되지 않을 경우 양측으로부터 비난을 받을 수밖에 없었다. 이 때 지도자의 역할이 무엇보다 중요한 건 자명한 사실. 더 이상은 흑인의 투표권 문제를 방치하거나 미뤄서는 안된다는 입장의 마틴 루터 킹은 결국 비폭력 행진을 계속하는 것으로 정리했고 이후의 과정은 주지의 사실대로다. 이 거대한 행진은 결국 당시 대통령이었던 존슨 대통령이 흑인들의 선거권을 인정하는 법을 제안하고 법이 통과되면서 끝이 난다. 폭력에 비폭력으로 맞선 이들의 승리였다.

무엇이 이토록 억압적인 상황에서도 끝까지 어려움을 극복해가며 싸우게 했던걸까. 참정권이 얼마나 중요한 문제였기에 희생을 무릅써가며 그렇게 싸웠던 것일까. 이에 대해 영화 셀마에 대해 잘 정리된 평을 쓴 최성수는 이렇게 말한다.

"이 영화는 인권 문제에서 참정권이 가지는 중요성을 확인할 수 있게 한다. 과거 여성인권운동의 경우에서도 마찬가지로 참정권은 주요했다. 역사적으로 인권운동은 개인의 정치적 참정권을 포함하여 자유적 방어권을 주장했던 1세대 인권운동에서 시작했다. 이후 사회적 경제적 보호권을 요구했던 2세대를 거쳐, 환경 보호 및 평화와 같이 인류의 보편적인 지위를 확보하기 위한 운동인 3세대로 이어졌다. 아메리칸 흑인의 경우는 먼저 법적 지위를 얻는 것으로부터 삶의 자유를 위한 노력이 우선되었다. 참정권의 배제는 온전한 흑인 인권 실현을 가로막는 가장 큰 장애물이었다. 역사적으로 확인할 수 있는 사실이지만, 인권운동의 기본은 정치적 참정권과 자유권을 얻는 일이었다. 왜냐하면 정치적 결정권이 배제된 상태에서 소수의 지배를 막을 수 있는 방법이 없기 때문이다. 자기 자신을 보호할 권리와 방법이 법적으로 주어져 있지 않을 때 차별은 벌어질 수밖에 없다. 정치적인 참정권은 국민이 자신을 법적으로 보호할 수 있도록 하는 최소한의 장치다."(최성수, '〈셀마〉를 보고')

'자기 자신을 보호할 권리와 방법이 법적으로 주어져 있지 않을 때 차별은 벌어질 수밖에 없다'는 그의 말에 동의한다. 흑인의 법적 지위가 불안하고, 투표권 행사마저 할 수 없는 상황이 계속된다면, 공식적으로는 차별을 없앴다고 하더라도 실제로는 적용되지 못한다는 것을 그들은 이미 경험했었다. 흑인의 아픈 경험은 그들을 결국 투사로 만들었던 것이다. 오늘날에도 여전히 무엇이 문제인지 모르고, 원인을 헤아려볼 생각도 없으며, 왕의 신민으로만 살고 있는 이들이 새겨야 할 교훈이다. 모르면 당한다.

여성의 참정권 획득 과정

어르신들이 흔히 자유민주주의의 상징이라 믿거나 짐작하는 미국의 경우, 여성의 투표권이 건국 시기부터 있었던 것이 아니다. 힘겹고 어려운 싸움을 오래 해서 기어이 쟁취한 게 1920년이다. 미국이 여성 참정권을 받아들인 첫 번째 나라도 아니다. 여성참정권의 역사를 얘기할 때 가장 먼저 언급해야 하는 나라는 뉴질랜드다. 최초로 여성참정권이 인정된 나라이기 때문이다. 1893년에 선거권이 인정되었고 1919년부터는 피선거권도 주어졌다. 그 이웃 나라인 호주도 1902년에 여성에게 참정권을 부여했다. 핀란드는 유럽에서는 첫 번째로 1906년에, 노르웨이는 1913년에 부여했다.

제1차 세계대전과 그 영향으로 유럽 등의 나라들에서 여성의 선거권을 인정하는 나라가 늘었다. 1914년부터 1939년에 사이에 28개국에서 여성의 전국선거 투표권이 인정되었다. 덴마크, 아이슬란드 1915년, 캐나다 1918년, 독일, 네덜란드, 폴란드, 체코가 1919년, 소련, 미국, 헝가리 1920년, 영국 1918년(실질적인 보통선거권이 주어진 것은 1928년), 미얀마 1922년, 에콰도르 1929년, 남아프리카 공화국 1930년, 브라질, 우루과이, 타이 1932년, 터키, 쿠바 1934년, 필리핀 1937년 등이 해당된다. 제2차 세계대전 이후 프랑스, 이탈리아, 루마니아, 유고슬라비아, 중국에서도 여성의 선거권이 인정되었다. 1949년 인도, 1956년의 파키스탄에서 투표권이 인정되었다. 그 후 10여 년 동안 세계적으로 100개국 이상에서 여성선거권이 인정되었다. 많이 늦은 경우로는 1971년의 스위스와 1973년의 시리아가 있으며, 최근인 2015년 12월에 여성에게 투표권을 처음 부여한 게 사우디아라비아다.

선거권과 피선거권이라는 참정권을 획득하는 과정은 험난했다. 누군가로부터 시작된 자각과 집단적 동의, 뒤 이은 노력, 그리고 꾸준함 등이 모두 작용하여야 겨우 쟁취할 수 있는 것이 참정권이었다. 흑인이 그랬듯이 여성이라고 다르지 않았다. 뉴질랜드가 여성의 참정권을 인정한 첫 번째 나라라고 하여 존중받는 데는 케이트 셰퍼드라는 인물의 헌신이 있었다. 그가 홀로 쟁취한 것은 아니지만 먼저 자각하고 꾸준히 노력한 선구적인 지도자였음은 분명하다. 그는 '기독교여성절제회' 활동을 하며 당시 뉴질랜드에 만연한 불평등 문제에 관심을 기울였다. 인종, 계급, 성별에 대한 차별 철폐를 주장했던 그는 여성참정권 운동에도 매진해 뉴질랜드 의회에 여성참정권 탄원서[5]를 제출하는 등의 과정을 거쳐 기어이 쟁취했다.

여성의 참정권 쟁취를 위해 고단한 싸움을 벌였던 대표적인 경우로 대개 미국과 영국을 든다. 차분히 살펴보자.

미국에서 여성의 참정권이 인정된 게 1920년이다. 수정헌법 19조가 채택되면서 수립된 여성 참정권이다. 여성 정치참여의 법적 근거가 된 수정헌법 19조는 어떤 내용일까. 여기에는 '연방정부나 주정부가 성별에 따라 미국 시민의 투표권을 거부하거나 침해해서는 안 된다'는 규정이 있다. 그리고 법률 제정을 통해 이 규정을 강제 집행할 수 있는 연방의회의 권한을 명시하고 있다.

규정으로 보면 한 두 줄 정도의 간단한 것이지만 이 내용이 담

---

5 3만 명 이상의 뉴질랜드 여성으로부터 서명을 받아 의회에 제출한 여성참정권 탄원서는 현재 유네스코 세계기록유산으로도 등재되어 있다.

기도록 하는 과정은 얼마나 지난했을까. 지금 입장에서 보면 너무도 당연한 권리가 어떤 시기에는 너무도 쟁취하기 어려웠던 것임을 잊어서는 안 될 것이다. 실제 1918년에 우드로우 윌슨 대통령이 헌법 수정안을 지지한다고 선언한 뒤에도 연방 의회에서 반대가 심했다. 마침 그 해에 중간선거가 있었는데, 여성 참정권에 반대하는 의원들을 겨냥한 여성단체들의 대대적인 낙선운동이 의회의 분위기를 바꿨다. 결국 이듬해인 1919년에 연방 상하원이 헌법 수정안을 통과시켰다. 하지만 그 뒤로도 1년 넘게 각 주별로 여성의 참정권 문제가 우여곡절을 겪는다. 헌법 수정안이 최종 확정되기 위해서는 연방 의회뿐만 아니라 각주 의회의 승인이 있어야 하는데, 그 기준이 4분의 3 이상 주의회의 승인이었다. 일리노이 주를 시작으로 수정헌법 19조를 승인한 주가 하나 둘씩 늘기 시작해서 1920년 8월 18일 테네시 주가 승인함으로써 최종적으로 미국 여성의 참정권이 헌법으로 보장받게 되었다.

이 과정에 재미있는 일화가 하나 있다. 마지막으로 승인한 테네시 주의 경우 단 한 표 차이로 승인이 결정되었는데, 해리 번즈라는 의원이 마지막에 마음을 바꾼 것이 결정적이었다. 그런데 그 마음을 바꾼 것이 어머니의 편지 때문이라는 것이다. 투표일 전날 받은 어머니의 편지에는 "착한 아들이 돼야 한다는 걸 잊지 마라, 그리고 여성 참정권에 찬성표를 던지거라"라는 내용이 적혀 있었다는 후문이다. 그의 나이 당시 24세. 어머니의 조언을 새긴 효심 깊은 아들의 판단이 미국의 역사를 바꾼 것이다.

지금까지는 최종적으로 결정된 마지막 과정을 살핀 것이지만 시작은 너무도 미약했고, 과정은 험난했다. 미국 내에서의 정치적 남녀 차별을 없애기 위한 노력은 훨씬 이전에 시작됐었다. 특히 1848년 뉴욕 주 세네카 폴스에서 열린 집회가 이런 움직임의 중요한 단초가 됐다. 이 집회에서 여성의 참정권을 골자로 하는 「여성권리 선언문」이 채택했는데, 당시 여권 운동에 앞장섰던 엘리자베스 스탠턴은 참정권 쟁취는 여성의 의무라고 강조했었다.

스탠턴과 오랜 동지가 되는 수전 앤서니는 사법 처벌도 마다하지 않은 강성운동가로 유명하다. 뒤에 다시 정리하겠지만 수전은 1872년 대통령 선거 때 그 당시 여성들에게 허락되지 않았던 투표권을 행사한다. 재판에 회부된 앤서니는 100달러 벌금형을 받았지만 끝까지 벌금을 내지 않고 버텼는데, 이 사건을 계기로 여성의 참정권 문제가 미국 사회의 큰 주목을 받게 됐다. 여성운동가들이 여성 참정권 문제를 전략적으로 법원으로 끌고 가서 법리 논쟁을 불러일으킨 일도 있다. 법리 논쟁에서 가장 유명한 사례는 1875년에 내려진 대법원 판결이다. 당시 재판부는 헌법에 보장된 평등권이 여성 참정권과는 관련 없다고 만장일치로 결정한 바 있다. 이 판결 이후 여권 운동가들은 전략을 바꿔 정치권 설득에 나서게 되었고, 마침내 1920년 수정헌법 19조가 채택된 것이다.

미국에서 여성이 참정권을 획득한 이후 통계에 따르면, 여성 유권자들의 투표율이 더 높다. 1960년 이후 대통령 선거에서 여성 유권자들의 투표율은 60%를 모두 넘은 반면, 남성 유권자들은 단 한 번만 60%를 넘었을 정도다. "여성에게 투표권을 주었더니 투표율도 더 높더라. 그러니 참정권을 허용한 것은 잘 한 일이다." 이 말을 하려는 건 아니다. 투표율이 높든 낮든 관계없이 모두에게 투표권이 있어야 함이 당연하기에 진작 허용되었어야 한다는 말이다.

결과적으로 여성의 투표율이 더 높은걸 보니 더 잘했다는 생각이 들 뿐.

흑인과 여성의 참정권 문제는 미국 사회의 매우 중요한 화두였다. 이 둘은 다른 영역이기도 하지만 같은 과제를 안은 경우이기도 하였기에 각각의 참정권 쟁취 운동에 있어서 때로는 결합될 때도 있었고, 때로는 분리되기도 했었다. 결과적으로는 흑인의 참정권이 남북전쟁 이후 허용되면서 여성의 참정권 운동이 자극받은 것도 사실이다. 때로는 협력하며 때로는 경쟁하듯 노력한 결과 모두에게 투표권이 허용되었다. 물론 법적으로 허용되었다고 해서 현실에 적용하는 동안 난감한 일이 없었던 것은 아니다. 법적으로는 허용되었지만 현실에서는 외면 당하거나 존중받지 못하는 일도 때로 있었던 것이다. 쟁취할 때까지의 싸움만 싸움이 아니다. 모든 일이 그렇듯이 어떤 사안이 현실에 완전히 정착할 때까지의 싸움은 참으로 길고 힘겨운 것이다.

흑인과 여성의 참정권운동의 과정은 복잡하다. 양측 모두 참정권 획득이라는 과제를 안고 있었기에 일정 정도의 연대는 당연한 것이었다. 하지만 양측은 불가피하게도 입지에 따라 다른 인식을 하고 있음이 드러나 갈등 양상을 겪기도 했음은 알려진 일이다. 대략 정리하면 이렇다.

1860년대에는 여성참정권론자들, 노예제폐지론자들, 흑인참정권운동가들이 연대했었다. 이 시기 연대를 이끈 지도자 중 대표적인 이가 1세대 페미니즘의 대표 격인 수전 앤서니와 엘리자베스 스탠턴으로 둘 다 백인 여성이었다. 노예 출신의 노예제폐지론자였던 프레드릭 더글라스는 흑인 남성이었다. 이들은 1866년 미국평등권협회(American Equal Rights Association 약칭 AERA)을 창립한다. 이 단체의 목적은 공통의 과제인 성별과 인종에 관계없는 참정권 획득이었다. 하지만 시간이 지나면서 참정권을 둘러싼 인종과 성별 문제가 점점 첨예화되면서 어려움을 겪었다. 백인 남성인 웬델 필립스 같은 노예제폐지론자들은 흑인남성의 참정권에는 찬성했지만 여성참정권은 반대해서 AERA 활동을 방해했었다. 시간이 지나면서 흑인 남성의 참정권이 먼저 인정될 것 같은 사회분위기가 조성되자 논쟁이 더 격렬해진다.

프레드릭 더글라스는 백인 여성들은 그들의 형제, 아버지, 남편인 백인남성들을 통해 어느 정도 참정권이 간접적으로 획득되고 있으므로 흑인남성의 참정권이 시급하고 필요한 문제고 백인여성의 참정권은 그 정도 일은 아니라고 생각했다. 이른바 강경파로 분류되는 앤서니나 스탠턴은 여성과 흑인 모두 동시에 참정권을 획득할 수 있어야 한다는 입장이었다. 논쟁 과정에서 아주 거친 언사가 오가기도 했다. 그 과정에서 미국평등권협회는 수전과 스탠턴의 미국여성참정권협회와 온건한 루시 스톤의 미국여성참정권협회로 양분되었다가 1890년에 다시 통합된다. 우여곡절 끝에 1870년에 흑인남성 참정권이 인정되었고, 여성 참정권이 인정된 건 1920년이다. 앞에서 언급했듯이 참정권을 획득한 흑인남성들이 투표하려다가 린치를 당하거나 배제되는 일은 1965년까지 이어진다. 쓸쓸한 역사의 이면이다.

여성의 참정권 획득 과정에서 단연 주목받은 이는 수전 앤서니였다. 앞에 언급하였듯이 그가 의도적으로 투표에 참여하고 그로 인해 재판을 받았으며, 재판을 통해 상당한 논거를 제시하며 투쟁했던 것은 널리 알려진 일이다. 역사적 의미가 있는 그 재판 과정과 변론에 대한 내용은 『세상을 바꾼 법정』(마이클 리프, 미첼 콜드웰, 2006) 4장 '투표한 죄로 구속된 수전 B. 앤서니'에 자세히 나온다.

1872년 11월, 수전 앤서니는 세 명의 여동생과 함께 곧 치러질 투표에 유권자 등록을 하러 간다. 유권자 등록소는 등록을 허락하지 않았으나 법적문제에 대한 책임을 자신이 지겠다는 수전의 다짐에 따라 이들의 등록을 허용한다. 수전과 그의 동생들은 1872년 11월 5일, 투표했다. 수전이 투표를 한 첫 번째 여성은 아니지만 투표한 여성 중 가장 유명한 인물이 되었다.

23일 후 수전에게 체포영장이 발부되었지만 그는 자신은 잘못이 없으므로 법원 출두 거부 의사를 밝힌다. 체포하러 온 보안관에게 체포하려거든 다른 남자 범죄자처럼 수갑을 채울 것을 요구한다. 그의 유권자 등록을 허용한 3명의 선거관리 직원들도 같이 체포되었다가 보석을 받아 집으로 돌아갔지만, 수전은 보석 신청을 거부하고 감옥에 남는다. 수전과 스탠턴에게 법률적 조언과 동지로 여겨지는 헨리 셀든은 무보수로 수전을 변호하겠다고 나선다. 보석으로 석방된 그는 30일간 29번의 연설을 강행했다가 쓰러질 정도로 열렬한 활동을 한다.

'외국인이 법적 절차에 따라 시민권을 취득할 때 특수 조건에 의해 그 미망인과 자녀도 시민권자로 인정돼 모든 특권을 향유함에도 미국 본토에서 태어난 미국 국민인 여성이 시민권의 기본인 참정권이 없다'는 그의 비판은 인상적이다. '여성도 인간인가? 여성이 사람이라면 미국 국민이고 따라서 어떤 주 정부도 그들의 헌법상 특권과 권리를 침해하는 법을 제정할 수 없다. (중략) 여성은 자신의 대표를 의회에 보내지도 못하면서 세금을 내야 한다. 동의 없이 지배받으며 배심원이 되지도 못하면서 재판받고 처벌받는다.'는 주장을 편다.

수전에 대한 재판은 연방선거에서 불법적으로 투표를 했다는 죄에 대한 것이다. 재판은 이틀 만에 끝났다. 셀든 변호사는 수전을 불러 증인 심문을 하려 했으나 검사가 '수전은 여자이기 때문에 증언할 능력이 없다.'는 이의를 제기하고 이를 재판부가 받아들였기 때문에 증언도 하지 못한다. 수전의 증언 없이 재판은 일사천리로 진행되어 최종 변론까지 이어진다. 셀든 변호사는 최종변론에서 3가지의 법률적 관점에서 의문을 제기하지만 헌트판사는 미리 준비한 이미 유죄평결로 결론이 난 판결문을 읽어나간다. 변호사는 배심원들의 투표를 주장했지만 판사는 받아들이지 않았다.

판사는 판결문에서 수정헌법 14조도 여성에게 투표권을 부여한 것은 아니며 이를 알고 있었으므로 그 결과에 대한 책임을 져야 한다고 판결한다. "피고인 수전 앤서니는 자신이 여성이고, 이 주의 헌법이 여성의 투표를 금지하고 있으며, 그것을 알고도 투표한 것은 법을 시험해 보려는 의도 여부에 관계없이 위반하려는 의도는 분명하다. 그러므로 자기 원칙대로 행동한 피고에게는 자신의 행동이 위험하다는 것 또한 알고 있었으므로 그 결과를 피할 수 없다"고 판결한다. 남은 것은 형량을 결정하는 것. 이미 유죄평결이 내려졌으므로 수전은 증인으로서가 아니라 피고 입장으로 헌트 판사와 대면한다.

여기서 수전은 자신에게 평결한 모든 관련자는 지배계급인 남자로 이뤄졌으며 자신은 미국 국민으로서 권리를 행사한 것이라고 주장한다. 판사가 벌금 100달러를 판결하자 수전은 이 부당한 형벌에 단 돈 1달러도 낼 생각이 없다며 거부한다. 이에 판사는 벌금을 내지 않아도 구속은 안 할 것이라며 그를 석방한다. 구속되면 대법원에 상고하여 이 사건을 연방법원으로 가져갈 위험을 미연에 방지하고 수전에게 상징적인 벌금을 선고하는 선에서 마무리 한 것이다.

수전 앤서니의 재판 이후에도 바로 여권이 신장된 것은 아니다. 미국에서 여성에게 참정권이 허용된 것은 재판 후 50년, 그녀의 사후 14년, 미국 헌법이 제정된 지 130년 만인 1920년이다. 수전의 도전에 용기를 낸 버지니아 마이너라는 여성이 투표를 시도했고 이를 거부한 미주리 선거관리위원회의 행위에 마이너 부부는 연방법까지 상고하는데 성공한다. 그러나 연방법원 역시 앞서의 논리를 세워 이들 부부의 상고를 기각한다. 단, 판결문 말미에 의미 있는 문장을 남긴다. "우리의 임무는 법이 무엇인지 결정하는 것이지, 법이 어떠해야 하는지 선언하는 것은 아니다. 만일 법이 잘못 되었다면 이를 고쳐야 할 것이다. 그러나 이것은 법원이 할 일이 아니다. 여성의 참정권 문제에 관한 주장은 이 판결에서 고려되지 않았다." 연방대법원의 판결은 법리 해석에 대한 문제이지 법이 잘못되었다는 것은 고려하지 않으므로 법을 고치려면 주정부에서 입법기관이 다뤄야 할 일이라고 물러선 것이다.

서두에서 우리 나라의 경우 참정권을 치열한 투쟁 없이 쉽게 얻었기에 소중함을 잘 모른다는 언급을 한 바 있다. 쉽게 얻은 것은 분명하다. 그렇다고 해서 아무런 노력을 하지 않았다는 말은 아니다. 다른 나라들처럼 아픈 과거를 경험한 상태에서 치열하게 그 현실을 극복하려는 지속적이고 집단적인 노력을 기울인 결과는 아니라는 말이다. 우리에게 일찍이 참정권이 생겼다는 것은 최근의 촛불 정국이나 1987년 6월 항쟁과 같은 싸움을 하지 않아도 됐다는 말이기에 정말 다행스럽게 여긴다. 아마도 상대적이지만 쉽게 얻은 참정권이 우리에게 없었더라면 우리 나라에서 가장 대규모적이고 치열한 싸움을 벌인 주제가 참정권 투쟁이었을지도 모른다.

우리 나라에서 여성의 정치참여를 주장한 최초의 사건은 1898년 9월 1일 서울 북촌의 부인들이 발표한 '여권통문'이다. 천부인권사상을 배경으로 여성들이 문명, 개화정치를 수행하는 데 참여하겠다는 의지를 천명한 것으로 우리나라 여성참정권 운동의 효시다. 이후 대한민국 임시정부가 1919년 4월 11일 공포한 '대한민국 임시헌장'(전문10조) 제3조는 "대한민국의 인민은 남녀귀천 및 빈부의 계급이 무한 일체 평등임"을 명시하고 있는데, 이는 여성들이 항일 독립운동에 적극적으로 참여한 결과다. 뿐만 아니다. 1928년 7월에 열린 근우회[6]의 제1회 임시전국대회에서 채택한 '7월 선언서'의 행

---

6 근우회(槿友會)는 민족연합전선으로 조직된 신간회의 자매단체로, 여러 여성 단체를 통합하여 조직된 국내 최대 여성 단체다. 1927년 여자의 단결과 지위향상이라는 강령으로 창립총회를 열었고 해산론이 대두되던 1931년 초까지 70여 지회가 국내외에 조직되었다. 1927년 비타협적 민족주의자와 사회주의자의 민족협동전선으로 신간회가 결성되자 여성운동 진영도 통합 단체로서 근우회를 결성한 것이다. 근우회는 남녀평등과 여성 해방을 추구하였고 여성 지위향상을 위해 사회적, 법률적 일체 차별 철폐, 봉건적 민습과 미신타파, 조혼폐지 및 결혼의 자유, 부인노동의 임금차별 철폐 등으로 사회구조적

동강령에서도 '여성에 대한 사회적, 법률적 일체의 차별철폐'가 주장되었다.

해방 후 대한민국 헌법이 제정되기 전 미 군정기에는 민족적 차별에 관련된 부분을 제외하면 왜정법령이 그대로 시행되었지만, 1948년 7월 17일 제정, 시행된 헌법 제8조는 "모든 국민은 법률 앞에 평등하며 성별에 의하여 정치적, 경제적, 사회적 생활의 모든 영역에 있어서 차별을 받지 아니한다"라고 명시하고 있어 여성의 법적 지위에 근본적인 변화를 나타냈다. 이후 1958년 1월 25일 공포된 '민의원 의원선거법'과 '참의원 의원선거법'에 의해 여성은 민의원과 참의원의 선거권과 피선거권을 갖게 되었고, 이로써 명실상부하게 남성과 대등한 공법적 지위를 갖게 되었다. 물론 법적 지위와 달리 현실적인 차별 상황은 이후로도 오래 유지된다. 사안에 따라서는 오늘까지도. 서구의 여성참정권이 여성운동의 장기간에 걸친 투쟁의 산물인 데 반해, 우리나라에서는 여성참정권이 민주적인 법체계를 가진 국가의 수립으로 획득되었다는 점이 크게 다른 점이다. 하지만 멀리 보면 우리의 근현대사가 식민지 지배의 극복과 독립국가의 수립을 위한 민족적 운동의 과정이었다는 점에서, 여성참정권의 획득은 한국 근현대 여성운동의 결실이라는 해석도 가능하다.

'서프러제트(Suffragette)'는 선거권을 뜻하는 'Suffrage'에, 여성을 뜻하는 접미사 '-ette'를 붙여서 만든 말로, 여성선거권 운동 또는 운동가들을 가리키는 말이다. 이 단어의 의미가 가장 적절하게

문제와 경제적 차별에 문제를 제기했다. 근우회는 계몽적 범주의 여성운동을 여성해방운동의 차원으로 끌어올렸다는 점에서 한국여성해방운동의 모태로 평가된다.

표현되었다고 생각되는 영화가 '서프러제트'다. 세탁 공장에서 일하던 모드 와츠라는 여성이 우연히 여성선거권 획득 운동에 참여하게 되면서 차츰 집과 직장 모두에서 자신의 존엄성을 찾아야 한다는 것을 깨닫게 되는 이야기다. 이 영화는 영국의 여성참정권 운동에 대한 내용을 담고 있지만 다른 나라에 적용해도 크게 어색하지 않은 내용이다.

    미국의 수전 앤서니와 뉴질랜드의 케이트 세퍼드가 그랬듯이 이 영화의 주인공 모드 와츠도 같은 경험을 했고, 같은 깨달음을 얻었으며, 같은 방향을 위해 매진했다. 혼자만의 힘으로는 되지 않았을 것이었지만 꾸준히 노력했다는 점에 대해서는 분명 존중해야 한다. 이미 권리를 갖고 있는 남성들이 미처 헤아리지 못하거나 안하는 내용을 경험하고,, 깨닫고, 고민하고, 수고한 이들의 삶을 존중하지 않을 이유가 없다. 이 분들의 삶과 투쟁을 생각해 보면, 시대의 변화는 한 명의 영웅이 아니라 다수의 대중을 통해 이루어진다는 것을 생각하게 된다. 주체성을 자각한 여성들의 투쟁과 노력이 매우 중요했지만 그것만으로 가능하지 않았다. 시대적 편견을 극복해야 하는 난관도 있었다. 여성운동가들에 대한 부정적 시선을 극복하기 위해서는 화사한 여성성을 강조하는 경우도 있었지만, 실제 투쟁 과정에서는 매우 과격해 보이는 일들도 서슴지 않아야 했었던 지난한 과정이었다. 편견과 차별을 넘어서서 실질적인 진보를 이루기 위한 여성들의 싸움에 경의를 표하게 된다. 오늘을 사는 나 역시 남성이기에 의식적 노력이 없이는 편견과 차별을 가하는 축에 끼는 경우가 많음을 깨닫고 당황스러울 때가 많은데, 그 시기 차별하며 탄압하는 절대다수의 기득권자들과의 한 판 싸움에서 승리한다는 것은 얼마나 두려운 일이었을까. 얼마나 긴 아픔의 과정이었는지 상상하기조차 쉽지 않다.

선거 투표제도의 여러 가지 쟁점들

내 경우 투표권이 생긴 이후 단 한 번도 투표에 참여하지 않은 적이 없다. 내게 맡겨진 참정권을 잘 사용해야 한다는 너무도 당연한 생각을 했기 때문이다. 내가 했던 첫 투표는 1987년 12월 16일의 제13대 대통령 선거였다. 대학 4학년 2학기를 마칠 무렵이며 졸업을 앞 둔 시기가 되어서야 첫 유권자가 된 것이다. 이 때 나이가 만 21세. 당시 투표권이 만 20세부터였기에 1985년 2월 12일의 제12대 국회의원 총선거에는 참여할 수 없었다. 친구들은 다 참여하는 역사적 의미가 크게 담긴 선거에서 투표권을 행사하지 못했던 것이다. 동기들 보다 1년 먼저 대학에 간 게 그렇게 아쉬웠던 선거에 대한 특별한 기억이다. 초등학교를 너무 일찍 들어간 게 문제였던 것.

　2.12 총선은 박정희의 유신 독재가 종식된 후 어처구니없게도 다시 군부독재 시절이던 전두환의 집권 시기에 민주화 세력이 크게 한 판 싸운 선거였다. 제 1당은 전두환의 민주정의당이 차지했지만 사실상 참패였다는 세간의 평가가 있었다. 난 투표 참여도 못해본 선거. 결국 내가 행사한 첫 번째 투표는 대통령 선거였는데 그 선거도 회한이 남는 선거였다. 1987년 6월 그 뜨거웠던 항쟁의 산물로 쟁취했던 대통령 직선제가 결국은 야권 지도자들의 이기심으로 분열되어 실패로 끝난 선거였기 때문이다. 얼마나 처참하던지. 간선

제로 겨우 권력을 차지했던 군부가 명맥을 이어가도록 합법적으로 허용한 선거 결과는 민주화 세력에겐 치명적인 좌절이었다. 내 첫 투표는 결과적으로 성공적이지 못했다. 김영삼과 김대중의 단일화 없이는 승리하지 못할 것이라는 너무도 자명한 예상 앞에서도 둘은 흔들리지 않았다. 어쩌면 요행을 바랬는지도 모른다. 결국은 친구 전두환에게 '쪼인트(?)를 까이면서까지' 참고 버텼던 12.12 군사반란 주역 중 하나인 노태우의 당선. 참담했다. 노태우가 얻은 36.6%의 득표율은 대한민국 헌정사상 국민 직선을 통해 당선된 대통령 중 가장 낮은 득표율이다.

돌아보니 내가 행사한 유권자의 행위에서 처음 당선된 후보는 2002년 12월 19일에 있었던 대통령 선거에서의 노무현 후보였다. 늘 당선과는 거리가 먼 후보를 향했던 내 표심. 후회는 없었다. 투표에 참여하는 것은 너무도 당연한 일이라 여겼지만 내 소신만은 끝까지 지키고 싶었던 마음의 결과였다. 대다수의 유권자들은 될 만한 후보를 찾아 선택하는 경우가 많다. 가히 일반적인 현상이기도 하다. 이런 유권자들의 태도를 탓할 이유는 없다. 힘을 모아야 집권을 하고 그래야 필요한 과제를 수행할 수 있다고 여기기에 한 유권자로서의 행위는 존중받아야 마땅하다. 나와 의견이 다르다고 다른 결정을 한 유권자들의 판단을 폄훼할 이유는 없는 것이다.

그렇다. 투표는 각자의 자유에 속하는 것이니 누구를 선택하든 그것은 각자의 소신과 기대에 따른 것이니 존중해야 한다. 다만 내가 강조하고 싶은 것은 투표는 꼭 하자는 것이다. 심지어 투표를 안 하는 것도 소신이니 존중해야 한다는 주장이 내 앞에 있다면 난 존중하지 않을 생각이다. 적당한 후보가 없어서 투표권을 행사하지 않는 것은 원칙적으로 보면 소신에 따른 것이니 존중의 여지가 있지만, 정치에 무관심한 것이 당연하게 여겨지거나 투표 안하는 것을 자랑하는 이들의 투표하지 않는 행위까지 존중하고픈 마음은 전혀 없다.

생각해 보자. 어떤 이들은 이 투표권을 얻기 위해 얼마나 지난한 투쟁의 과정을 거쳤던가. 그렇게 투표하기 위해 애쓴 이들의 헌신을 외면하고 내 편한 것만을 추구한다면 그것은 배신이 아닌가. 내 바람은 유권자는 누구든 다 투표하자는 것이다. 어떤 후보를 선택하든 그것은 공화국[7] 국민으로서의 각자의 권리다. 그리고 의무다.

그럼에도 불구하고 투표는 잘 해야 한다. 여기서 잘 해야 한다는 의미는 대충 아무렇게나 투표하는 행위 그 자체에 만족해서는 안된다는 말이다. 후보에 대해서, 정책에 대해서, 공약에 대해서까지 상세하게 연구하고 분석하여 어떤 것이 개인과 공동체를 위해 나은 것인가를 판단하고 그에 따른 투표를 하는 것이 가장 바람직

---

7 "공화국(republic, 共和國)": 국민의 대표가 통치하는 정치체제. 공화국의 주권은 국민에게 있고, 국민이 선출한 대표자가 국민의 권리와 이익을 위하여 통치를 행하는 것이 일반적이다. 공화국은 민주주의, 국민주권주의, 대의정치의 원리를 함축하며 전형적인 형태는 민주공화국이다. 공화국이 영속성을 가진 국가의 형태 또는 정치체제로 등장한 것은 미국독립혁명, 프랑스혁명 등을 통해서였다. 공화국은 의회공화국과 인민공화국으로 나누기도 하는데, 의회공화국이 봉건적 군주제를 극복하고 자본주의 사회를 정립한 정치체제인데 반해 인민공화국은 사회주의 공동체의 건설을 목표로 하는 프롤레타리아 중심의 정치체제이다. 이 두 체제는 기본원리와 권력구조에서 중대한 차이를 보인다.
http://100.daum.net/encyclopedia/view/b02g0769n15

하다는 것을 강조하고픈 것이다. 특히 지방선거가 되면 후보가 너무 많아서 그에 대한 정보가 없다고들 이야기 한다. 아는 게 없어서 투표할 마음이 안든다는 말도 한다. 인정한다. 워낙 여러 단위의 여러 후보가 출마하니 그걸 어찌 다 알고 판단하겠는가. 하지만 후보만 보고 판단할 수 없다면 소속 정당의 정책 방향에 대해서라도 연구하고 판단하면 될 일이다. 설마 이 정도도 하기 싫다는 말을 하려는 분이 많지는 않을 것이라 기대한다. 그건 공화국 국민으로서의 의무를 다 하지 않고 결과물은 누리겠다는 것과 다름 아니다. 그건 곤란하다. 대충 선택하면 어떤 결과가 나오는지 살펴보자.

국민의 지독한 무지를 탓하는 내용 가운데 이런 게 있다. 리처드 솅크먼이 쓴 『우리는 왜 어리석은 투표를 하는가』에 나오는 내용이다. 매코믹 트리뷴 자유 박물관(McCormick Tribune Freedom Museum)이 실시한 연구에 따르면 미국인들의 22퍼센트가 심슨 가족 다섯 명의 이름을 모두 말할 수 있는데 비해, 수정헌법 제1조의 다섯 가지 자유를 모두 말할 수 있는 미국인은 1,000명 중 한 명에 불과했다.[8] 참고로 미국의 수정 헌법 제1조의 다섯 가지 자유는 언론, 종교, 출판, 집회, 불만 시정을 위한 청원의 자유 등이다. 우리나라라고 다를까? 걸그룹 소녀시대의 멤버 9명의 이름을 다 아는 이는 많지만 국민의 4대 의무를 아는 사람은 생각보다 많지 않다. 대한민국 헌법은 납세, 국방, 교육, 근로, 재산권 행사, 환경보전의 의무를 6가지 의무로 규정하고 있다. 그 중 근로의 의무, 납세의 의무, 국방의 의무, 교육의 의무를 4대 의무라 한다. 평소에 공화국 국민으로

---

8 AP통신 2006년 3월 1일을 인용한 리처드 솅크먼(2015: 67) 참조.

서 기본적인 상식적 수준의 내용은 숙지하고 살자는 말이다. 필요하다면 상식을 좀 높여서라도 말이다.

그렇다면 유권자의 무지만 문제일까? 아니다. 거기에 선동 정치까지 더해지면 국민은 완전히 바보가 되기도 한다. 선동 정치에 말려들어 잘못된 선택을 한다는 말이다. 같은 책의 내용이다.

"미디어에 관한 논의를 생각해보자. 그런 논의는 거의 다 폭스뉴스의 시청자들이 다른 정보원에 의존하는 사람들보다 9.11 사태와 이라크에 관해 잘못된 견해를 가지고 있을 가능성이 훨씬 더 높다는 것을 보여주는 통계자료에 초점이 맞춰졌다. 그 통계자료는 놀라웠다, PIPA(국제정책태도프로그램)조사에 따르면 폭스뉴스 고정 시청자들의 80퍼센트가 사담 후세인이 알카에다와 연계되어 있고 대량 살상 무기를 보유하고 있다는 잘못된 생각을 가지고 있었다. 이와 대조적으로 미국 공영방송 PBS나 공영라디오방송 NPR의 뉴스를 듣는 미국인들 중에서 그런 잘못된 정보를 알고 있는 비율은 23퍼센트에 불과했다. 또한 세계 여론이 이라크전을 지지한다고 믿는 비율도 PBS의 시청자와 NPR의 청취자들보다 폭스뉴스 시청자들이 더 높았다. 이런 결과들은 흥미롭기는 하지만 미디어가 여론 형성에 결정적인 역할을 한다는 사실을 증명할 뿐이다.

비평가들이 제기한 또 다른 주장은 부시 행정부가 미국인들의 두려움을 이용했고 잘못된 정보로 국민을 오도했다는 것이다. 미디어의 주장과 마찬가지로 이 주장 역시 사실이었다. 조지 W, 부시 대통령과 딕 체니 부통령, 백악관 정치 고문 칼 로브가 9.11 사태의 공포를 반복적으로 이용했다는 증거는 많다. 2004년 선거운동 기간 중에 딕 체니는 뻔뻔스럽게도, 민주당 후보인 존 케리가 당선되면 미국이 또다시 테러 공격을 당하게 될 것이라는 식의 발언을 했다. 2005년에 국토안보부 초대 장관 톰 리지는 부시 행정부가 자신의 반대를 누르고 빈약한 증거에 근거해 테러 경보수준을 주기적으로 올렸음을 시인했다. 사담 후세인이 알카에다와 한통속이라는 잘못된 인상을 대중이 받은 이유도 정부 관료들이 그렇다고 분명히 밝혔기 때문이다. 그러나 부시 행정부의 조작과 속임수를 집중 조명하는 것뿐 아니라 대중이 그 조작에 얼마나 쉽게 휘둘리는지에 대해서도 살펴봐야 하지 않을까? 대중을 속인 자들에 대해서는 많은 이야기가 있었지만 속은 이들에 대해서는 별다른 설명이 없었다. 왜 그토록 많은 사람이 쉽게 속아 넘어간 것일까?"(리처드 셍크먼, 2015: 59-60).

잘못된 권력과 잘못된 방향의 의도를 가진 미디어가 결합하면 어떤 결과를 낳는지 훤히 보이지 않는가. 결과적으로는 유권자들이 의도를 간파하지 못하고 당한 것이다. 어리석었다는 말이다. 어리석음의 결과는 참담할 뿐이다.

이 책의 저자 리처드 셍크먼은 유권자의 어리석음을 정의하는 분명한 특징으로 다음 다섯 가지를 꼽는다. 첫 번째는 완전한 무지다. 뉴스에 나오는 주요 사건들을 모르고, 우리 정부가 어떻게 기능하고 누가 책임을 지고 있는지를 모르는 것이다. 두 번째는 태만함이다. 중요한 사건에 관한 정보를 제공하는 받을 만한 매체를 찾는 일에 소홀한 태도를 말한다. 세 번째는 우둔함이다. 역사가 바버라 터크먼의 정의대로 사실이 무엇이든 상관없이 자신이 믿고 싶은 것을 믿으려는 성향이다. 네 번째는 근시안적 사고다. 상호배타적이거나 국가의 장기적 이익에 반하는 공공 정책을 지지하는 것을 말한다. 다섯 번째이자 마지막 특징은 넓은 범주로, 멍청함이다. 의미 없는 문구, 고정관념, 비합리적 편향, 우리의 희망과 두려움을 이용하는 지나치게 단순화된 진단과 해법 등에 쉽게 흔들리는 성향을 말한다(리처드 셍크먼, 2015: 68-69).

무섭도록 정확한 분석이 아닌가. 어리석은 유권자는 일부의 이익에 복무하는 결과를 낳는다. 그런 결과를 낳고 싶지 않다면 유권자는 지혜로워야 하는 것이다.

새뮤얼 팝킨의 유권자 분류는 꽤 흥미롭다. 그는 유권자를 네 가지 기본유형으로 나눈다. 첫째, 유권자들은 정보를 수동적으로 입수하는 경향이 있다. 둘째, 사안에 관련된 확실한 정보보다는 후보자에 관한 개인적인 정보를 더 잘 기억하는 경향이 있다. 셋째, 유권자들은 가짜 확산을 제공하는 '예·아니오 질문'을 선호한다. 그들은 애매한 것을 싫어하고 복잡한 것은 질색을 한다. 넷째, 유권자들은 행동과 결과의 관련성을 보지 못한다. 만약 경제가 어느 대통령의 임기 동안 나아진다면, 유권자들은 그런 좋은 상황을 가져오기 위해 대통령이 무엇을 했으며 하지 않았는지는 모른 채, 그 공을 대통령에게 돌리는 경향이 있다(리처드 셍크먼, 2015: 102).

2005년 퓨리서치센터가 실시한 18세 이상의 미국인 3,000명의 정보 습득 습관 조사에 따르면, 지역 텔레비전 뉴스를 통해 뉴스를 정기적으로 접한다고 답한 응답자는 59%였고, 전국 네트워크 뉴스 프로그램을 이용하는 경우는 47%, 인터넷은 23%에 불과했다(리처드 셍크먼, 2015: 72). 최소한 정보마저 얻으려 노력하지 않는 유권자들의 태도는 자신이 사는 세상의 주요 판단을 하고 실행하는 이들을 뽑는 선거를 거의 무대책 상태로 맞이한다는 말이다. 우리가 사는 나라와 지역민의 삶의 질에 직접적으로 연결되는 판단은 누가 하는가. 정치인이다. 실무는 공무원이 한다. 실무적인 부분에서 공무원을 앞 설 능력이 국민에게 있기란 쉽지 않은 일이다. 그래서 선택받은 정치인이 그 일을 대행하는 것이다. 문제는 그 대행해야 할 일꾼을 깊은 고민과 판단 없이 선택한다는 데 있다. 내 생명과 재산을 지켜주어야 할 일꾼을 선택하는데 내 의지와 책임은 상당하다. 그런데 그 일을 태만히 한다면 나쁜 결과를 맞이해도 할 말이 없게 된다. 유권자의 무지와 정치인과 언론 매체의 선동이 결합하면 최악의 결과를 낳는다. 내 삶을 방치하게 된다는 말이다. 누려야 할 복지를 제대로 못 누린다는 말이기도 하다. 내가 사는 지역의 교육과 기반시설 등에 대한 주요 판단을 일 못하는 이들에게 맡기고 내 삶이 편할 리는 없지 않은가.

정리하자면 투표는 꼭 하자는 것이다. 그러려면 나름 공부해야 한다. 모든 정책의 심도 깊은 부분까지 공부할 수는 없다. 그렇다면 후보나 소속 정당의 정책에 대한 이해라도 잘 하자. 그래서 선택한 결과가 내 선택과 다른 결과를 낳는다 하더라도 상당한 표를 얻는 패한 후보와 정당의 정책도 외면할 수는 없는 게 현실이다. 외면하고 불참하면 우리의 의지는 누구도 존중해 주지 않는다. 그래서 투표는 꼭 해야 한다.

여기서 한 번 생각해 볼 게 있다. 투표율만 높으면 다 좋은걸까? OECD가 2011년에 낸 '한 눈에 보는 사회(Society at a Glance 2011)' 보고서에 따르면, 2011년 기준으로 OECD 평균 투표율은 70%였다. 의무 투표제를 실시하고 있는 호주가 95%, 룩셈부르크(92%), 벨기에(91%), 칠레(88%), 덴마크(87%), 터키와 아이슬란드

(84%), 스웨덴과 오스트리아(82%), 이탈리아(81%), 네덜란드(80%), 뉴질랜드(79%), 독일(78%). 노르웨이(77%), 스페인(75%), 그리스(74%) 등이 OECD 평균 투표율보다 높은 반면, 일본과 아일랜드(67%), 핀란드와 이스라엘(65%), 체코와 헝가리(64%), 슬로베니아(63%), 에스토니아(62%), 영국(61%), 프랑스와 포르투갈과 캐나다(60%), 멕시코(59%), 슬로바키아(55%), 폴란드(54%), 스위스와 미국(48%)의 순서였다. 한국의 투표율은 2008년 총선 기준으로, 직접 민주주의제를 택하고 있는 스위스(48%)와 대표적인 간선제 나라인 미국(48%)보다 낮은 46%였다. 참고로 15대 총선(1996년) 63.6%, 16대 총선(2000년) 57.2%, 17대 총선(2004년) 60.6%, 18대(2008년) 46.3%, 19대 총선(2012년) 54.4%였다. 우리 나라 투표율이 낮긴 하다.

저간의 사정이 이러하기에 도입된 것이 사전투표제다. 투표율을 올리고자 고육지책으로 내놓은 제도다. 우리나라에서는 2013년도 상반기 재·보선에서 처음 도입된 것으로 이미 선진국들이 도입했던 제도다. 우리 나라 평균 투표율은 경제협력개발기구(OECD) 30개 회원국 중 26위일 정도로 낮은 편이기에 도입의 필요성이 제기돼 왔던 제도다. 투표율은 모든 선거를 진행하는 나라들의 고민이며 난제이기에 여러 가지 방법을 동원하여 투표율을 올리려 기를 쓴다. 대의제를 선택한 나라들의 숙명일 수밖에 없다.

앞의 통계에서 가장 높은 투표율을 기록한 호주는 어떤 이유로 그리 투표율이 높을까? 답은 '의무투표제'에 있다. 호주에서는 투표에 불참할 경우 벌금이 20달러다. 만약 정당한 이유 없이 벌금을 내지 않는다면 최대 170달러의 벌금과 일정 기간의 징역형에 처해진다. 호주는 투표의 의무성을 강조하며 페널티를 부과하고 있는 것이다. 호주만 의무투표제를 실시하고 있는 것은 아니다. 벨기에는 1893년에 의무투표제를 도입했는데 투표를 하지 않는 경우 벌금을 부과하고, 15년 이내 4번 불참시 10년 동안 투표권을 박탈하며 공직을 제한한다. 1988년에 도입한 브라질은 투표 불참시 해당 지역 최저임금의 3-10%의 벌금을 부과하며, 공직제한, 여권발급을 금지한다. 1993년에 도입한 페루는 벌금부과, 은행계좌 신설금지, 공공행정거래를 금지한다. 1912년에 도입한 아르헨티나는 벌금 20달러 부과 및 3년간 공직을 제한한다. 1952년에 도입한 볼리비아는 벌금 부과와 함께 은행에서 월급인출을 금한다. 1959년에 도입한 싱가포르는 벌금으로 싱가포르달러로 5달러 부과하며 선거인명부에서 제명한다. 1959년에 도입한 키프로스는 벌금 200유로 부과 또는 최고 6개월의 징역형에 처한다. 멕시코, 파나마, 도미니카는 법으로 의무투표를 규정하고는 있지만 제재 규정은 없다.

　참 다양한 방식으로 의무투표제를 실시하는 국가들은 2009년 기준으로 총 28개국이다. 따지고 보면 권리인 투표에 꼭 참여하라는 것이 권고의 수준으로는 가능하지 않다는 생각에 법적 의무로 규정한다는 것이 우리 정서상 충분히 이해되지 않는 측면이 있긴 하나 가만 생각해 보면 상당히 합리적이라는 생각도 든다. 만약 우리 나라에서도 의무투표제를 도입한다면 내 개인적인 정서로는 벌금이나 징역형, 그리고 월급인출 제한 등은 과하다는 느낌이고, 공직제한과 여권발급 금지면 투표율이 엄청 올라갈 것이라는 짐작을 한다. 한 해 3000만 명 가까이 해외여행을 하는 나라에서 여권발급 금지는 엄청난 페널티가 아닐 수 없기 때문이다. 공무원이 청년들의 직업 선호도 1위인 나라에서 공직을 제한한다고 하면 다들 투표에 참여하지 않을까? 한 가지를 더하자면 그리스가 하는 운전면허 발급 금지 정도. 이 방법은 무척 강한 제재일 것이 틀림없다.

의무투표제의 기원은 중세시대의 스위스 시민의회다. 중세 스위스 시민의회에서는 시민들에게 칼을 차고 의회에 참석할 것을 요구하였고, 시민의회에 참석하지 않거나 칼을 차고 오지 않으면 무료로 제공되는 만찬을 먹을 수 없게 했었다. 이후 의무투표제는 1636년 아메리카 식민지였던 플리머스 콜로니에서 처음으로 법제화 되었다. 플리머스 콜로니에서는 선거 불참자에게 일정금액의 벌금을 부과했다. 이와 유사하게 1649년 버지니아에서는 투표 불참자에게 벌금으로 담배 100파운드를 부과했다. 근대에 들어서는 1893년 벨기에가 보통선거 원칙을 도입하면서 세계 최초로 전국단위 선거에서 의무투표제를 실시한 것이다.

투표율을 높이기 위해 도입한 제도는 이미 여럿이다. 사전투표제, 투표소 증설, 투표시간 연장 외에도 투표 인센티브라는 제도도 있다. 투표를 한 사람들에게 일정 금액의 경제적 인센티브를 제공하는 것이다. 일본이 대표적인 경우로 투표확인증을 발급하는데 이 투표확인증 소지자를 대상으로 상품 할인 및 무료 경품 등 여러 가지 혜택을 제공한다. 우리나라에서도 2008년 총선에서 시행한 적이 있는데 '투표참여자 우대제도'가 그것이다. 투표 참여자는 국공립 유료시설의 이용 요금을 할인 받거나 면제 받을 수 있었다.

투표율을 올리자는 것이 대체적인 생각이겠지만 높은 투표율만이 능사는 아니라는 생각이 들게 하는 역사도 있다. 가령 히틀러 치하에서의 독일이나 푸틴의 러시아 같은 경우가 그렇다. 나치가 집권한 1933년 3월 바이마르 공화국 선거의 투표율은 71.6%로 당시로서는 기록적인 투표율이었다. 1934년 히틀러가 총통이 된 독일 국민투표의 투표율은 95.7%였다. 푸틴이 권력을 사유화해가던 2011년 러시아 총선의 투표율은 140%가 넘었다(김웅, 2018: 342-344). 세상에 140%가 넘었다니. 이건 정말 납득할 수 없는 결과이긴 하다. 꽤 많은 독재자들도 투표에 의해 선출되었으니 선거가 무조건 좋은 제도라고 말하기 난감하듯이, 투표율이 높은 것만을 좋은 것이라고 말한다면 히틀러 총통을 만든 높은 투표율의 선거도 좋은 선거였다고 말해야만 한다. 결국 선거는 투표율의 문제가 아니라 유권자들이 건강한 방법으로 유용한 정보를 많이 습득하고 책임 있는 투표 행위를 해야 한다는 너무도 당연하고 뻔한 답을 말 할 수밖에 없다. 투표율이 낮아서 문제가 아니라 바람직한 유권자가 부족해서 문제인 것이다. 투표에 의해 선출된 권력에 따라 역사가 어떻게 바뀌는지 살펴볼 차례다.

뉴욕대 정신과 교수인 제임스 길리건은 오랜 기간 미국에서 일어나는 폭력문제를 연구해 오던 중 살인율과 자살률의 증감에 정치가 적지 않은 영향을 주고 있다는 사실을 발견했다. 어느 정당 소속의 대통령이 백악관을 차지하느냐에 따라 자살률과 살인율의 증감에 현격한 차이가 난다는 점을 발견한 것이다. 그는 1900년부터 2007년까지 미국의 자살률과 살인율을 분석해 그래프를 만들었다. 그래프는 세 번의 산봉우리와 세 번의 골짜기 형태를 나타냈다. 그래프가 산봉우리를 띄는 시기는 공화당이 정권을 잡았던 시기다. 그래프가 골짜기 형태를 띄는 시기는 민주당이 정권을 잡았던 시기다. 공화당이 정권을 잡으면 자살률과 살인율이 증가하고, 민주당이 정권을 잡으면 자살률과 살인율이 감소했던 것이다. 믿어지는가?

그래프가 이러한 모습을 나타낸 것은 우연의 일치가 아니었다. 자살과 살인의 발생률은 공화당 대통령이 취임한 후부터 늘기 시작하여 임기 말에는 최고점에 달했다. 반대로 민주당 대통령이 취임하면 이 비율은 점점 줄어들기 시작하여 임기 말에는 최저점에 도달했다. 이는 그래프의 변곡점에서 일관되게 나타난 현상이었다. 분석 결과 나타난 수치도 이를 증명했다. 1900년 현재 미국에서 살인율과 자살률을 합한 살해율은 10만 명당 15.6명이었다. 그때부터 2007년까지, 한 세기가 넘는 기간에 공화당 대통령들이 59년을 집권했는데 공화당 집권 기간을 통틀어 1900년과 비교해서 살해율의 순누적 증가분이 19.9명으로 나타났다. 민주당 대통령들이 집권한 48년 동안에는 살해율의 순누적 감소분이 18.3명으로 나타났다. 공화당 대통령 집권기에는 살인과 자살이 훨씬 더 많이 일어났고, 민주당 대통령 집권기에는 살인과 자살이 훨씬 덜 발생했던 것이다.

제임스 길리건은 처음에는 이러한 현상이 우연의 일치일 수도 있다고 생각했다. 그래서 다른 변수가 살인율과 자살률의 증감에 미친 영향을 꾸준히 조사했지만, 전쟁이나 경제적 상황과 같은 변수들은 자살률과 살인율의 증감에 유의미한 영향을 주지 않았다. 결국 대통령이 어느 정당 출신인가가 자살률과 살인율의 증감에 영향을 미치는 가장 주요한 독립변수였던 것이다.

이것은 각 정당의 정책 차이에서 비롯된 것이었다. 제임스 길리건에 따르면 공화당은 부자들의 지지를 받기 때문에 부자들에게 도움이 되는 정책을 추구한다. 고용이 많으면 지출이 클 수밖에 없는 부자들을 위해 실업률을 높이는 정책을 펴며, 이 때문에 양극화가 심화된다. 반대로 서민들의 지지를 받는 민주당은 실업률을 낮추는 정책을 펴며, 이 때문에 경제적 양극화는 완화된다. 그리고 실업이나 경제적 불평등의 심화는 사람들에게 수치심을 주는데, 수치심이 참을 수 없을 만큼 커지면 이는 폭력으로 귀결된다. 자기 자신을 해치는 자살이나 타인을 해치는 살인으로 나타난다는 말이다.

정리하자면, "공화당이 추구하는 정책은 사람들을 강력한 수치심과 모욕감에 노출시키기 쉬운 정책이다. 열패감와 열등감을 조장하며 타인을 무시·경멸하도록 부추기고 불평등을 찬미하는 문화를 숭상한다. 이런 분위기 속에서 사람들은 사회경제적 지위를 상실했을 때, 특히 해고를 당했을 때, 극도의 수치심과 모욕감을 경험한다. 이런 식으로 수치심과 모욕감이 팽배해 있는 사회에서는 '의도적 살해'가 발생할 확률이 높아진다. 의도적 살해는 타인에게도(타살), 또 자신에게도(자살) 일어난다. 즉, 어떤 정당이 내세우는 정책의 방향이 여러 형태의 사회경제적 스트레스와 불평등을 조장하고 그 결과 실업률, 수치심, 모욕감이 높아지면 그 사회에선 필연적으로 살해율이 높아진다는 말이다."(〈한겨레〉, 2011.9.9.).

다소 충격적인 위 내용은 『왜 어떤 정치인은 다른 정치인보다 해로운가』(제임스 길리건, 2012)라는 책에 실린 내용이다. 어느 날 우연히 발견한 책 소개를 보고 생긴 관심에 찾아 본 책의 내용은 정말 충격적이었다. 정치적 편향성을 누구나 갖고 있기에 최대한 그 부분을 피해가며 읽은 내용을 본 후 한 편 두려웠다. 정당과 정책이 국민들의 삶을 바꿀 수 있다며 지인들에게 설명했던 나였지만 이렇게 구체적이고 선명한 자료를 가지고 설명하니 오히려 두려운 기분까지 들더란 말이다. 문득 이 책이 말하는 내용이 미국에 국한된 내용일까 궁금해졌다. 우리나라는 어떤가를 알고 싶었던 것이다. 호주와 영국에서도 이와 유사한 결과가 나오기 시작했다고 하지 않던가. 이에 대해서는 이 책을 낸 출판사 편집부에서 일부 조사한 내용을 공개한 적이 있다. 통계청 자료를 바탕으로 한국의 자살률 변동 양상을 소개한 것이다. 한국의 경우 살인율은 10만 명당 1명 수준을 유지하면서 큰 증감이 없기에 자살률만 조사했단다.

그 자료에 따르면, 2010년 현재 한국은 인구 10만 명당 자살률이 31.2명으로 OECD 가입국 1위다. 2위인 일본은 20명이 채 안 된다. 2010년 통계에 따르면 2010년 한 해 동안 한국에서 모두 1만 5,566명이 자살했다. 33분마다 1명씩 자살하는 셈이다. 한국의 자살률은 1997-1999년(김대중 집권기)과 2005-2006년(노무현 집권기)를 제외하고 지속적으로 가파르게 상승하고 있다. 특히 1997년 IMF 사태 이후, 2003년 카드대란을 앞둔 몇 년 사이에 급격하게 증가했다. 김대중, 노무현 대통령 집권기에 자살률은 매년 평균 10만 명당 1.17명 증가했다. 반면 이명박 정권 3년간 자살률은 매년 평균 10만 명당 2.13명 증가했다. 이는 거의 두 배에 육박하는 수치다. 한국 인구 5000만 명 기준으로 계산했을 때, 이명박 정권 집권기에는 김대중, 노무현 정권 집권기보다 1년에 평균 약 482명 더 많은 사람이 자살했다는 결과가 나온다.[9]

제임스 길리건이 분석한 내용은 결국 미국에만 국한되는 것은 아니었다. 미국에서의 조사와 같이 100년이 넘는 통계를 가지고 한 조사는 아니지만 추이를 살펴볼 수 있는 충분한 자료라 본다. 이는 우리의 이야기일 수도 있다는 것이다. 이미 우리는 어떤 정당이 정

---

9 '그렇다면 한국은 어떨까?' https://gyoyangin.tistory.com/7

권을 잡는가에 따라 우리 삶에 적지 않은 변화가 온다는 것을 경험했다. 그럼에도 우리는 여전히 '그 나물에 그 밥'이라는 말로 정치를 혐오하며 무관심으로 일관하고, 심지어 투표 하지 않는 이들이 절반에 가까울 정도니 심각한 일이 아닐 수 없다.

　이상 투표에 대한 여러 가지를 찾아 봤다. 논문이 아니니 결론이라고 하기 좀 그렇지만 위 내용을 종합적으로 보고 생각해 보니 역시 투표는 꼭 해야겠고, 이왕 하는 투표를 위해서는 준비가 필요하다는 생각이다. 대통령 선거야 뭐 그리 어려운 일이 아니라 하더라도 총선이나 그보다 후보가 훨씬 많은 지방선거에서는 후보에 대해 알고 자세히 파악하기가 쉽지 않다. 그렇다면 어떻게 할 것인가. 정당을 파악하면 된다. 미국과 같이 선명한 양당 체제는 아니더라도 우리도 만만치 않게 양당제가 확고하다. 균형이 필요하다는 제3세력의 수고가 늘 있어 왔지만 그럼에도 양당제가 고착화된 형국이다. 심지어 제3세력이 있으면 어떤가. 그래봐야 후보를 내는 정당은 몇 안되니 각 정당의 정책에 대한 알고자 하는 노력만 기울인다면 충분히 합리적 선택이 가능하다. 우리의 선택이 어떤 결과를 낳는지를 지금까지의 역사에서 충분히 확인하지 않았던가. 선택은 각자의 몫이다. 하지만 결과도 각자의 몫임을 잊지는 말자. 선택에 대한 결과를 받아들이라는 말이다. 내가 선택한 후보가 당선되지 않았다고 주구장창 악담을 퍼부어대고 반대만 일삼는 게 민주주의는 아니다. 더 성숙한 민주주의자로, 공화국의 시민으로 우리의 자리를 찾아 가자는 게 내 생각이다.

참고문헌

김웅, 2018, 『검사내전』, 부키.

러셀 프리드먼, 2008, 『그들은 자유를 위해 버스를 타지 않았다 *Free-dom Walkers*』, 책으로여는세상.

리처드 셍크먼, 2015, 『우리는 왜 어리석은 투표를 하는가』, 인물과사상사.

마이클 리프·미첼 콜드웰, 2006, 『세상을 바꾼 법정』, 궁리.

애덤 그랜트, 2016, 『오리지널스』, 한국경제신문.

제임스 길리건, 2012, 『왜 어떤 정치인은 다른 정치인보다 해로운가 – 정치와 죽음의 관계를 밝힌 정신의학자의 충격적 보고서』, 교양인.

조효제, "미 공화당이 집권하면 왜 살인·자살률 늘까" 〈한겨레〉 2011. 9. 9.

〈위키백과〉, '선거 연령' https://ko.wikipedia.org/wiki/%EC%84%A0%EA%B1%B0%EC%97%B0%EB%A0%B9

'그렇다면 한국은 어떨까?' https://gyoyangin.tistory.com/7

'짐 크로우 법의 그늘' http://blog.naver.com/PostView.nhn?blogId=miraeasset_m&logNo=220543867121

최성수, '〈셀마〉를 보고'. https://www.cricum.org/910

::

Part 2

3장
혐오표현과 표현의 자유

저신다 아던과 아베 신조

2019년 3월 15일 뉴질랜드 크라이스트처치 이슬람 사원 2곳에서 동시다발적인 총기테러가 일어났다. 이 총기테러로 50명의 무슬림 신도들이 사망하고 36명의 신도들이 부상당했다. 호주인인 테러범은 사건 당일 살상력이 큰 반자동 소총 5자루를 지니고 있었으며, 시내 중심부의 마스지드 알 누르 모스크를 먼저 공격한 뒤 동쪽으로 5km 정도 떨어진 린우드 모스크를 공격했다. 타란트는 범행 전 온라인 포럼사이트 '8chan'에 백인 우월주의 선언문을 게시했으며, 실시간 중계를 위한 페이스북 주소도 남겼다(〈머니투데이〉 인터넷판 2019.03.17). 사건 당시 페이스북에는 총격범이 총기를 들고 모스크로 걸어 들어가 총을 발사하는 장면이 17분간 생중계된 바 있다. 페이스북은 증오범죄 등 유해 콘텐츠를 차단하기 위해 인공지능(AI) 시스템을 가동하고 있지만 '뉴질랜드 테러 라이브'를 인식하지 못해

1시간가량 총격 영상이 방치됐다(〈연합뉴스〉 인터넷판 2019.04.05.).

시스템으로 걸러내지 못한 이 영상은 소셜미디어의 특성 그대로 엄청난 속도로 확산되는 문제를 남겼다. 뉴질랜드 크라이스트처치에서 테러범의 일원이 헬멧에 장착한 카메라를 통해 자신의 총기 난사 장면 생중계를 시작했을 때만 해도 이를 지켜보는 사람은 10명에 불과했고, 페이스북은 해당 영상을 얼마 지나지 않아 삭제했지만 이 영상은 녹화, 재가공을 거쳐 순식간에 퍼져나갔다. 결국 페이스북은 테러 이후 24시간동안 150만 개의 테러 동영상 복사본을 차단해야 했다(〈머니투데이〉 인터넷판 2019.04.01.).

소셜 미디어를 통해 자신의 범행 장면을 생중계한 뉴질랜드의 총격테러 사건 이후 불법적이거나 유해한 온라인 콘텐츠의 유통을 막기 위한 전 세계적 규제 움직임이 다시 시작됐다. 사후약방문이지만 이러한 대책이 완전하고 바르게 정착해야 이후의 피해를 막을 수 있기에 의미 있는 진전이라 여긴다.

호주와 뉴질랜드는 사건 이후 페이스북, 구글, 트위터의 경영진들과 만나 콘텐츠 규제에 대해 논의했다. 이를 바탕으로 스콧 모리슨 호주 총리는 과격한 사상이나 폭력적 내용을 담은 콘텐츠를 삭제하지 않은 기업과 그 임원을 처벌할 수 있는 법안을 제출하기로 했다. 그는 "거대 소셜 미디어 기업은 자신들의 기술이 잔인한 테러리스트들에게 이용되지 않도록 행동할 책임이 있다"며 "기업의 자율에 맡길 게 아니라 법으로 규제해야 한다"고 밝혔다.

마크 저커버그 페이스북 최고경영자도 각국 정부와 규제 당국이 공통의 규제를 도입해야 한다고 주장했다. 그는 3월 30일 워싱턴포스트에 "표현의 자유에 대한 중대한 결정들을 페이스북이 스스로 내려서는 안된다"며 규제당국에 콘텐츠 감시의 명확한 기준을 요구했다. 이어 "제3자 기관이 유해 콘텐츠의 배포를 통제하는 표준을 설정하고 위반 여부를 결정하는 것이 방법이 될 수 있다"고 주장했다(〈머니투데이〉 인터넷판 2019.04.01.).

인종, 종교, 정체성 등 그 어떤 이유에서도 혐오하고 차별하는 것을 금하는 것은 세계적으로 공인된 인식이다. 하지만 혐오표현이 표현의 자유라는 이름으로 아무렇게나 내뱉어지고 그것이 확산되는 도구로 소셜 미디어가 활용되면서 이미 상처받은 이들의 상처를 더 깊게 만드는 결과를 만드는 현재의 구조는 극복되어야 한다. 이 테러사건에서 충격적이었던 것은 동시다발적인 총기난사만이 아니다. 생중계와 그에 이은 네티즌들의 복사, 편집, 재전송이 그렇게나 많이 있었다는 사실이 나를 놀라게 한다. 표현의 자유라는 이름으로 수많은 혐오와 폭력이 재생산되는 구조 앞에서 양식과 시스템을 말하는 것이 때로 얼마나 허망한가 하는 생각이 들었기 때문이다.

뉴질랜드에서 일어나 이 엄청난 테러사건 앞에서 저신다 아던 뉴질랜드 총리는 매우 적절한 태도와 자세로 대처했으며 그로 인해 전 세계의 찬사를 받았다. 아던 총리는 테러범이 조장하려 했을 분열과 증오에는 단호하게 맞선 반면 큰 충격과 공포를 느꼈을 무슬림 커뮤니티를 향해서는 위로와 격려는 물론 정부 차원의 지원을 아끼지 않았다.

테러 당일 저신다 아던 뉴질랜드 총리는 "(뉴질랜드의) 가치는 이번 공격으로 흔들리지도, 흔들릴 수도 없다고 분명히 말씀드립니다. 우리는 200개의 인종과 160개의 언어를 가진 자랑스러운 국가입니다. 그와 같은 다양성 속에서 우리는 공통의 가치를 공유합니다. 그 중에서도 지금, 오늘 밤 우리가 주안점을 두는 가치는 이 비극의 직접적 영향을 커뮤니티를 위한 우리의 연민과 지지입니다. 둘째, 이런 일을 저지른 사람의 이데올로기에 대한 가능한 최대의 규탄입니다. 당신이 우리를 (공격 대상으로) 골랐을지는 몰라도 우리는 당신을 완전히 거부하고, 규탄합니다."라고 말했다.

3월 18일 오전, 아던 총리는 웰링턴 국립도서관에 마련된 공식 분향소를 방문하여 추모 방명록에 이렇게 적었다. "뉴질랜드를 대표해, 우리는 함께 비통해한다. 우리는 하나다. 그들(희생자들)은 우리다.".

3월 19일 의회 연설에서는 "그는 자신의 테러 행위로 많은 것들을 얻으려 했고, 그 중 하나는 악명(notoriety)이었습니다. 그게 바로 여러분들이 제가 그의 이름을 말하는 것을 결코 보지 못할 이유입니다. 그는 테러리스트입니다. 그는 범죄자입니다. 그는 극단주의자입니다. 그러나 제가 (그에 대해) 말할 때, 그의 이름은 불려 지지 않을 것입니다. 다른 이들에게도 간곡히 요청 드립니다. 그들의 목숨을 앗아간 남자의 이름 대신, 목숨을 잃은 이들의 이름을 불러주십시오. 그가 악명을 얻으려 했는지 모르겠지만, 여기 뉴질랜드에서 우리는 그에게 아무것도 주지 않을 것입니다. 이름조차도."(〈허핑턴포스트〉 2019.03.19.).

많은 인종과 언어를 가진 한 국가의 대표로서 그는 테러리스트들의 의도를 간파하여 명확하게 그의 의도를 거부했고, 하나라는 인식을 분명하게 선언했다. 차이를 극대화하고 차별하며 더 나아가 혐오하고 폭력을 행사하려는 이들에 대해 분명한 반대의 뜻을 가졌기에 테러리스트들의 이름조차 입에 올리지 않은 것이다. 그의 대처는 분명 의미 있는 모습이다. 정치가 국민을 안심할 수 있도록 이끌고, 국민이 그것을 수긍할 수 있음은 분명 축복이다. 하지만 그렇지 않은 경우도 많다. 이런 장면이 떠오른다.

일본의 아베 신조 수상은 2007년 제1차 아베 내각 당시 일본군이 위안부를 강제로 끌고 갔다는 증거는 없다고 주장했다. 이시하라 신타로 일본 유신회 공동대표는 이전부터 위안부를 '매춘부'라고 매도하는 발언을 되풀이했다. 2013년 5월 하시모토 도루 일본 유신회 공동대표는 "폭풍처럼 쏟아지는 총탄 속으로 목숨 걸고 달려가는 강자 집단, 정신적으로 흥분한 집단을 쉬게 해주려 한다면, 위안부 제도라는 게 필요했다는 건 누구라도 알 수 있을 것"이라면서 "위안부 제도는 필요했다"고 주장했다.

이런 발언에 대해 일본 사회뿐만 아니라 미국 국무성 보도관과 유엔 사무총장도 비판했다. 5월 31일 유엔 고문금지위원회는 정부 관계자나 공적 입장에 있는 인물이 피해 사실을 부정하는 것과 같은 혐오발언을 하면, 이에 대해서 일본 정부가 반론하도록 권고했다. 그러나 아베 내각은 권고에 대해 "법적 구속력이 있는 것도 아니고, 체결국이 따를 것을 의무화한 것도 아니다"라면서 정색하고 받아친 바 있다(모로오카 야스코, 2015: 66). 지도자의 발언은 그 진위 여부도 중요하지만 무엇보다 그 발언으로 인해 잘못된 가치관이 일반화될 우려가 있기에 더욱 신중해야 한다. 왜곡된 인식이 그대로 드러나는 발언은 그 자신의 수준을 보여주는 정도에서 그치는 것이 아니다. 그로 인해 왜곡된 인식이 퍼지는 것이 더 심각한 것이다. 공인의 폭언은 민간의 차별주의자들이 권력을 가진 이들의 폭언을 따라하는 결과를 낳는다.

뉴질랜드의 저신다 아더 총리는 테러범의 인종주의적 행위와 발언에 대해 철저히 배격하는 입장을 보인 반면, 아베 신조 등 일본 지도자들은 역사적으로 이미 밝혀진 사실 앞에서도 왜곡을 서슴지 않았으며 비뚤어진 성의식을 그대로 드러내는 무지와 교만을 보인 것이다. 혐오와 차별, 이어지는 폭력과 테러는 그 어떤 경우에도 발생해서는 안 될 일이지만 지구촌 곳곳에서 여전히 일어나고 있는 것이 현실이기도 하다. 이럴 때일수록 뜻을 모으고 협력하고 연대하는 일이 절실하다. 공동대응이 필요하다는 말이다.

표현의 자유

혐오와 차별, 폭력과 테러, 살인으로 이어지는 악행들이 언급될 때마다 함께 거론되는 것이 '표현의 자유'라는 개념이다. 표현의 자유라는 말은 '아무런 억압 없이 자신의 의견이나 사상, 주장 따위를 외부에 나타낼 수 있는 자유. 언론이나 출판, 통신 따위의 자유'를 말한다. 자신의 의견을 통제나 검열 없이 드러낼 수 있는 것이 표현의 자유라는 말이다. 표현의 자유가 중요한 것은 표현의 자유를 인정하는 것이 사상의 자유 시장을 보호하여 민주주의를 유지시키기 때문이다. 물론 이 표현의 자유에는 책임이 따른다. 어느 정도까지가 표현의 자유이고 어느 정도부터 제한이 필요한지에 대해서는 논란의 여지가 있지만 기본적으로 민주주의 국가에서는 표현의 자유를 존중하는 것이 일반적이다. 민주주의 국가라고 해서 그 어떤 표현 즉 막말까지 인정하지는 않는다. 선을 지키지 않는다면 그 자유는 무제한으로 허용되지 않는다는 의미다. 누군가를 차별하고, 누군가에 대해 혐오표현을 일삼는 경우 그것을 표현의 자유라는 이름으로 보호해주지 않는다.

표현의 자유라는 이름으로 누군가의 인격을 훼손하거나 명예를 실추시키는 발언을 하거나 글로 게시하는 경우 명예훼손죄나 모욕죄 등의 법으로 제한하는 경우가 많다. 하지만 공공의 이익과 관련된 표현의 자유는 비교적 폭넓게 인정된다. '명백, 현존하는 위험의 원칙'이라는 기준이 적용되는 것이다. 표현의 자유를 제한하는 법은 '실질적 해악을 초래할 명백하고 현존하는 위험'이 있는 표현을 규제하는 선에 그쳐야 하고 그 이상의 규제는 표현의 자유를 침해하는 것이 된다는 의미다('김영란의 열린 법 이야기').

공적인 인물에 대한 표현은 더 넓게 보호된다. "표현으로 인한 피해자가 공적인 존재인지 사적인 존재인지, 그 표현이 공적인 관심 사안에 관한 것인지 순수한 사적인 영역에 속하는 사안에 관한 것인지, 그 표현이 객관적으로 국민이 알아야 할 공공성, 사회성을 갖춘 사안에 관한 것으로 여론 형성이나 공개 토론에 기여하는 것인지 아닌지 등을 따져 봐서 공적 존재에 대한 공적 관심 사안과 사적인 영역에 속하는 사안 간에는 심사기준에 차이를 둔다. 표현이 사적인 영역에 속하는 사안에 관한 경우에는 언론의 자유보다 명예의 보호라는 인격권이 우선할 수 있으나, 공공적·사회적인 의미를 가진 사안에 관한 것인 경우에는 그 평가를 달리해야 하고 언론의 자유에 대한 제한이 완화되어야 한다"('김영란의 열린 법 이야기')는 것이다.

표현의 자유는 세계 공통의 가치다. 지향하는 바가 같다는 말이다. 세계인권 선언(UN: 1948) 제19조는 "사람은 누구나 의견 및 표현의 자유를 누릴 권리를 가진다. 이 권리에는 간섭을 받지 않고 의견을 지닐 자유와, 무슨 수단을 통해서거나 그리고 국경과는 무관하게 정보와 사상을 추구하고 얻고 또 전달할 수 있는 자유가 포함된다."고 밝히고 있고, 시민적 및 정치적 권리에 관한 국제협약 (UN: 1966) 제19조에는 "1. 모든 사람은 간섭받지 아니하고 의견을 가질 권리를 가진다. 2. 모든 사람은 표현의 자유에 대한 권리를 가진다. 이 권리는 구두, 서면 또는 인쇄, 예술의 형태 또는 스스로 선택하는 기타의 방법을 통하여 국경에 관계없이 모든 종류의 정보와 사상을 추구하고 접수하며 전달하는 자유를 포함한다."는 내용이 나온다.

대한민국의 헌법 역시 표현의 자유를 명시적으로 밝히고 있다. 대한민국 헌법에서 '표현의 자유'와 관련하여 규정하고 있는 조항은 다음과 같다.

제18조

모든 국민은 통신의 비밀을 침해받지 아니한다.

제21조

모든 국민은 언론·출판의 자유와 집회·결사의 자유를 가진다.

언론·출판에 대한 허가나 검열과 집회·결사에 대한 허가는 인정되지 아니한다.

통신·방송의 시설기준과 신문의 기능을 보장하기 위하여 필요한 사항은 법률로 정한다.

언론·출판은 타인의 명예나 권리 또는 공중도덕이나 사회윤리를 침해하여서는 아니된다. 언론·출판이 타인의 명예나 권리를 침해한 때에는 피해자는 이에 대한 피해의 배상을 청구할 수 있다.

제22조

모든 국민은 학문과 예술의 자유를 가진다.

저작자·발명가·과학기술자와 예술가의 권리는 법률로써 보호한다.

명백하게 표현의 자유에 대한 가치를 드러내고 있는 것은 대한
민국 헌법만이 아니다. 재일조선인이나 한국인에 대한 혐오표현이
잦은 일본에서도 표현의 자유는 일본 헌법이 보장하는 가장 중요한
자유 가운데 하나다. 표현의 자유를 보장하는 것이 '자아실현'과 '자
기통치'에 불가결한 요소라 여기기 때문이다. 이에 대해『증오하는
입』(모로오카 야스코, 2015)을 쓴 모로오카 야스코는 "인간은 누구든
지 자신의 의견을 형성하고 타자에게 전달하며, 타자와 의견을 나
누어 자신의 의견을 재형성하면서 인격을 형성해 간다. 이러한 개
인의 인격 실현 과정에 착안하는 것이 바로 표현의 자유가 보장하
는 '자아실현'의 가치이다. 민주주의 사회는 독재를 부정하고 평등
을 지향하며 사회 구성원들이 협의하여 사회를 통치하는 과정으로
실현된다. 이를 위해서는 정치에 관한 모든 정보가 사회 전체에 유
통되고 누구든 자신의 정치적 견해를 주장할 수 있는 자유, 특히 지
배 권력에 대한 비판적 견해를 말할 수 있는 자유가 반드시 필요하
다. 이러한 민주주의 과정에 착안하는 것이 표현의 자유가 보장하
는 '자기통치'의 가치이다 표현의 자유에 담긴 이와 같은 '자아실현'
과 '자기통치'의 의의는 현재 전 세계가 공통적으로 인식하고 있는
것이라고 할 수 있다."고 말한다(모로오카 야스코, 2015: 190-191). 헌법
적 가치로 지켜내려는 표현의 자유에 대한 인식은 우리와 그리 다
르지 않다. 다만 그것을 현실에 적용하는 방법과 의식적 외면의 모

습이 다를 뿐이다.

　민족적 소수자가 많은 상점가와 거주지로 가서 "해충을 박멸하자" "한국인 몰살"이라고 외치는 행위나 2013년 10월 재일조선인 여성 작가의 트위터에 익명으로 "지구에서 사라져라! 똥 처먹는 인간 같은 것이"라는 댓글을 쓴 행위가 과연 표현 주체의 인격 형성을 위해 보호할만한 행위일까? 일본에서 익히 존중되고 있는 자아실현의 가치에 이런 혐오발언이 해당하는 일일까? 당연히 아니라는 답변을 할 수밖에 없다.

　한일 국교 단절이라는 정치적 과제를 내세우면서 일어난 2013년 2월 24일 오사카 쓰루하시에서 일어난 가두시위에서 나온 "바퀴벌레 같은 조선인은 일본에서 내쫓자!" "두 다리로 걷지 마라, 조선인 주제에"라는 표현으로 재일조선인을 차별하고 상처 입히고 배제하는 것을 목표로 한 시위(모로오카 야스코, 2015: 198)는 또 어떤가. 이마저도 정치적인 의견 표명이라는 이유로 방치해도 되는 것일까. 결단코 아니라는 답변밖에 할 게 없다.

　소수자의 표현 활동을 보장하고 입장이 다양한 사람들이 다양한 의견을 표명하게 허용하는 것은 민주주의의 실현 과정에서 매우 중요한 일이다. 하지만 혐오표현은 차별받는 집단을 침묵시키고 사회에서 배제하려는 의도를 갖고 있기에 존중될 수 없는 것이다. 혐오표현은 사회에 차별과 증오, 폭력을 퍼뜨려 평화와 평등을 전제로 문제를 논의해 해결한다는 민주주의 사회의 기반을 무너뜨리고 역사 발전을 후퇴시킨다고 모로오카 야스코는 주장한다. 나도 동의하는 바다.

　홍성수 교수가 말한 바와 같이 표현의 자유는 권리 중의 권리라고 해도 과언이 아니라는 말에 나는 동의한다. 자신의 생각을 말하는 것이야말로 모든 권리 주장의 출발점이기 때문이다. 부당노동과 저임금으로 고통 받는 노동자, 부당한 차별에 시달리는 이주자, 고속버스 탈 권리조차 보장받지 못한 장애인, 마땅한 일자리를 찾지 못한 청년 등, 이들이 자신의 권리를 보장받기 위해 가장 먼저 할 수 있는 일은 '자신의 처지를 말하고 권리를 주장하는 것'이다. 표현의 자유 없이 다른 권리의 보장을 기대하기 어렵다.

표현의 자유는 자신의 정당한 권리를 찾고자 하는 이들의 문제, 특히 소수자의 문제다. 그래서 표현의 자유에 관한 논란이 '자유 확대'가 아니라 '자유 축소'로 귀결되어서는 안된다. 설사 '아주 공평하게' 진보와 보수, 강자와 약자, 좌파와 우파의 표현의 자유를 모두 축소하는 방향으로 흘러간다고 해도 마찬가지다. 서로 하고 싶은 말을 제약받는 정도가 커질수록 이득을 보는 쪽은 강자다. 서로 할 말을 못하는 상황은 '현상 유지'를 바라는 강자의 입장에서 그리 나쁘지 않다. 반면 소수자의 입장은 정확히 그 반대다. 소수자에게는 더 많은 표현의 자유가 보장되어야 한다. 그래야 현재의 부당한 현실을 바꿀 수 있고 그들의 권리가 보장될 수 있기 때문이다(홍성수, 2018: 18-19).

표현의 자유는 보장되어야 하고 당연히 그것은 그간 인류의 지향점이 되어 왔다. 하지만 지구촌 곳곳에서 소수자에 대한 억압의 장치로 혐오표현이 난무하는 현실은 표현의 자유로 포장할 일이 아니다. 이런 식의 혐오표현과 그에 이어 나타나는 과한 행동은 배제되어야 마땅하다. 소수자의 권리 주장을 위해 인정되어야 할 표현의 자유라는 권리가 강자들과 권력자들을 위한 권리로 해석되거나 작용되어서는 안되는 것이다.

혐오표현이란

그럼 이쯤에서 혐오표현이 무엇인가를 살펴 보자.

사전적 의미로 '혐오'는 매우 싫어하고 미워한다는 뜻이다. 한국어에서 혐오는 '혐오시설', '혐오식품'처럼 시설이나 음식을 수식하는 말로 주로 쓰여 왔다. 혐오표현은 '헤이트 스피치(hate speech)'를 번역한 말인데, 영어에서 '헤이트'도 극도의 싫음, 역겨움, 적대감을 뜻한다. 헤이트나 혐오 모두 상당히 강한 뉘앙스를 가지고 있다고 할 수 있다. 그런데 혐오표현에서의 혐오는 이러한 일상적 의미와는 조금 다르다. 여기서 혐오는 그냥 감정적으로 싫은 것을 넘어서 어떤 집단에 속하는 사람들의 고유한 정체성을 부정하거나 차별하고 배제하려는 태도를 뜻한다(홍성수, 2018: 24).

국제 사회에서 통용되는 혐오표현에 대한 개념 정의는 다음과 같다.

시민적 및 정치적 권리에 관한 국제규약(자유권규약) 20조 2항에 따르면 "차별, 적의 또는 폭력의 선동이 될 민족적, 인종적 또는 종교적 증오의 고취"가 혐오표현이다. 유럽평의회 각료회의의 혐오표현에 관한 권고에 따르면 "반유대주의, 제노포비아(Xenophobia)[1],

---

1   낯선 것 혹은 이방인이라는 의미의 '제노(Xeno)'와 싫어한다는 뜻의

인종적 증오를 확산시키거나 선동하거나 정당화하는 모든 형태의 표현 또는 소수자, 이주자, 이주 기원을 가진 사람들에 대한 공격적인 민족주의, 자민족중심주의, 차별, 적대 등에 의해 표현되는 불관용에 근거한 다른 형태의 증오"를 의미한다.

혐오표현의 대상은 소수자 집단일수도 있고, 소수자 집단의 개별 구성원일 수도 있다. 여기서 소수자 또는 소수자 집단이란 실질적인 정치, 사회적 권력이 열세이면서 공통의 정체성을 가진 집단을 뜻한다. 각국의 차별금지법은 성, 인종, 민족, 성적 지향, 장애 등의 속성을 이유로 한 차별을 금지하는데, 이러한 속성을 가진 개인이나 집단을 소수자라고 한다. 즉 여성, 소수인종, 소수민족, 동성애자, 장애인 등이 소수자에 해당한다(홍성수, 2018: 29).

그러니까 혐오표현은 약하디 약한 이들을 대상으로 하고 있으며, 그 혐오표현으로 인해 소수자들이 억압당하고 할 말을 하지 못할 정도로 위축되는 결과를 낳는 일이 많다는 말이다. 그래서 혐오표현이 위험한 것이다. 심지어 여러 표현 방식 중 가장 해악이 크다고 간주되어온 것은 '선동'인데, 이로 인해 제3자들까지 개입하면서 약자들이 더욱 위축되고 두려움에 떨게 되는 일은 있어서는 안 될 일 아닌가. 따라서 대중들에게 차별과 적대를 선동하여 구체적인 행동이 촉발될 가능성이 농후하다면 선제적인 개입이 불가피하다.

───

'포비아(Phobia)'가 합성된 말로서 '이방인에 대한 혐오현상'을 나타낸다. 제노포비아는 악의가 없는 상대방을 자기와 다르다는 이유만으로 무조건 경계하는 심리상태의 하나로, 이는 자기과보호(과보호) 의식 때문에 일어나기도 하고 지나친 열등의식에 기인하기도 한다(매경시사용어사전).

정리하면, 혐오표현이란 "소수자에 대한 편견 또는 차별을 확산시키거나 조장하는 행위 또는 어떤 개인, 집단에 대해 그들이 소수자로서의 속성을 가졌다는 이유로 멸시, 모욕, 위협하거나 그들에 대한 차별, 적의, 폭력을 선동하는 표현" 정도로 그 개념을 정의할 수 있다(홍성수, 2018: 31).

이러한 혐오표현을 도대체 누가 하는가.

앞서 언급한 것처럼 일본의 우익인사들이 재일조선인들을 대상으로 그런 무시무시한 발언을 하는 것은 이미 보았다. 그들이 그렇게 표현함으로 얻는 이익은 뭘까. 혐한(嫌韓)을 조성하여 약자들을 어떤 주장도 할 수 없도록 재갈을 물리려는 게 아닐까. 역사적 과오를 인정하기는커녕 그 사실에 대한 언급조차 하지 못하도록 신체적, 정신적 위해를 가함으로 그곳에서 살려면 아무 언급도 하지 말라는 압력에 다름 아니다.[2] 하지만 사람이 어디 그런가. 제 아무리 강한 압력과 억압이 있다 하더라도 사실이 아닌 것을 아니라 말할 수밖에 없는 것이 사람이 아니던가. 두렵고 떨리지만 그것을 말하지 않고서는 견딜 수 없는 고통에 있어보지 않은 이들이 결코 이해할 수 없는 영역에 사는 이들이기에 잘못된 역사와 과정에 대한 문제 제기를 하는 것이고 그것이 일본의 기득권 세력인 우익 인사

---

2 이런 일본이 2019년 4월 1일부터 헤이트 스피치를 억제하는 조례를 전면 시행한다는 소식이다. 도쿄도(東京都)가 2020년 도쿄올림픽, 패럴림픽 개최를 앞두고 헤이트 스피치와 성적 소수자에 대한 차별을 없애기 위한 '올림픽 헌장에 명기된 인권존중의 이념 실현을 목표로 하는 조례'를 시행한다는 것이다. 조례는 차별을 인정하지 않는 올림픽 헌장의 이념을 실현한다는 취지를 담고 있다(〈연합뉴스〉 2019.03.30).

들에게 미운털이 박히는 결과를 낳는 악순환. 끊임없이 반복되는 그 과정을 바다 건너 우리는 때로 응원하고 때로 기억도 안하며 보아온 것이다.

혐오표현이 만든 비극

일본에서 일어난 조선인과 중국인에 대한 학살 사건을 떠올려보자. 1923년 관동대지진 직후 조선인이 습격했다느니 조선인이 우물에 독을 뿌렸다느니 하는, 공권력이 날조한 악선전과 혐오발언이 퍼졌다. 그러자 군경 주도로 관동 지방에 자경단 약 4,000개가 조직되었다. 몇 만 명이나 되는 민간 일본인 남성이 집단으로 조선인과 중국인을 습격해 적어도 수천 명 학살했다(모로오카 야스코, 2015: 98-99). 당시 관동 지역에 살던 꽤 많은 일본인 남성이 자경단에 반강제적으로 참가해 조선인 학살에 가담했던 것으로 보인다. 직접 살인을 저지른 민간인 수백 명은 살인죄로 형사재판에 부쳐졌으나 '애국심'에 의한 것이라 정상 참작되어 가벼운 형을 받았고, 나머지 동조자들에게는 죄를 묻지 않았다. 그리고 그들 중 자신이 저지른 죄에 스스로 반성을 표명한 사람은 극히 드물었다. 조선인에 대한 유언비어를 흘린 관청과 학살을 행한 군경은 책임이 가장 무겁다고 할 수 있으나 아무런 처벌도 받지 않았다. 현재까지 일본 정부와 지자체는 공식 조사도 사죄도 보상도 하지 않았다. 모로오카 야스코의 책에 따르면, 관동대지진 학살을 기술한 역사교과서도 적어서 지금까지도 많은 일본인은 일본인이 다른 민족을 대량 학살한 가해자였다는 사실을 모르는 실정이다. 많은 일본인이 독일 나치가 저지른 유대인 학살은 비판적으로 인식하고 있으나, 일본인 자신의 역사적 범죄는 인식조차 못하는 것이다(모로오카 야스코, 2015: 101).

관동대지진 직후 일본인들은 그간 같이 생활하고 익숙하게 지내던 조선인을 무차별로 학살했다. 안면이 익은 이들까지 그렇게 학살하는 것이 어떻게 가능했을까? 당시 일본 사회가 아무리 혼란 상태였다고는 해도 이해하기가 쉽지 않다. 난 그것이 그간의 혐오표현들로 인한 결과였다고 생각한다. 1919년 3.1운동 후부터 일본 정부와 신문이 "조선인은 열등민족이다" "독립하려는 음모를 꾸미는 무서운 불령선인이다"라고 선전하는 혐오표현을 유포했기 때문이라는 말이다. 그렇게 선이해가 입력된 이후 자신들에게 어려움이 다가오고 나니 누군가를 범인으로 몰고 희생시켜야 할 필요성을 느꼈을 테고 너무도 당연히 그간 불령선인이라 생각해왔던 조선인을 타겟으로 한 학살을 자행할 수 있었던 것이다. 죽여 없애도 되는 존재라고 인식해 왔던 이들이기에 이웃이기도 한 이들을 대상으로 해서는 안 될 극악무도한 범죄를 저지를 수 있었던 것이다. 어려운 상황에서 누군가에게 핑계거리를 찾아 책임을 돌려야 맘이 편한 보통 인간들의 모습처럼 말이다. 애초에 대상에 대한 인식이 정상적이지 않았고 그렇게 된 데에는 혐오표현과 선동을 통한 학습이 있었던 것이다. 혐오표현은 그렇게 참혹한 결과를 낳는다.

나쁜 행위를 한 일본인들이 그렇게 죽여도 되는 존재로 이해했던 재일조선인은 누군가. 재일조선인은 식민 지배의 결과로 어쩔 수 없이 일본에서 살게 된 이들과 그 자손들이다. 1910년 일본은 조선을 식민지로 삼아 토지조사사업과 산미증식계획에 따라 조선인의 토지와 식량을 빼앗았다. 이때부터 조선인 중 많은 이들이 어쩔수 없이 일본으로 건너가거나 강제로 연행되거나 동원되었다. 일본은 조선인의 생명과 재산만 빼앗은 것이 아니라 황민화 정책에 따라 민족의 말과 이름, 문화까지 빼앗았다. 조선인들에게 헤아릴 수 없는 손해와 고통을 준 것이다. 그렇게 자신들의 필요에 따라 끌고가거나 데려간 이들이 그들과 섞여 살았는데 상황이 바뀌고 나니가장 먼저 책임을 지우고 죽여 없애버린 야만적인 행위를 한 게 일본인들이다. 이 상황을 어떻게 이해하고 존중할 수 있겠는가. 식민지 땅 사람들을 2류 국민으로 삼아 1류 국민인 자신들의 필요와 요구에 따라 일하는 존재로, 말할 줄 아는 짐승으로 대우한 게 아니냐는 말이다. 필요가 없어지면 죽여 없애도 된다는 인식. 그거 참 무서운 것이다. 이러한 악행의 기저에 있는 것이 혐오표현이다. 그것은 선동으로 이어지고 참혹한 행동으로 연결된다. 단순히 말을 좀과격하게 한다는 것에서 그치는 일이 아니라는 말이다. 누군가의생명을 앗아가면서도 죄의식이 없어지도록 만드는 학습이 바로 혐오표현인 것이다. 그렇기에 해서도, 존중해서도 안되는 게 혐오표현이다.

혐오표현이 일본에만 있었던 것은 아니다. 미국은 1865년 노예제가 끝난 후에도 1960년대까지 인종분리 정책과 법적 차별을 유지했다. 아프리카계 사람들을 대상으로 한 린치와 살인, 폭력, 폭언이 횡행했다. 1950-1960년대 일어난 공민권운동에 따라 공적 차별은 폐지되었지만 미국 사회의 차별은 더 뿌리 깊은 것이었다. 미국의 경우도 마찬가지다. 자신들의 필요에 따라 아프리카에서 노예를수입해 와서는 인권이니 존중이니 하는 것과는 담을 쌓고 악랄하게 이용하면서 자신들의 이익을 위해 이용한 게 아닌가. 아주 긴 세월에 걸쳐 저항도 하고 항의도 하며 배려를 요청하기도 한 끝에 공식적으로는 노예제가 없어졌음에도 여전히 머리 속에서는 함부로 대해도 되는 존재들로 각인시켜 왔던 게 아니냐는 말이다. 인종분리 정책을 그리 오래 유지한 것은 차별을 당연시하기 위한 게 아니었을까. 새삼스럽게 존중하고 동등한 존재로 대우하려니 마음에서 우러나는 것이 아닌 상황이었을테니 사실상의 차별이 더 길게 유지된 것이다. 사실은 법적, 제도적 장치가 다 마련된 지금까지도 보이지 않는 차별은 여전히 존재한다고 하니 차별받고 억압 당하는 당사자들은 얼마나 고통스러웠을까.

1980년대 전반에는 뉴욕을 중심으로 아프리카계와 성소수자 차별에 바탕을 둔 폭력 사건이 자주 일어났다. 누적된 이러한 폭력 사건들로 인해 각성이 일어났고 결국 1985년에 연방 하원은 국가가 증오범죄를 조사하도록 의무화한 증오범죄통계법안을 마련했고 1990년 의회에서 통과되었다. 이 법안에서는 증오범죄를 인종, 종교, 성적 지향, 국적, 민족성에 따른 편견에 기초한 범죄라고 정의했다. 1980년대 미국 대학교에서는 비백인과 여성의 입학을 차별하는 사건이 빈발했다. 당사자와 교수 등을 중심으로 차별표현 시정이나 금지 등 언어를 중심으로 문화적인 차별을 철폐하고 '정치적 올바름'을 요구하는 운동이 고조됨에 따라 많은 대학이 혐오표현을 포함한 괴롭힘 행위 전반을 막는 규제를 채택하게 되었다. 이러한 규제의 합헌성을 둘러싼 논쟁이 미국에서 사회문제가 되면서 혐오표현이란 말도 널리 퍼졌다(모로오카 야스코, 2015: 74-75).

독일은 또 어떤가. 나치가 유대인에게 되풀이해온 혐오발언이

제2차 세계대전 때 유대인 수백만 명을 희생시킨 홀로코스트(Holo-caust)[3]로 이어졌다. 1919년 제1차 세계대전에서 패한 독일은 거액의 배상금을 치르느라 경제가 피폐해졌고, 국민들은 허덕였다. 사회에 불만이 팽배한 가운데 나치는 패전의 원인이 유대인과 공산주의자의 책략과 음모라고 선전했다. 또 일부 고소득 유대인에 대한 증오를 선동했다. 유대인이 '기생충' '열등민족'이므로 사회에서 배제해야 한다고 주장했다. 이러한 반유대인 캠페인으로 나치는 지지기반을 넓혔고 결국 1933년에 정권을 잡았다. 집권 직후 반유대법이 제정되어 유대인의 직업, 영업, 재산을 제한하고 시민권을 박탈했다. 많은 독일인이 이에 반대하지 않았고 일부는 스스로 유대인 공격에 가담하기에 이르렀다. 이런 비정상적인 행위가 있었으나 다행히도 현재의 독일에서는 모든 국민들이 이러한 역사적 사실을 인식하고 있다. 과거사 반성에 바탕을 두고 유대인 학살 사실을 부정하는 것은 금지되며, 혐오발언은 엄한 형사 처벌을 받는다. 역사에서 교훈을 바로 얻은 사례다.

잘못된 역사를 되돌릴 방법은 없다. 하지만 그 역사의 과오에 대해 진심으로 사죄하고 제대로 대응하는 것은 과오를 반복하지 않

---

3   나치가 12년(1933~45) 동안 자행한 대학살. 주요 대상은 유대인이었다. 독일과 제2차 세계대전 때 점령 지역의 유대인들을 대상으로 사회적 권리를 박탈하고, 재산을 몰수했으며, 강제수용소에 몰아넣고 강제노역에 동원하거나 가스로 죽였다. 대표적인 대량학살 수용소는 아우슈비츠였다. 이 때 사망한 유대인만 575만여 명이며, 그 외 반(半)유대인, 기타 집시, 슬라브인 등을 포함하면 더욱 늘어난다. 전쟁 후, 많은 유대인들이 미국과 러시아, 중동 등으로 이주했고, 중동에 이스라엘이 건국하는 계기가 되었다(《다음백과》).

을 매우 중요한 과정이다. 하지만 일본은 그것을 하지 않았고, 독일은 해냈다. 혐오표현을 하고, 뒤이은 선동에 따라 민심이 움직이고, 이제 죄의식조차 없이 행하는 학살과 같은 과오는 인류 역사에 다시 있어서는 안 될 일이 아니던가. 모든 것은 혐오표현에서 시작됐다는 점을 잊어서는 안 될 것이다.

브라이언 레빈에 따르면 혐오표현은 그 자체가 언어폭력인 동시에 물리적 폭력을 유인한다는 점에서 단순한 표현을 넘어서는 위험성이 있다. 브라이언 레빈은 혐오표현과 폭력의 관계를 5단계로 나누는 데 편견, 편견에 의한 행위, 차별, 폭력, 제노사이드 등이 그것이다. 이를 '증오의 피라미드'라고 부른다. 증오의 피라미드 속에 있는 혐오표현과 증오범죄는 차별에 바탕을 두고 인종적, 민족적, 성적 소수자를 공격하는 것을 가리키는 것으로, 혐오표현과 증오범죄는 소수자 차별이며 공격이라는 점에서 본질이 같다. 굳이 분류하자면 혐오표현은 '유형력을 수반하지 않는 언행에 의한 폭력', 증오범죄는 '주요하게 유형력을 동반하는 범죄'다.

일본의 재특회[4] 등 인종주의자들은 한편으로는 재일 조선인들에게 위협을 가하면서 다른 한편으로는 일본인들에게 '함께하자'고

---

4 '재일 특권을 용납하지 않는 시민 모임'(약칭 재특회)는 2007년 1월 20일에 발족한 일본의 극우 민족주의 성향의 시민단체로 최초 설립자는 사쿠라이 마코토이다. 이들이 말하는 '재일 특권'이란 '특별 영주 자격'을 지칭하는 것으로, 이는 1991년 일본에서 시행된 '입관 특례법'을 근거로 구 일본 국민이었던 한국인(대한민국 국적자)과 조선인(조선민주주의인민공화국 국적) 등에게 주어진 특권이다. 재특회는 이 입관특례법을 폐지하고 재일 한국인을 다른 외국인과 동등하게 취급하는 것을 궁극적인 목표로 하고 있다(〈위키백과〉).

선동했다. 그러니까 재일 조선인 고립에 전체 일본인을 동참시키는 것이 이들의 목표였던 것이다. 이전의 범죄에 이어 이제는 재갈을 물려 저항할 수 없도록 하는 것이 목표라는 말이다. 이런 인식이 있으니 혐오표현과 그에 이은 증오범죄가 벌어진다 하더라도 당연히 여길 수밖에 없는 것이다.

혐오표현은 기본적으로 '선동'의 성격을 갖고 있다. 한편으로 소수자들을 공격하고 상처를 주는 동시에 제3자에게 소수자에 대한 혐오와 차별에 동참하라고 호소하기 때문이다. '증오선동'은 혐오와 차별의 확대를 직접적인 목표로 하는 것이며, 다른 유형의 혐오표현도 선동의 요소를 어느 정도 가지고 있다. 제3자들이 혐오에 가세하게 되면 소수자들은 더욱 고립되면서 혐오와 차별이 고착화되고 소수자들의 피해가 더욱 확산된다. 어떤 집단에서 혐오표현과 차별이 폭력으로 진화하기까지 이러한 확산이 매우 중요한 역할을 한다. 집단적인 폭력이나 학살은 제3자가 동참하거나 최소한 묵인하지 않으면 불가능하기 때문이다(홍성수, 2018: 220).

혐오표현에 대응하는 방법

혐오표현의 해악에 대해서 충분히 이해가 했다면 이제는 혐오표현으로 비롯되는 해악을 없앨 방법을 찾아봐야 한다. 가장 간단한 방법은 모두가 혐오표현을 하지 않는 것이다. 얼마나 좋은 방법인가. 다만 그것이 가능할 것이라는 기대가 성립되지 않는다는 한계가 있다. 슬프게도.

그렇다면 어찌할 것인가. 이에 대해『말이 칼이 될 때』라는 제목의 혐오 문제와 대책에 대한 책을 쓴 홍성수 교수는 책에서 두 가지 방법을 제시한다. 하나는 카운터 운동이고 다른 하나는 대항표현이다.

"2013년 2월의 일본 도쿄. "조선인을 없애는 일은 해충 구제와 같다", "죽여라, 죽여, 조선인!" 한국 음식점과 한류 가게가 밀집해 있는 신오쿠보 한인타운에 재특회의 혐한시위대가 무시무시한 팻말을 들고 몰려들었다. 그리고 바로 그 즈음 "차별하지 말라"는 플래카드를 든 또 다른 시위대가 혐한시위대에 맞불을 놓기 시작했다. 차별 시위 반대 서명을 받는 시민들, "사랑해요"라는 문구가 적힌 풍선을 나눠주는 시민들, 혐한시위대를 향해 춤을 추며 조롱하는 시민들, 어느 순간 이 대항시위대가 혐한시위대를 압도했다. 한 두 번에 그친 것이 아니다. 혐한시위대가 있을 때마다 대항시위대가 맹활약을 했다. 주저앉아 혐한시위대를 막기도 했고 물리적인 충돌도 불사했다."(홍성수, 2018: 217).

에서 보는 것과 같이 이른바 맞불시위를 하는 것이다.

혐한시위대에 맞선 이 운동을 일본에서는 '카운터'운동이라고 부르는데, 이 운동을 주도했던 간바라 하지메 변호사는 카운터 운동의 성과를 이렇게 요약한다. "첫째, 혐오표현의 피해를 최소화하고 피해자의 고통을 줄였다. 둘째, 혐한시위 확산을 막았다. 셋째, 여론을 환기했다. 넷째, 국제연대의 계기가 되었다. 다섯째, 민주주의를 풍요롭게 했다. 아주 현실적인 성과도 있었다. 바로 헤이트 스피치 해소법이 통과된 것이다. 아베 정권 하에서 일궈낸 유의미한 입법적 성과물이었다."(홍성수, 2018: 218). 이 얼마나 아름답고 찬란한 장면인가. 누군가는 혐오표현을 하며 누군가를 제압하려 집회를 하고 억압을 목표로 움직이는데, 이에 대항하여 반대되는 내용을 담은 플래카드를 들고, 사랑한다고 외치며, 물리적 충돌까지 마다하지 않는 이들이 있을 때 제 아무리 강심장을 가진 혐한시위대라 하더라도 움찔하고 어느 정도 제어되지 않았을까. 혐한시위대가 힘으로 누르려고 했던 이들은 같은 일본인이 아니라 힘없고 약한 위치에 있는 재일조선인들이 아니던가. 그들이 대항한다면 물리력으로 제압하려고 시도했을지도 모른다. 하지만 같은 일본인들이 나서서 대항시위를 하니 일본인들끼리 물리적인 충돌을 일으키고 싸워봐야 남는 게 없을 것 아닌가. 자신들끼리 통용되는 개념인 1등 국민들끼리 싸우기도 애매할 터. 간바라 하지메 변호사의 말처럼 일정 정도의 성과가 나타나는 건 어쩌면 당연한 일이다.

혐오표현의 선동을 막는 또 다른 방법으로 대항표현이 있다. 대항표현은 말 그대로 혐오표현에 맞대응하는 것이다. 일본의 카운터 운동이 혐한시위에 맞서 맞불시위를 벌이는 방식처럼 표현으로 대응하는 것이다. 모임에서 누군가가 소수자 회원에게 차별적인 언사를 했을 때 소수자 회원이 배제되고 고립되는 것을 저지하고 그와 연대하는 것, 정치 지도자가 연대에 힘을 실어주는 입장을 분명하게 밝히고 관련 정책을 추진하는 것 등이 중요하다. 또한 각각의 자치 영역에서 혐오표현 예방 교육을 지원하거나 혐오표현 방지 매뉴얼 또는 가이드라인을 보급할 수도 있을 것이다. 이것은 대항표현에 대한 지원으로서 '지지하는 규제'의 대표적인 형태라고 할 수 있다(홍성수, 2018: 220-221).

　카운터운동을 여러 가지 이유로 실천하기에 어려운 이들이라면 대항표현은 실천하기에 좀 더 용이하지 않을까. 성희롱과 성폭력에 대한 개념이 정립되기 전에는 우리나라에서도 숱하게 많은 성희롱적 요소가 많은 대화들을 남발해 오지 않았던가. 성평등 교육등을 통하여 인식의 제고가 이루어지면서 만족할만한 수준은 아니더라도 상당 부분 진전되어 온 것처럼 혐오에 대해서도 같은 방식으로 교육하고 실천하기 시작한다면 분명 지금보다는 나아지는 날을 보게 될 것이다. 완전한 성과까지는 시간이 걸릴지라도 말이다. 다만 대항표현을 지나치게 강조하는 것은 혐오표현이 개인의 사적실천으로 해결될 수 있다는 착각을 불러일으킬 수 있기에 환상을 가져서는 안된다. 결국에는 집단적, 조직적 대응이 문제 해결에 더욱 중요하다는 사실을 잊어서는 안 될 것이다.

　대항표현의 가장 큰 의의는 홍성수 교수의 언급처럼 혐오의 지형을 뒤바꾼다는 것이다. 혐오의 선동은 소수자 집단을 고립시키려고 하지만 대항표현은 거꾸로 소수자와 제3자를 연대시켜 혐오주의자들을 고립시킨다. 이러한 대항표현은 문제를 조기에 해결해줄 수도 있고, 강제적 조치로 인한 부작용의 우려도 전혀 없다. 대항표현은 제3자뿐만 아니라 피해 당사자 스스로가 할 수도 있다. 비하적인 혐오표현에 대해 웃어넘기거나 침묵하지 않고 조목조목 문제점을 따지는 등의 일상적 실천은 중요한 의미를 갖는다. 무엇이 문제인지 합당한 이유를 찾고 논리를 제시하며 싸워나가는 과정에서 '자력화'도 가능해진다. 자신의 권리를 알고 권리 주장을 하는 과정에서 대항 주체가 형성되는 것이다(홍성수, 2018: 221-222).

우리나라는 괜찮은가

남의 나라 이야기를 많이 언급하고 나니 내 나라 사정이 걱정이다.

"2016년 5월 17일, 강남역 부근에서 이십대 여성이 남성이 휘두른 흉기에 목숨을 잃었다. 당시 체포된 범인은 여자들이 자신을 무시해 아무 여성이나 살해하려고 화장실에 숨어 있었다고 말한 것으로 전해졌다. 사건 이후 강남역 10번 출구는 희생자를 추모하고 애도하는, 분노하는 여성들의 외침으로 들끓었다. 이 사건은 한국 사회에서 여성 혐오가 위험 수위에 이르렀음을 알리는 경종이 되었다."(홍재희, 2017: 21).

위의 이야기가 낯선가? 그건 그만큼 세상 돌아가는 뉴스에 무관심했다는 증거다. 신문 좀 보시라. 이처럼 무시무시한 일들이 비일비재함에도 불구하고 안전하다 여기는 이들, 특히 남성들은 비교적 무관심하다. 자신과는 상관없는 일이라고 여기기 때문일 것이다. 정말 그럴까? 신체적 상황이 좀 나은 측면이 있을지는 몰라도 이런 무지막지한 사건과 자신은 아무 상관이 없다고 생각하는 것은 오산이다. 묻지마 범행이 얼마나 많은지 몰라서 갖는 대담함이다.

문제는 비교적 안전하다고 여기는 이들의 심리가 아니다. 혐오문화가 그만큼 많이 팽배하다는 것이 첫째 문제이고, 심각하게 여기지 않는 것이 둘째 문제다. 도대체 여성들이 무슨 죄를 지었다고 이렇게 혐오표현을 서슴지 않으며 물리력을 행사하는 것인가. 여성들이 범인을 직접적으로 무시했는지는 모르겠다. 직접적이지는 않앴을테고 아마도 본인이 그렇게 느꼈을 수는 있다. 그건 자신이 그렇게 느꼈다는 것이지, 여성들이 그리 했다는 말은 아니다. 불특정한 누군가에 대한 분노를 그렇게 표현하는 것으로 인해 피해를 당하는 이가 여성이라면 그 여성은 무슨 죄란 말인가.

"혐오표현에 대한 국제적 합의는 꽤 높은 수준에 다다랐고, 세계의 주요 국가들은 혐오표현을 처벌하거나 최소한 국가 정책을 마련하기 위한 법적 근거를 두고 있다. 차별금지법에 의해 괴롭힘을 금지하고 증오선동에 해당하는 혐오표현을 형사 범죄화하는 것이 가장 일반적이지만 일부 국가에서는 소수자에 대한 차별조장행위나 모욕적 발언을 금지하는 경우도 많다. 일본도 혐오표현에 대응하기 위한 법적 근거를 마련하여 이 흐름에 동참했다. 미국도 혐오표현에 관한 형사 처벌 규정이 없을 뿐, 차별과 증오범죄에는 오히려 강력하게 대응하고 있으며, 혐오표현에 대한 사회적 차원의 대응도 적극적이다. 유감스럽게도 한국은 이런 세계적인 흐름에 동참하고 있지 못하다. 혐오범죄에 관한 범국가적 차원의 조치는 전무하다고 해도 과언이 아니다. 정치 지도자나 사회 유력 인사들이 혐오표현을 지속적으로 경고하고 있지도 않다. 일부 언론과 인권단체들이 혐오표현의 위험성을 경고하고 있는 정도다. 그렇다고 혐오표현이 차별행위나 증오범죄로 진화해나갔을 때 강력한 조치를 취하고 있는 것도 아니다. 기업이나 학교에서 적극적인 대응을 하고 있지도 않다. 이름을 알 만한 국가들 중 혐오표현에 대해 이렇게 무대책으로 일관하고 있는 나라가 또 있을까 싶을 정도다."(홍성수, 2018: 127).

라는 글을 보며 어떤 생각이 드는가.

"설마 우리나라가 그 정도로 준비가 안된 나라인가"라는 생각
이 드는가. 현실이란다. 전문가가 그렇게 진단하고 염려하는 형국
이다. 내가 사는 공간과 연결망 안에서만 생각하고 행동하는 이들
은 남의 일에 그다지 관심을 많이 기울이지 않는다. 그러다 보니 정
작 도움이 필요한 이들의 심정을 헤아리지 못하고 본의든 아니든 2
차 가해를 하는 이들의 행렬에 동참하고 만다. 그러지 않아도 되는
데도 결국은 공범이 되고 마는 것이다. 안 그래도 되는데. 아니 안
그래야만 하는데 말이다.

심리학자 올포트는 다음과 같은 사회에 차별과 혐오를 낳는
'편견'을 가진 사람이 많다고 지적한 바 있다. 사회 구조에 이질적
요소가 많고, 사회이동성이 있고, 급격한 사회변화가 있고, 의사소
통과 지식의 전달이 막혀 있고, 소수자 집단의 규모가 늘어나고 있
고, 경쟁과 갈등이 있고, 착취로 이익을 얻고 있고, 공격적으로 화를
내는 것이 사회적으로 억제되지 않고, 민족중심주의의 전통이 있고,
동화주의나 문화다양성이 허용되지 않는 사회가 그것이다.[5]

특히 다양성의 수용이라는 측면에서 한국은 매우 취약하다. 여
성가족부 조사에 따르면, 한국인 중 외국인 노동자와 이민자를 이
웃으로 삼고 싶지 않다는 응답이 31.8%였다. 미국(13.7%), 호주
(10.6%), 스웨덴(3.5%) 등과 현격한 차이가 난다. 2010년-2014년
'세계 가치관 조사'에서 한국은 '다른 인종에 대한 수용성' 항목에

---

5   올포트(1993: 14장) 참조; 홍성수(2018: 227)에서 재인용

서 59개국 중 51위를 차지했다. 같은 조사에서 한국인의 79.8%가 동성애자를 이웃으로 받아들이고 싶지 않다고 응답했다. 네덜란드(6.9%), 미국(20.4%), 독일(22.4%) 등 서국 국가는 물론 싱가포르(31.6%), 대만(40.8%), 중국(52.7%), 말레이시아(58.7%)와 비교해도 현저히 높다(홍성수, 2018: 228).

우리 사회에서 약자는 누구인가. 여성, 장애인, 외국인 노동자, 성소수자, 비정규직 등이 약자로 분류된다. 그렇다면 약자가 아닌 이들은 누구인가. 뭉뚱그려 정리하면, 남성, 비장애인, 내국인, 성소수자, 비정규직이 아닌 이들이다. 일단 여성이 아니면 절반의 남성일 테고, 장애를 갖고 있지 않으며, 내국인이고, 성소수자가 아니며 정규직 종사자들이다. 이렇게 분류하고 보면 약자가 아니라고 분류되는 이들은 얼마나 될까. 아무리 늘려도 절반이 안된다. 숫적으로 절반도 안되는 이들이 사회의 거의 모든 부분에서 강자로 자리매김하는 현실은 그만큼 약자를 많이 생산한다. 아주 일부가 전체를 지배한다고 해석해도 무방할 정도가 아닐까. 그런 이들의 가치인식이 사회 전반을 지배하는 현실이 약자들에 대한 혐오표현을 가능하게 한다. 일본이 우리에 대해 그토록 무지막지한 잘못을 저지르는 것에 대해 분노하면서, 가까운 곳에 존재하는 사회적 약자들에 대해 무지막지한 잘못을 저지르는 이 현실을 아이러니라 표현하지 않을 방법이 있는가.

남의 눈에 티끌은 잘 보지만 내 눈의 들보는 보지 못하는 게 사람이다. 지적질과 비판이 능한 이들이 그 모든 지적질과 비판을 타인에게 향하는 능력은 뛰어나나 자신을 돌아보는 능력은 많이 부족하다. 성찰이 안되는 사람들이 많다는 말이다. 일본에 대해 비판의 시각을 갖지 말라는 말이 아니다. 그만큼 자신에게도 엄격하자는 말일 뿐이다.

우리는 사회적 약자인 여성에 대해 잘 이해하고 있는가. 그들이 가질 불안과 염려에 대해 공감하고 있는가. 그들의 처연한 외침에 무관심하거나 또는 지나치다 생각하고 있지는 않은가 말이다. 드문 경우 어떤 커플의 경우 여성이 우월적 지위를 가질 수도 있다. 그렇다고 해서 그것을 일반화하여 해석하면 곤란하다. 내 알리바이를 위해 드물게 나타나는 현상을 일반화하여 내 생각을 강변하지는 말자는 말이다.

세상에 가장 난감한 게 대화하다 말고 갑자기 나이를 들먹거리거나, '여자가 감히'라는 식의 언사를 하는 일이다. 중요하고 급한 순간 내면적 가치관이 드러나는 법이다. 이른바 진보적인 사람으로 분류되는 사람도 어느 순간 혐오발언을 내뱉고, 약자에 대하여 이른바 가차 없는 언사를 하는 경우를 본다. 결국 교육의 부재와 인격의 미성숙을 드러내고 마는 것이다. 평소에 의식적인 노력으로 좋은 사람의 이미지를 만들었던 이들도 예외는 아니다. 급할 때 드러나는 바닥이 그를 드러낸다.

우리는 혐오표현을 얼마나 많이 하고 있는지 차분히 생각해 보자. 혐오표현의 저변에는 누군가를 동등한 인격으로 보지 않고 차별을 전제하고 있는 경우가 많다. 의식하든 못하든 관계없이 말이다. 사회적 약자에 대해 내가 이해하고 존중할 수준만큼에서만 배려하는 것은 아니하는 것보다는 낫지만 충분하지 않다. 내 가치와 생각보다 더 깊고 넓은 세상의 가치라는 게 있다는 것을 잊어서는 안되는 게 아닌가. 우리가 안다면 도대체 얼마나 안다고 자기 주장만을 강하게 내세우는지. 결국 성찰의 문제다.

　나는 홍성수의 "혐오표현의 문제를 제기하는 것은 결국 '공존의 사회'를 만들어가기 위함이다. 제러미 월드론은 공존과 공공선을 이야기한다. 누스바움은 인간을 존중하고 "상상력을 동원해 타인의 삶에 감정적으로 참여"하는 정치적 태도인 "인류애의 정치"를 말한다. 혐오표현은 이러한 공존의 조건을 파괴하겠다는 선언이나 다름없다. 혐오표현이 난무하는 사회에서 다양한 배경과 속성을 가진 사람들이 함께 더불어 산다는 것은 불가능하다. 혐오표현의 문제에 대응하는 것은 '공존의 사회'를 위한 최소한의 조건이다."라는 말에 동의한다(홍성수, 2018: 229). 천상천하 유아독존은 없다. 가능하지도 않다. 누군가를 차별하고 혐오하면서 더불어 산다는 말을 입에 올릴 수는 없다. 그래서는 안되는 것이다. 내가 원하든 원하지 않든 관계없이 세상은 다양한 사람들로 구성되어 있으며 그렇기에 더불어 사는 지혜를 발휘해야만 한다. 어차피 공존해야 하는데 서로 불편하고 힘겹게 공존하면 그게 바로 지옥이 아니겠는가. 공존의 조건을 파괴하는 혐오표현은 멀리할수록 좋은 일이다. 모두에게.

　표현의 자유는 매우 중요한 가치이지만 그것이 작동하는 순간은 약자들이 자신의 인권과 권리를 내세우고자 할 때여야 하는 것이지 이미 강자인 이들이 약자를 향하여 강제하고 압박할 때 사용하라고 있는 게 아니다. 강자들이 사용해도 되는 것이라면 일본 제국주의의 재일 조선인들을 향한 혐오발언과 뒤 이은 폭력에도 묵인이 필요하다는 말과 다름 아니다. 나치가 유대인을 향해 극도의 증오심으로 집단적으로 살해하는 현장에서도 항변할 이유가 없게 되는 게 아니냐는 말이다.

대한민국이라는 사회에서 외국인 노동자와 난민과 여성과 장
애인과 비정규직이 갖는 힘겨움과 어려움 앞에서 내가 경험하지 않
는 일이라고 하여 외면하거나 폭력적인 언사에 동참하는 것은 표현
의 자유가 아니며 인권에 대한 바른 접근도 아니다. 쉽지 않은 길이
라 하여 외면하는 것은 민주공화국 국민으로서의 바른 자세도 아니
다. 혐오는 모든 악행의 시작이며 그 시작을 제어하지 못하면 엄청
나게 많은 악행들로 이어지기에 그것을 막아야 할 공화국 시민으로
서의 의무가 우리에게 있다는 사실을 잊어서는 안 될 것이다. 감히
누가 누구를 혐오할 자격이 있다는 말인가.

참고문헌

모로오카 야스코, 2015, 『증오하는 입』, 오월의봄.

올포트, 1993, 『편견의 심리』, 성원사.

홍성수, 2018, 『말이 칼이 될 때』, 어크로스.

홍재희, 2017, 『그건 혐오예요』, 행성B잎새

〈머니투데이〉인터넷판 2019.03.17. http://news.mt.co.kr/mtview.php
　　　?no=2019031710532819120&outlink=1&ref=https%3A%2
　　　F%2Fsea

〈연합뉴스〉2019.03.30. https://www.yna.co.kr/view/AKR201903300
　　　32600073?input=1179m

〈연합뉴스〉인터넷판 2019.04.05. https://www.yna.co.kr/view/AKR2
　　　0190405002700075?input=1179m

〈머니투데이〉인터넷판 2019.04.01. http://news.mt.co.kr/mtview.php
　　　?no=2019040114054988254&outlink=1&ref=https%3A%2
　　　F%2Fsearch.daum.net

〈허핑턴포스트〉2019.03.19. https://www.huffingtonpost.kr/entry/
　　　story_kr_5c909f38e4b04ed2c1adecea?ncid=other_email_
　　　o6

'김영란의 열린 법 이야기' http://100.daum.net/encyclopedia/view/1
　　　32XX73400032

〈다음백과〉, '홀로코스트' http://100.daum.net/encyclopedia/view/b2
　　　5h1810a.

〈위키백과〉, '재일 특권을 용납하지 않는 시민 모임' https://bit.ly/2AUo
　　　VxZ

4장
과학과 종교를 생각하다

'과학과 종교'라는 제목을 떠올리면 일단 머리가 아프다. 일반인의 입장에서 과학도 어렵고 종교도 어렵기는 매한가지이니 말이다. 일반인의 접근성이 현저하게 떨어지는 분야라 알기도 어려운데 가만 보면 다들 한마디씩은 한다. 과학의 영역에서 어떤 사건사고라도 일어나면 어지간한 이들은 나름 한마디씩을 내놓고, 워낙 자주 있는 일이지만 종교의 영역에서 무슨 일이 생기면 다들 나서서 한마디씩 거든다. 영 모르는 영역이 아닌 것 같은 착각을 불러일으킨다.

다들 모르긴 모르는데 나름 아는 각 부분을 가지고 전부인 양 이야기를 한다. 한 마디로 하면 중구난방. 세상 일에 대해 다 아는 사람만 발언해야만 하는 건 아니니 발언을 하거나 주장을 하는 건 어쩔 수 없다손 치더라도 공부는 좀 하고 말하는 게 어떨까 싶다. 나라고 뭘 알아서 이런 이야기를 꺼내는 게 아니다. 나도 모르니 이제라도 좀 이해의 폭을 넓혀보겠다는 다짐일 뿐이다. 그리고 신중하게 말하고 싶은 것이다. 그래서 아주 조금 알아봤다. 겨우 그 정도를 갖고 이야기를 시작하지만 분명한 건 신중하겠다는 다짐을 전제로 하고 있다는 것이다. 그게 중요하다.

황우석 사태 시절 정말 엄청난 양의 기사가 쏟아졌다. 그에게 쏠린 기대와 관심이 컸기 때문일 것이다. 마치 메시아를 보듯이 엄청난 변화를 가져올, 그래서 새 세상을 열어줄 이로 국민의 기대를 한 몸에 받았던 그에 대한 폭로가 연이어 터질 즈음 인터넷은 난리가 아니었다. 한 편은 옹호하고, 한 편은 비난하는 내용으로 도배된 인터넷의 글들을 보며 생각했다. 내가 낄 자리가 아니구나 라고. 기자들도 전문 영역이 아니라서 헤매는 느낌이었는데 독자들은 확신에 근거하여 자기 주장을 엄청들 했다. 심지어 독심술을 터득한 사람들처럼 말이다. 그래도 그 사태가 기여한 것도 있다. 낮은 수준이긴 하지만 과학에 대한 관심과 지식을 조금 늘려주었다는 점. 나름 성과다.

9.11 테러가 일어난 후 이슬람에 대한 관심이 급증했다. 그 종교에 대한 소개부터 종파, 그리고 분리되어 무장투쟁을 하는 이들의 세력 규모까지 언론은 세세하게 전했다. 물론 따지고 보면 지극히 일부에 대한 언급이었지만 말이다. 테러 이후 이슬람에 대한 책들이 쏟아져 나왔다. 초기의 책들은 백과사전을 인용한 책부터, 지극히 사적인 경험을 담은 이야기들까지 다양했지만 정작 수준 있는 내용을 담은 책은 몇 년 지나서부터 나오기 시작했다. 하지만 9.11 테러 이후 이슬람에 대한 아주 작은 부분에 대한 이해가 생기고 나서는 다들 이슬람을 잘 아는 사람이 되어 있었다.

황우석 사태가 과학에 대한 이해를 조금은 넓혀 주었듯이, 9.11 테러는 이슬람에 대한 이해를 넓혀주긴 했다. 하지만 황우석 사태가 과학 전반을 알려준 게 아니듯이, 테러 이후 나온 책들이 이슬람에 대한 전체적인 이해를 가져온 것은 아니었다. 인터넷 또는 사회관계망서비스(SNS)에서 보는 수많은 글에서 배우는 것도 많지만 잘못된 정보도 많아 혼란스럽고, 그래서 조심스러운데 다들 무슨 용기로 그렇게들 자신 있는지 가끔은 난감하다.

문제는 종교와 과학이라는 영역끼리도 대화보다는 대립하는 모습이 많이 보인다는 점이다. 종교의 입장에서 과학을 말하고, 과학의 입장에서 종교를 말할 때 상호존중과 배려보다는 비난과 무시가 더 잘 보이는 형국이라 시민들도 그 어느 편인가에 서서 주장을 펴니 서로를 이해할 수 있는 가능성은 점점 줄어들고 이젠 의지조차 보이지 않을 지경이다. 언론은 '창조인가 진화인가'라는 식의 다소 선정적인 제목으로 양측의 대립을 조성하거나 고착하려는 시도를 한다. 적절한 일이 아니다. 창조에 대한 이해도 워낙 다양하고 입장도 여러 가지다. 진화에 대한 입장은 또 어떤가. 다양한 면을 가지고 있는 과학과 종교에 대해 한 켠에 서서 일방적인 주장만을 일삼는다면 지극히 일부에게는 존중받을지 모르지만 사실은 무식한 사람 되기 십상이다. 과학과 종교는 각기 다른 영역이지만 각기 존중하고 배워야 할 점이 있을 것이고, 시기에 따라 강조점이 달라져 온 세월이 있으니 각각의 부분에 대한 이해의 폭을 넓히는 것은 학문적으로도, 실용적으로도 도움이 된다는 게 내 생각이다.

'과학(science)'이라는 단어는 라틴어 '스키엔티아(scientia)'에서 비롯된 말이다. '지식'이나 '앎'을 의미한다. '안다(know)'는 뜻의 동사 '스키오(scio)'와 관련 있고, 이는 '분별하다' 혹은 '구분하다'라는 뜻의 인도-유럽 어근에서 유래했다. 이 단어는 '잘라낸다(cuts off)'는 뜻의 산스크리트어 '치야티(chyati)', '찢다(to split)'라는 뜻과 관계가 있다. 이러한 어원에서 유추하면 과학이란 '사물에 감추어져 있는 참모습을 발견하고 진리를 자각하는 일'이란 뜻이다. 사전적 정의에 따르면 '보편적인 진리나 법칙의 발견을 목적으로 한 체계적인 지식'을 의미하며, 넓게는 '학'學, 좁은 의미로는 자연과학을 가리킨다. 일본학자들이 서구 문물을 접할 때 영어의 science에 해당하는 한자어가 없어 '과목 과(科)' '배울 학(學)'을 결합하여 만들어낸 신조어였다. 중세에서 계몽주의 시대까지 science란 말은 모든 종류의 체계적이거나 정확하게 기록된 지식을 의미했다. 그 무렵에는 과학이 '철학(philosophy)'이라는 단어의 넓은 의미로부터 구별되지 않았다(김기석, 2018: 33).

'종교(religion)'라는 말은 라틴어 '렐리기오(religio)'에서 기원했다. 로마 공화정 시대의 정치가인 키케로는 '다시 읽는다'로, 초기 교회 교부인 락탄티우스는 '다시 묶는다'로, 히포의 아우구스티누스는 '다시 뽑는다'로 해석했다. 이러한 해석을 종합해보면 라틴어 'religio'는 '선택받은 믿음의 백성들이 함께 모여서 경전을 되풀이하여 읽는 행위'로 정리 할 수 있다. 한자어로 '종교(宗敎)'는 '마루 종(宗)'과 '가르칠 교(敎)'의 결합어다. '높은 마루에 걸려있는 가르침' 또는 '모든 사람이 보고 따를 가르침'이라는 의미다. 이 말은 불교에서 사용하던 용어인데, 일본 학자들이 서양 학문을 수용할 당시 religion이란 단어에 상응하는 한자어가 없어서 불교 용어인 '종교'라고 번역했다. 이런 점에서 보자면 한자어 '宗敎'에는 라틴어에 포함된 '반복', '재결합', '재선택' 등의 핵심적인 의미가 빠져 있다 (김기석, 2018: 32-33).

과학과 종교의 관계에 대한 여러 가지 견해

종교와 과학의 관계에 대한 시각도 여럿이다. 세간의 생각처럼 과학과 종교와의 관계를 무조건 적대적인 것으로만 보고 있는 것은 아니라는 의미다. 과학과 종교의 관계를 보다 심층적으로 연구한 이안 바버는 양자의 관계를 갈등, 독립, 대화, 통합의 단계로 나누었다.

갈등 관계

과학과 종교의 갈등 관계는 양 진영의 극단적인 입장이 서로 충돌함으로써 형성되는데, 과학 측에는 '과학만능주의'가 있고, 종교측에는 '성서문자주의'(또는 종교근본주의)가 있다. 이들은 종교와 과학은 양립할 수 없기에 둘 중의 하나를 선택할 수밖에 없다는 입장이다. 이름에서 알 수 있듯이 과학만능주의는 모든 문제의 해결은 과학에 의해서만 가능하다고 믿는 입장이다. 이러한 극단적인 과학주의의 입장에서 보면 신, 정신, 영적 존재란 단지 인간의 뇌 속에서 뉴런과 시냅스, 그리고 신경화학물질이 복합적으로 작용해서 만들어내는 물질의 부수적 현상에 불과할 따름이라고 정의하는 것이 무리는 아니다. '종교란 과학시대 이전의 구시대적 유물이며, 종교에서 말하는 신은 그저 상상의 산물에 불과한 허구'라고 치부하게 되는 것이다. 반대편에 있는 종교 진영의 입장이 성서문자주의다. 이 입장은 "성서의 모든 내용은 일점일획도 틀림이 없는 하나님의 말씀으로서 문자적으로 해석하여야 한다"는 것으로, 과학이 아무리 잘났다 해도 그 내용이 성서에 부합되는 한도 내에서만 진리로 인정할 수 있다는 것이다. 성서문자주의의 극단으로 가면 창조과학이 나온다. 상황이 이러하니 과학만능주의와 성서문자주의가 만나면 충돌이 불가피하다(김기석, 2018: 34-36).

　　오늘 종교와 과학에 대한 일반인들의 인식은 대부분 여기에 머물고 있다. 이 두 입장의 공통점은 자기들만 옳다는 것이고, 보편적 진리로서 오류가 없다고 믿는다는 점에서 아주 닮았다(김기석, 2018: 190-191). 무신론 과학자들은 인간은 신에 의해 창조된 것이 아니라, 자연적 과정과 진화에 의해서 목적과 방향성 없이 만들어졌다고 주장하는 반면, 창조과학자들은 신이 창조한 것이 분명하기 때문에 진화론은 틀렸다고 주장한다. 주목할 점은 두 주장 모두, '만약 인간이 창조되었다면 뭔가 기적적인 방식으로 특별하게 창조되었다'고 가정한다는 점이다(우종학, 2014: 117). 성서문자주의가 기독교인들에게서 오늘날까지 생명력을 가지고 전해져 오는 이유는 지적인 설득력 때문이 아니라 가장 단순한 믿음을 가장 이상적인 신앙이라고 믿는 도그마에 빠져있기 때문이다(김기석, 2018: 191-192). 부가하자면 공부하기 싫어한다는 측면 때문이기도 하다. 더 깊이 알아가고 제대로 깨닫는 과정을 갈 의지가 없다는 것은 무식하거나 게으르기 때문이다.

분리 관계

과학과 종교는 서로 다른 영역의 문제를 다룬다는 견해다. 종교는 초자연적 세계를 다루고 과학은 자연 세계를 다루기 때문에 이 둘은 서로 독립적일 수밖에 없다는 입장이다. 하버드대학의 생물학자 스티븐 제이 굴드는 '겹치지 않는 교도권'이란 용어로 과학과 종교의 영역이 서로 다르다고 설명한다. '교도권'은 교황에게 주어진 진리에 대한 유권해석의 권한을 뜻하는 말이다. 따라서 과학과 종교가 각각 서로 겹치지 않는 교도권을 가지고 있다는 말은 과학은 과학의 영역에서, 종교는 종교의 영역에서 고유한 진리해석의 권위를 지닌다는 의미다(김기석, 2018: 37-39).

물리학자였다가 성공회 신부가 된 존 폴킹혼은 다음과 같은 예를 들어 설명한다. 어떤 주전자에 물이 끓고 있을 때, 이 현상을 설명하는 방식에는 두 가지가 있는데, 하나는 과학적 설명으로 '열이 가해져서 물 분자가 활발히 활동하고 있기 때문에 물이 끓고 있다'는 설명이고, 다른 차원의 설명은 '누군가가 커피가 마시고 싶어 주전자를 불에 올려놓았기 때문에 물이 끓고 있다'는 것이다. 이 두 설명은 서로 모순되거나 배타적이지 않다. 신앙과 과학도 마찬가지라는 것이다. 과학은 자연 세계가 움직이는 원리를 설명하고 신앙은 그 자연 세계를 움직이는 분이 누군지를 가르쳐 주기에, 이 두 설명 중 하나를 선택해야 하는 것이 아니라 둘 다 취할 수 있다는 것이다(우종학, 2014: 120). 과학은 '어떻게'라는 문제를 다루고, 신앙은 '왜'라는 문제를 다룬다. 인간의 기원에 대해서도 과학은 인간이 어떻게 만들어졌는가를 다루고, 신앙은 인간이 왜 만들어졌는가를 다룬다는 것이다.

과학의 영역은 전통적으로 물질과 생물이었는데, 최근에는 심리학과 신경과학을 통해 뇌와 정신현상으로까지 탐구의 영역을 확장하고 있는 반면, 종교가 교도권을 행사하는 영역은 마음이나 영혼이지만 과학의 발달에 따라 점점 그 영역이 축소되고 있는 형편이다. '철학은 신학의 시녀'라는 말이 있었을 만큼 근대 이전까지는 과학이 종교의 권위 아래 있었지만, 계몽주의 시기부터 과학이 자신의 고유한 교도권을 갖게 되었다.

대표적인 계몽주의 철학자인 임마누엘 칸트는 합리성과 이성을 통해 새롭게 밝혀내는 지식이 전통적인 기독교의 가르침과 서로 충돌하는 부분이 있다는 것을 깨닫고 이를 방지하기 위해 진리의 성격을 '순수이성'과 '실천이성'으로 분리했다. 수학이나 과학 같은 논증을 통해 밝혀내는 진리와, 사랑과 희생, 영적 감화를 통해 체득하는 진리는 근원이 다르다는 설명이다(김기석, 2018: 37-39).

대화 관계

과학과 종교는 상호충돌하거나 분리된 것이 아니라, 서로 대화함으로써 보다 궁극적 진리에 다가설 수 있다는 입장도 있다. 과학과 신앙은 연결되어야 한다는 견해다. 이 입장은 신앙과 과학의 유기적인 관계를 강조한다. 신앙과 과학은 전체 세계를 이해하는 면에서 서로 보완적이라는 것이다. 상대성 이론을 발견한 과학자 아인슈타인도 이러한 대화의 필요성을 인정했다. 그는 "과학 없는 종교는 장님이고, 종교 없는 과학은 절름발이"라며 과학과 종교의 상호보완성을 주장했다. 그는 온전한 진리란 가설과 실험을 통해 자연법칙을 탐구하는 과학적 사고와 더불어 사랑을 바탕으로 인간에 대한 깊은 이해로 안내하는 종교적 영성을 갖출 때 비로소 그 감추어진 모습을 드러낸다고 생각했다. 오만한 과학만능주의를 경계하면서 보편과 합리성을 거부하는 맹목적인 종교근본주의를 배격한 것이다. 인간 게놈 프로젝트 책임자였던 프랜시스 콜린스 같은 '크리스천 진화론자'들은 종교와 과학은 서로 다른 차원의 영역을 다루고 설명하지만, 그 둘을 함께 비교하면서 봐야한다고 주장한다.

이안 바버는 대화의 필요성을 '경계질문'과 '방법론적 평행'이라는 용어로 설명했다. 경계질문은 과학의 진리 탐구를 위한 질문은 결국 과학으로 답할 수 있는 경계를 넘어서게 되는데, 이럴 때 과학과 종교는 서로 대화의 관계를 맺게 된다는 것이다(김기석, 2018: 40-43).

통합 관계

통합의 방식에는 세 가지 방식이 있는데 '자연신학', '자연의 신학', '체계적 종합'이 그것이다. '자연신학'은 자연과 생명 현상에서 창조의 증거를 찾아 하나님의 존재를 입증하는 방식이다. 대표적인 경우가 토마스 아퀴나스의 신 존재 증명[1]인데, 그는 우주론적 논증에서 모든 사건은 그에 앞선 원인이 있어야 하므로 이는 필연적으로 '부동의 동자'[2]로서 최초의 제1원인을 인정해야 한다고 주장했다. '자연의 신학'은 자연신학과 달리 과학적 설명에서부터 출발하지 않고 종교적 경험과 역사적 계시에 근거한 종교를 그 출발점으로 설정하지만 전통적 종교의 교리를 현대의 과학적 지식에 비추어 재구성해야 한다는 필요성을 인정한다. 가령, 기후변화와 생태계 위기 문제에 대해 적절한 대응책을 마련하기 위해서는 반드시 과학과

---

1 토마스 아퀴나스는 그의 역작 신학대전에서 다섯 가지 신 존재 증명의 방법을 제시한 바 있다. 운동을 통한 증명, 능동 원인을 통한 증명, 우연적인 것과 필연적인 것을 통한 증명, 사물들이 드러내는 완전함의 등급에 의한 증명, 목적론적 증명 혹은 사물의 지배를 통한 증명 등이 그것이다.
2 '부동의 동자'(unmoved mover) 스스로 움직이지 않으면서 운동을 부여한 존재.

종교의 협동이 필요하다는 것이다. 과학은 현상에 대한 정확한 분석과 예측을 담당하고, 종교는 사람들에게 윤리적 동기를 제공하여 행동에 나서도록 조직하는 역할을 담당할 수 있다는 것이다. '체계적 종합'은 과학과 종교를 하나의 종합적인 형이상학의 구도 하에 체계적으로 결합시켜 일관된 단일 세계관을 구성하는 것이다(김기석, 2018: 45-48).

창조론과 진화론

종교와 과학의 관계에 대한 여러 가지 설명이 있음에도 종교와 과학을 떠올리면 가장 먼저 '창조냐 진화냐'라는 제목이 떠오른다. 창조와 진화를 종교와 과학을 대표하는 영역으로 인식함과 동시에 어쩌면 유일한 접점(?)이라고 생각하는지도 모른다. 문제는 제목을 이렇게 뽑으면 안된다는 점이다. 종교에서 갖는 창조론에 대한 입장이 여럿이듯이, 과학에서 진화론을 대하는 입장도 하나가 아니라는 점을 간과하고 있는 것이다. 그럼에도 이런 제목이 가장 먼저 떠오르게 된 배경은 무엇일까. 언론 또는 호사가들의 재주다. 종교와 과학에 대한 언급 가운데 그 어느 주제보다 주목도가 높다는 점을 이용한 것이다. 하여간 언론은 늘 문제다. 언론은 진보와 보수 사이의 중간이 아니라 시민의 한복판에 있어야 하는데 기계적 중립이나 의도된 장사 속을 내비치니 말이다. 종교와 과학에 대한 접근은 실제로는 훨씬 복잡한 일이다. 단순화시키는 게 때로 필요할지는 모르지만 가장 좋은 접근은 아니다.

익숙한 것 같지만 생각해보면 그리 익숙하지 않은 것이 창조론에 대한 이해다. 귀와 눈에는 익숙한데 정작 그 내용에 대한 이해는 부족하다는 말이다. 신이 세상을 창조했다는 단순한 이해에 멈추는 바람에, 그 위의 충분하고도 넓은 내용들에 대한 이해는 부족한 것이 현실이다. 왜 그럴까? 구체적인 교육을 받은 기억이 없기 때문이고 더하자면 더 알고자 하는 의지가 없었던 것이 원인이다. 게다가 전문적인 내용을 담은 책들은 일반인에겐 너무도 어렵고 생소하다. 어지간히 독서를 하는 사람이 아니라면 접근성이 매우 떨어진다.

과학에서는 지구의 나이를 45억년이라고 말하고 창조과학을 주장하는 종교인들은 6천년이라고 한다. 과연 어느 말이 맞는 말인가? 지구의 나이를 6천년이라고 하는 종교교육을 받고 자란 이들이 학교에 가면 45억년이라고 배우게 되니 거기서 오는 혼란은 꽤 크다. 이런 경우 대개는 대충 무시하고 지나간다. 교회에서와 세상에서 각기 다른 이해를 하고 거기에 맞춰 생활해 가는 것이다. 개인의 삶에 직접적인 영향을 주지만 않는다면 굳이 더 알 필요를 못 느끼고 사는 이가 태반이다. 어쩌면 이 부분에서부터 신앙과 삶의 분리가 시작되었는지도 모른다.

과학은 지구의 나이를 45억년이라고 명확히 한다. 과학은 어떤 가설을 세우고 그것을 확인하는 과정을 다방면에서 시도하고 그것이 확인된 경우를 누적하여 실증적으로 다수의 동의를 획득해 나가며 이론을 확정한다. 지구의 나이가 45억년이라고 하는 것도 이미 충분한 동의를 얻은 명확한 사실이다. 하지만 어떤 종교 또는 어떤 입장의 종교인들은 그걸 인정하지 않으려 한다.

진화론과 창조론의 논쟁은 그 역사가 꽤 깊다. 1860년 토마스

헉슬리와 사무엘 윌버포스 사이의 논쟁으로부터, 2012년 2월 23일에 있었던 리처드 도킨스와 로완 윌리엄스 대주교 사이의 논쟁에 이르기까지 지난 150여 년 동안 지속되었다. 역사적인 논쟁을 거치면서 기독교의 반응은 진화론을 전면적으로 부정하는 반진화적 창조론으로부터 이를 최대한 긍정하는 유신론적 진화론에 이르기까지 여러 가지 신학적 입장이 나타났다(김기석, 2018: 183-184).

진화론의 거장은 찰스 다윈이다. 그는『종의 기원』을 통하여 진화론을 체계적인 이론으로 정립한 바 있다. 그는 생명체들이 엄청나게 많은 후손을 낳고 세대를 거듭하면서 생기는 '변이'와 대다수가 환경에 의해 도태되고 그 중 일부만이 살아남는 '자연선택'의 기제를 통해서 특정한 종이 고유하고 영원불변한 것이 아니라며 새로운 종이 생겨날 수 있다고 주장하였다. 다윈의 진화론에서 핵심적인 개념은 '자연선택'이라는 하나의 원리가 생명 현상의 다양성과 복잡성을 설명할 수 있다고 주장한다는 점이다(김기석, 2018: 194). 하지만 오랜 연구와 논쟁이 진행되어 오는 동안 진화론도 하나의 입장만을 가진 것은 아니라는 것이 밝혀졌다.

오늘날의 진화론은 크게 리처드 도킨스를 중심으로 유전자를 중시하는 극단적 다윈주의자들과, 스티븐 제이 굴드를 축으로 하는 자연주의자로 나뉜다. 도킨스와 굴드는 종교에 대한 입장에서도 차이를 보인다. 도킨스는 종교적 지식도 과학에 의해 진위여부를 가릴 수 있다는 과학만능주의 입장이며, 과학 제국주의 입장에 서서 종교는 정신적 바이러스라며 철저한 무신론적 진화론을 표방한다. 반면 스티브 제이 굴드는 과학론과 종교는 완전히 서로 다른 영역에 속한다며 '겹치지 않는 교도권'이라는 개념을 설파한다(김기석,

2018: 197-198). 이렇게 다른 입장이 존재함에도 불구하고 지나치게 단선화하여 보도하고 사람들은 거기에 편승한다. 서로를 알아가기에는 너무도 어려운 상황이다. 이런 상황을 넘어서기 위해 먼저 한 권의 끝에 있는 창조과학에 대한 이해를 해보자.

창조과학이라는 말은 1970년대부터 창조과학 운동을 이끌어 온 헨리 모리스가 쓴 말이다. 그가 1974년에 낸 "과학적 창조론"에서 비롯된 말이다. 이후 이 책은 창조과학을 대변하는 대표적인 책이 됐다. 창조과학의 핵심은 과학을 통해 창조를 입증하는 데 있다. 하나님이 인간과 우주를 창조했다는 것이 과학적 증거를 통해 뒷받침된다는 주장이다. 문제는 이들의 주장이 이들의 굳은 믿음만큼의 명확한 과학적 근거를 갖고 있지 못하다는 점이다. 그렇게 믿는다고 해서 그것이 사실이 되는 것은 아니라는 말이다. 이런 이유로 인해 창조과학을 유사과학으로 취급하는 것이다. 창조과학의 주장 가운데 과학이라고 할 만한 내용은 그나마 홍수지질학이 유일하다는 것이 우종학 박사의 설명이다. 홍수지질학은 노아 홍수 사건을 가지고 지질 현상들을 설명하는 이론으로 전 지구적 홍수가 일어남으로써 지층과 화석이 한꺼번에 만들어졌다고 주장한다. 그러나 홍수지질학 역시 과학계의 인정을 받지 못한다. 과학적 근거가 명확하지 않고 검증되지 않았기 때문이다(우종학, 2014: 139-140).

창조과학의 입장은 크게 두 가지로 나뉜다. 주류라 할 수 있는 젊은 지구론과 비주류인 오랜 지구론이 그것이다. 젊은 지구론은 창세기를 문자적으로 해석해 지구의 나이를 육천 년에서 만 년 정도로 보고, 창조가 일어난 기간도 창조 기사의 문자 표현 그대로인 6일로 본다. 반면 오랜 지구론은 과학에서 말하는 대로 지구의 나이를 40-50억 년 정도로 그리고 우주의 나이를 140억 년 정도로 인정하지만, 생물의 진화 이론은 거부하는 입장이다. 우리나라의 창조과학회는 미국의 창조과학 운동을 그대로 수입한 것으로, 몇 십 년 동안 젊은 지구론이 우리나라 창조과학회의 공식 입장이라고 해도 과언이 아니다(우종학, 2014: 141-142). 미국의 창조과학 운동은 70-80년대에 공립학교에서 창조과학을 가르치도록 허용하는 법안을 통과시키려 무척이나 애쓴 바 있다. 20여개 주에 법안을 제안했고, 알칸사스와 루이지애나에서 통과됐었지만 1982년과 1987년에 각각 연방법원과 대법원의 판결을 통해 무효화 되었다. 이런 적극적이고도 열정적인 활동에도 불구하고 기대하던 만큼의 성과가 없었고, 그나마 있던 성과도 무효에 이르게 되자 대안을 찾기 시작한다. 그 때 나타난 것이 지적 설계운동이다.

지적설계는 창조과학과는 약간 거리가 있는 입장이다. 과학이론으로서의 진화론은 부정하지만, 천문학 같은 다른 학문들을 폭넓게 받아들인다. 때로는 적극적으로 지적 설계의 증거로 사용하기도 한다. 성서 해석에 있어서도 비교적 열린 태도를 취한다. 진화론 자체도 성서 해석에 위배되는 것은 아니라고 보는 것이다. 신이 진화라는 방식을 써서 생물들을 창조했을 가능성 자체는 인정하는 셈이다. 지적설계 운동의 주요 인물인 리하이대학의 마이클 베히가 진화론의 근간이 되는 '생물의 공통 조상'이라는 개념 자체를 의심할 이유가 없다고 한 것이 대표적인 경우다. 이들이 진화론을 반대하는 이유는 진화론이 과학적으로 충분히 뒷받침되지 못하고 자연주의 세계관에 의해 전제된다고 보기 때문이다.

정리하자면 지적설계 운동은 전통적인 설계 논증을 현대과학을 통해 부활시키려는 시도이다. 주목적은 지적인 존재에 의해 설계되었음이 분명한 증거들을 찾고, 그것을 통해 역으로 지적 설계자의 존재를 추론하는 것이다. 전통적인 설계 논증이 철학적, 형이상학적 논증에 불과했던 반면, 지적설계 운동은 과학에 기초해서 설계 논증을 시도한다는 점에서 다르다. 이에 대해 과학자들이 보는 시각은 다르다. 그들은 지적 설계를 헌법수정조항 제1조를 피해 복음주의 기독교를 잠입시켜 예수에게로 교실 문을 열기 위해 개정되고 위장된 창조론으로 본다.

우종학 박사에 따르면, 지적 설계론자들의 핵심 주장은 다음과 같다.

> "우리가 구름을 볼 때는 그 모양이 아무리 복잡해도 자연적으로 생성된 것이라고 결론을 내리지만, 하늘에 '사랑해'라는 말이 써 있다면 그것은 누군가 의도적으로 만든 거라고 생각할 것이다. 왜냐하면 우리의 경험상 언어와 같은 복잡한 구조가 자연적으로 만들어질 수는 없다고 생각하니까. 인간의 경험에 비추어 어떤 지성적인 존재가 만든 것이 분명한 대상들이 존재하는 것처럼, 자연계 내에도 자연적인 원인에 의해서가 아니라 지성의 작업임이 분명한 현상들이 있다는 것이 지적설계의 가장 기본 되는 주장이다."(우종학, 2014: 179-180).

마이클 베히는 그의 책 『다윈의 블랙박스』에서 '환원불가능한 복잡성'이라는 개념을 제시했다. 환원불가능한 복잡성이라는 것은 복잡한 어떤 시스템을 하나하나의 개체로 분리해 내면 각각의 개체는 아무런 역할도 하지 못한다는 의미다. 마이클 베히는 쥐덫에서 스프링이나 못이나 한 가지 요소를 빼면 쥐덫의 기능이 상실된다는 것을 예로 들며 이처럼 생물 세포 수준에서 보이는 복잡성들은 그 전체로서만 기능이 있다고 주장한다. 그러니까 스프링이 하나 빠진 덜 복잡한 형태에서는 진화할 수 없다는 말이다. 그리고 이런 복잡성을 보이는 기관이야말로 진화 이론으로는 설명할 수 없으니까 어떤 지적인 존재의 작품이라는 것이다. 또 다른 예로는 DNA를 든다. 지적 설계론자들은 DNA 염기 서열에 담겨 있는 정보의 기원을 자연적 과정, 즉 진화론으로는 설명할 수 없다고 주장한다. 자연적 과정을 통해서 만들어질 수 없는 복잡한 DNA의 정보량은 지적인 존재가 설계한 증거가 된다는 것이다(우종학, 2014: 185-186).

　　지적설계의 논증들은 세 단계로 구분할 수 있는데, 우선 DNA에 다량의 정보가 담겨 있다는 과학적 사실에서 출발한다. 두 번째 단계로 'DNA 정보의 기원은 진화 이론으로 설명되지 않는다'며 과학적으로 설명될 수 없다고 주장한다. 마지막 세 번째 단계는 과학으로 설명되지 않는 이런 사실들은 지적 존재를 암시하는 설계의 증거가 된다고 주장한다. 지적 설계론자들이 자신들의 설계 논증을 과학이라고 하는 것은 바로 첫 번째 단계에서 과학의 결과들을 사용하고 두 번째 단계에서 확률 이론 등을 사용하기 때문이다(우종학, 2014: 186).

　　우종학은 지적 설계론자들의 설계 개념은 너무나 인간적이라 평한다.

　　"이 논증에서 사용되는 지적이라는 개념은 매우 인간적인 개념이기 때문이다. 왜냐하면 우리가 명백히 지성의 작업임을 알 수 있는 예들은 모두 인간들이 한 작업이다. 우리가 아는 설계자들은 모두 사람들이라는 말이다. 우리가 실제로 생각해 낼 수 있는 설계는 우리가 경험상 알고 있는 인간들의 설계다. 어떤 면에서 신을 우리의 설계 개념 안에 끌어내리는 셈이다. 하지만 신은 우리의 경험과 사고를 넘어서는 존재이기 때문에, 진정한 의미에서의 신의 설계라는 것은 결코 우리가 이해할 수 없는 것일 수도 있다는 점을 생각해 봐야한다. 어떤 면에서는 지적 설계라는 말보다 인간적 설계라는 말이 더 맞을지도 모른다."고.(우종학, 2014: 199).

위와 같은 지적설계의 내용에 대해 과학자 제리 A. 코인은 "지적 설계는 왜 과학이론이 아닌가?"라는 글을 통해 공박한다. "이런 약한 형태의 지적 설계가 과학이론으로서 자격이 있을까? 먼저 그 증거를 생각해보라. 진짜 '환원 불가능하게 복잡한' 적응이 존재한다면, 자연선택으로는 진화할 수 없었을 것 같은 모든 적응이 설계의 명백한 후보가 된다. 이 전략을 이용하는 지적 설계론자들은 어떻게 진화했는지 우리가 아직 이해하지 못한 모든 적응을 들먹이며 이것이 설계의 '증거'라고 말할 수 있다. 하지만 창조론자들이 한 때 환원 불가능하게 복잡하다고 생각한 많은 구조들이-척추동물의 눈, 포유류의 턱, 심지어 지적 설계의 낡은 심벌인 세균의 편모까지-지금은 과학적으로 잘 설명된다. 결국 환원 불가능한 복잡한 논증은, 그러한 특징들은 설명될 때까지는 언제나 설명되지 않는 상태로 있다는 뻔한 사실에 다름 아니다. 약한 형태의 지적 설계에서, 적어도 원칙적으로는 진화로 설명할 수 없는 생물의 어떤 특징도 지적 설계의 증거로서 지적할 수 없다. 요컨대, 약한 형태의 지적 설계는 검증 불가능하고 반증 불가능하며 과학적 내용을 포함하고 있지 않다."라고(리처드 도킨스, 2012: 29-30).

정리하자면, 창조과학이 그들 나름의 수고와 노력을 통해 교과서에 창조론을 넣으려 애쓰다가 사실상 실패하면서 대안으로 제시된 게 지적 설계 운동인데, 이는 부분적으로는 창조과학에 비해 과학을 더 받아들이는 양태지만 그럼에도 불구하고 기존의 과학과는 전혀 가까워지지 못한 상황이다. 그럼에도 불구하고 한국의 창조과학 신봉자들은 여전히 순수(?) 창조과학을 주장한다.

이쯤에서 창조론자들이 왜 진화론을 받아들이지 못하는지를 살펴볼 필요가 있다. 그 이유는 두 가지가 있는데 하나는 6일 동안 창조되었다는 성경의 창조기사에 위배되기 때문이고, 다른 하나는 진화론 자체가 틀렸기 때문이란다.

성서의 창조기사에 대한 이해가 필요한 대목이다. 창세기 1-2장을 잘 해석해야 이 논점을 이해할 수 있다. 창조론자들은 창세기의 '날'을 24시간으로 해석한다. 따라서 창조기사를 6일 동안의 창조를 기록한 것으로 이해한다. 문제는 성경의 기록대로 하자면 태양이 넷째 날 만들어졌다는 점이다. 태양 없이 24시간이 정의될 수 있나? 이미 만들어진 사흘간의 창조물에 대해 설명할 수 있느냐는 말이다. 아니 그 이후의 창조까지도 마찬가지다. 이런 부분으로만 살펴 봐도 창조론자들의 주장이 좀 납득하기 어려운 부분이 있음을 알 수 있다.

사실 창조기사에 대한 해석은 여러 가지가 있다. 골격 해석에 따르면 창세기 기사는 시간의 순서에 따라 연대별로 쓰인 것이 아니라 주제별로 배열되어 있다. 첫 3일 동안은 궁창, 바다, 육지 등과 같은 골격을 만들고, 두 번째 3일 동안에는 각 구조물에 들어갈 새, 물고기, 동물 같은 내용을 창조한 것으로 배치해서 기록했다는 해석이다. 창세기 기사는 창조와 안식이라는 주제를 전달하려고 한 것이지, 시간적 순서를 전달할 의도가 없었다고 보는 것이다.

비유적 해석도 있다. 창조기사는 하나님이 '어떻게' 천지를 창조했는지를 보여 주는 책이 아니라 '누가' 천지를 창조했는지 보여 주기 위해 쓰였다는 점에서, 창조 기사를 비유적으로 해석하는 방식이다. 고대 근동 지방에서 신으로 섬겼던 태양과 달과 별과 바다 같은 것들이 참 신인 여호와 하나님에 의해 창조된 피조물이라는 것을 보여 주는 것이 창조 기사의 주목적이었다는 해석인 것이다. '어느 것을 먼저 창조했는가'와 같은 시간적 순서라든지, '어떤 방식으로 창조했는가' 같은 창조의 방법을 보여 주는 것은 창조 기사의 주목적이 아니라는 말이다(우종학, 2014: 143-145).

어느 방식으로 해석하느냐에 따라 창조기사에 대한 이해는 달라진다. 어느 것 하나만 믿느니 여러 가지를 함께 이해하는 이들도 있다. 정리하자면 하루를 24시간으로 해석하고 그에 맞춰 해석하는 것만을 정설로 이해하지 않는다는 말이다. 그렇다면 창조론자들의 해석에 대해 이견을 갖는 것은 극히 일반적인 일이 될 것이다.

참고로 창조론자들이 극단적 문자적 해석을 하는 배경을 이해할 필요가 있다. 창조론 운동의 본격적인 시작을 이끈 사람은 20세기 전반부에 활동한 조지 맥크레디 프라이스이다. 그는 홍수지질학의 아버지로 불린다. 그가 지구의 긴 역사를 받아들이지 않고 6

천 년밖에 되지 않는다고 주장했던 이유 중 하나는 그가 성경을 극단적으로 해석했기 때문이다. 그는 제칠일안식교에 속해 있었는데, 안식교에서는 창세기 1장의 6일을 문자적으로 해석하지 않는 모든 견해를 악마적이라고 규정한다. 문자적 해석을 믿었던 그의 신앙이 당대의 지질학을 거부하게 했고, 대신 노아 홍수를 기반으로 한 홍수지질학을 들고 나오게 한 것으로 보인다. 많은 창조론자들이 그리 바람직하지 않은 문자주의에 매달리는 것은 홍수지질학의 바탕에 깔려있는 극단적 문자주의에 기원을 두고 있다는 말이다. 안식교의 성서해석에 기인한 걸 알든 모르든 말이다(우종학, 2014: 149-150).

창조론자들이 진화론을 받아들이지 않는 두 번째 이유는 진화론 자체가 과학이 아니라는 것이지만 이 주장은 설득력이 떨어진다. 과학을 무신론적 세계관으로 해석한 진화주의는 과학이 아니기 때문이다. 게다가 진화 이론 자체가 과학이 아니라는 주장에 대해서는 거의 대부분의 과학자들은 동의하지 않는다. 크리스천 생물학자들까지 말이다. 우종학에 따르면 창조과학회에는 생물학이나 지질학, 천문학 분야에서 논문 심사가 이루어지는 국제적인 학술지에 논문을 내면서 학문 활동을 하는 사람이 거의 없다. 창조과학자들은 '제시하는 많은 증거는 1차 문헌을 제대로 다루지 않고 대부분 서로의 글을 재인용하며, 이미 과학적으로 틀린 구시대 내용들을 확인 없이 계속 사용 한다'는 비판을 받고 있다는 것이다(우종학, 2014: 151). 상황이 이 정도인데도 앞뒤 상황을 알지 못하거나 알려하지 않으면서 창조과학회의 주장만 앵무새처럼 읊조린다면 심각한 문제가 아닐 수 없다.

이 참에 진화, 진화주의, 진화 이론에 대해 알아보자. 과학자들이 말하는 용어에 대한 이해 없이 일반인이 그 내용을 이해하기란 쉽지 않기 때문이다. 정리하면 이렇다.

진화: 과학에서 흔히 사용되는 용어이고 넓게 보면 시간에 따른 변화를 의미한다.

진화 이론: 진화라는 자연현상을 설명하는 하나의 과학 이론. 과학자들이 얻은 경험 데이터를 토대로 자연현상 간의 인과관계나 진화가 일어나는 기제나 원인을 다루는 것이 진화 이론이다. 가령 대폭발 우주론은 우주 팽창이 왜 일어나는지를 설명하는 과학 이론이고, 생물 진화 이론은 시간에 따라서 더 복잡한 종이 발생하는 진화 현상을 자연선택이라든가 유전자 변이라든가 적응 같은 기제를 통해서 설명하는 과학 이론인 것이다.

진화주의: 과학이 아니다. 진화주의는 진화 이론을 무신론적으로 해석한 하나의 세계관일 뿐이다. 가령 생물 진화라는 자연현상이 생물 진화 이론이라는 과학으로 잘 설명된다면 더 이상 신은 필요없다고 주장하는 무신론자의 주장이 바로 진화주의다. 무신론자의 진화주의는 진화라는 자연현상과 진화 이론이라는 과학을 토대로 무신론을 주장하는 하나의 세계관 혹은 철학적 논증이다. 반대의 해석도 가능하다. 진화는 신이 다양한 생물의 종을 창조한 방식이고 진화 이론은 그 창조의 방법을 밝힌 것이라는 해석도 가능하다는 말이다, 이것은 진화와 진화 이론을 유신론적으로 해석한 것이다. 이런 입장은 유신론적 진화론이라 부르기도 한다(우종학, 2014: 38-41).

『무신론 기자, 크리스천 과학자에게 따지다』의 저자 우종학은 진화 이론은 인정하되 진화주의를 인정하지 않는 입장이다. 진화 이론과 같은 과학 이론을 해석하는 방식은 무신론이나 유신론의 세계관에서 다 가능하니 어느 해석이 옳은지를 과학만으로는 판단할 수 없다는 생각인 것이다. 그에 따르면 진화론이라는 말은 진화주의라는 의미로 쓰일 때가 있고, 진화 이론이라는 의미로 쓰일 때가 있다. 생명체가 어떻게 변해 가는지를 과학적으로 탐구한 내용을 진화 이론으로 부르는데, 이 이론 자체는 무신론이 아니다. 이 진화 이론을 토대로 '거봐라. 인간은 신이 창조한 것이 아니다. 자연이 우연히 만들어 낸 것이다'라고 해석한다면 그 때는 무신론이 되는 것이다. 소위 진화주의가 된다는 말이다. 거꾸로 진화 이론을 토대로 '이것이 신이 인간과 생물을 창조한 방식이구나'라고 해석한다면 유신론이 되는 것이다. 이것은 넓은 의미의 창조론이다.

정리하면 생물의 변화 과정을 연구하는 진화 이론 자체는 무신론 혹은 유신론이 아니라 그냥 과학이다. 무신론이나 유신론은 과학에 대한 해석이고. 그 해석은 사실 세계관적 논의다. 즉 어떤 세계관에 기초해서 해석을 하는 것이라는 말이다. 신이 우주를 창조했는지 아닌지를 다루는 것은 세계관적 논의, 반면 신이 창조했든 혹은 신 없이 우주가 생성되었든 우주가 어떻게 만들어졌는지 다루는 것은 과학적 논의가 된다. 세계관적 논의와 과학적 논의는 서로 다른 차원을 다루는 것인데 수평적으로 나열하고 같은 맥락에서 이 용어들을 가지고 논쟁하다보면 피차 이해보다는 오해가 생길 가능성이 높고, 실제로도 그런 결과를 낳았다.

과학자는 주로 진화 이론 혹은 진화 과학이라는 의미로 진화론이라는 말을 사용하는 반면, 창조과학자나 무신론 진화론자는 진화주의라는 의미로 진화론이라는 용어를 사용하는 경우가 많은 데 이런 경우 당연히 혼란이 생길 수밖에 없다. 세상을 보는 안경에 해당하는 세계관이 다른데 각각의 세계관으로 같은 사안을 보며 서로 다른 이야기를 하는 것은 대단히 난감한 일이다. 같은 것을 보고 서로 다른 말을 하니 말이다.

과학자들이 말하는 진화

극단적 창조론자들이 그토록 인정하지 않으려는 진화에 대한 논의가 필요한 시점이다.

진화론의 요점을 정리하면 다음과 같다. 첫째, 지구상에 사는 모든 생명체의 조상이 같다는 공통혈통론이다. 현대과학에 따르면, 지구는 대략 45억 년 전에 생겨난 불덩어리였다. 지구가 10억 년 동안 식는 과정에서 37억 년 전에 단세포 생명체가 처음으로 지구 위에 나타났다. 이 초기 생명체가 지난 37억 년 동안 변하고 갈라져서 지구상에 현재 살고 있는 수많은 다양한 생명체들이 나타났다. 직립인간은 200만 년 전에 아프리카에서 출현해 다른 지역으로 전파됐고, 현대 인간은 20만 년 전 케냐에서 처음 나타났다. 둘째, 생명체의 진화는 돌연변이와 자연선택을 통해 이뤄진다는 것이다. 돌연변이는 유전자가 갑자기 변하는 것을 의미한다. 돌연변이는 한 생명체에서 후손이 태어날 때마다 반드시 일어난다. 생명체가 조상에게서 받는 유전자 중에는 자연환경에서 살아가는데 유리한 유전자, 불리한 유전자, 유리하지도 불리하지도 않은 중립적 유전자 등 세 가지가 있다. 모든 생명체는 수많은 세포로 구성돼 있고 각 세포 안에는 많은 DNA가 있고 DNA 안에는 60억 개의 염기쌍이 있는데 그 염기쌍의 어떤 것에 돌연변이가 생겨났다. 유리한 유전자를 가진 생명체는 살아남고 후손을 남기는 반면, 불리한 유전자를 가진 생명체는 후손을 남기지 못하고 점차 소멸한다. 이렇게 오랜 기간이 지나면 원래 조상과는 아주 다른 새로운 생명체, 즉 새로운 종이 나타난다는 것이다. 이렇게 유리한 유전자를 가진 생명체가 자연환경에서 살아남는 것을 자연선택이라고 한다. 진화론은 지난 37억년 동안 수많은 돌연변이와 자연선택이 발생해 현재 세상에는 아주 다양한 생명체들이 있다고 말한다. 셋째, 자연선택에 의한 새로운 종의 탄생은 점진적으로 이뤄진다는 것이다. 장기간에 걸쳐 작은 변화들이 축적돼 새로운 종이 탄생하는데, 같은 종 안에서 조금씩 변하는 것은 소진화라고 하고 한 종에서 새로운 종이 생기는 것을 대진화라고 한다. 정리하자면, 현대 진화론의 핵심은 지구상 생명체의 공동혈통, 돌연변이와 자연선택, 점진적 대진화다. 진화론자들은 이러한 핵심에 대한 충분한 증거가 있다고 주장한다.

진화론을 먼저 주장한 다윈의 주장 이후 알려진 진화론자들이 말하는 진화의 증거를 살펴 보자. 생물학자들이 꼽는 진화의 증거 첫 번째는 화석의 기록이고 두 번째는 유전자의 유사성이다. 인간과 동물의 유전자 연구에 의하면 종과 종이 서로 가까울수록 유전자 구성이 매우 비슷하다. 예를 들어 인간의 유전자는 침팬지와 매우 비슷한데, 진화 거리상 거리가 먼 종일수록 유전자의 유사성이 점차적으로 적어진다. 인간과 침팬지가 매우 유사한 유전자를 갖는다는 것은 인간과 침팬지가 각각 과거의 같은 조상에게서 진화해 왔다는 것을 보여 주는 것이다. 인간과 침팬지는 구조와 기능이 상당히 비슷하니까 거의 같은 유전자를 사용했고 개의 경우는 상당히 다른 유전자를 사용했다는 주장도 있다. 소위 공통 조상이 아니라 공통 기능이라는 개념이다. 문제는 기능과 상관없는 유사 유전자라는 고장난 유전자도 공통으로 발견되는 점이다. 많은 동물들이 비타민을 만들어 낼 수 있는 유전자를 갖고 있는 반면 침팬지의 경우이 유전자가 고장나서 그 기능을 잃어버렸는데 이런 유전자를 유사 유전자라고 한다. 재밌는 사실은 인간도 침팬지와 동일하게 비타민 C를 만들지 못하는 유사 유전자를 갖고 있는 점이다. 유전자가 같은 이유가 공통 조상 때문이 아니라 공통 기능 때문이라고 주장한다면, 침팬지와 인간이 똑같이 고장 난 유전자를 갖는다는 사실은 설명되지 않는다. 프란시스 콜린스 박사는 자신의 책『신의 언어』에서 유전자를 연구하다 보면 인간은 다른 동물들과 공통 조상을 갖는다는 사실을 피할 수 없다고 결론 내리고 있다(우종학, 2014: 166-168).

진화의 증거는 분명하지만 진화론자들의 주장은 일부만 옳다. 왜냐하면 무신론 진화론자들이 주장하는 진화론은 우주 진화나 생물 진화를 넘어설 때가 많기 때문이다. 진화론이라고 할 때 생물 진화뿐 아니라 우주의 기원에서 시작해서 인간의 기원까지 전체를 포함하는 경우가 많다. 하지만 과학은 우주의 기원이나 생명체의 기원 자체에 대해서는 아직 아무 것도 말해주지 못하고 있다. 대폭발 우주론은 일단 우주가 시작된 이후에 어떻게 변화해 왔는지를 잘 보여 주는 과학 이론이지만, 우주가 어떻게 시작되었는지에 대해서는 별로 다루지 못하는 상태다. 생물 진화론도 마찬가지고. 일단 생명체가 시작된 이후에 어떻게 진화되어 왔는지는 잘 설명하지만 생명체의 기원 자체는 다루지 못하고 있다는 말이다. 인간이 더 단순한 생명체에서 진화해 왔다는 것은 과학적으로 충분히 뒷받침 되지만, 동물과는 다른 인간의 특성들을 과학이 다 설명해 주지는 못한다(우종학, 2014: 169-171).

하지만 진화론이 생명에 관한 모든 것에 대해 완벽한 설명을 제공하지 못한다 하더라도 그것이 진화론 자체를 거부할 명분이 될 수는 없다. 인류는 아직 우주와 생명과 인간 정신의 기원 및 발전 과정에 대해 완벽한 지식을 갖고 있지 못한 게 사실이 아니던가. 생물학자들의 사명은 기독교의 창조신앙을 박멸하는 것이 아니라 생명의 기원과 신비에 대해 더 많은 것을 알아내는 것이고, 신학은 이들의 지적 성취에 대해 경청할 필요가 있다. 진화론이 설득력이 약간 부족하다고 해서 이를 무작정 창조론으로 대체한다는 것은 어불성설인 것이다. 말씀으로 만물을 창조했다는 성서의 구절이 신의 솜씨 혹은 신의 절대성과 초월성을 뜻하는 것이지, 반드시 우리가 사용하는 언어로 만들었다는 의미는 아니지 않은가. 진화의 과정조차도 포용하여 역사를 섭리하시는 신을 믿는다면 진화론이 신앙을 흔들 이유가 없는 것이다(김기석, 2018: 214).

창조론자들은 종과 종 사이의 화석이 거의 발견되지 않았다는 반론을 펴는데, 가령, 고양이와 개의 중간에 해당하는 종이 없다는 주장을 한다. 이에 대해 진화론자들은 몇 가지 오해에서 비롯된 것이라 말한다. 첫째, 반진화론자는 종과 종 사이에 중간 단계가 있다는 것을 입증이라고 주장하지만 이것은 진화라는 큰 그림을 오해한 결과라는 설명이다. 생물학에서 말하는 진화의 핵심 개념은 공통 조상을 갖는다는 것이다. 그러면서 지금 현재 존재하는 종들은 결국 공통 조상에서 분화돼 진화되었다는 걸 말한다. 침팬지에서 인간으로 진화하는 것이 아니라, 침팬지와 인간의 이전 단계에 해당하는 종에서부터 각각 침팬지와 인간으로 진화되어 왔다는 의미다. 즉 현재 존재하는 개와 고양이의 중간 단계에 해당하는 종은 애초부터 존재하지 않는 다. 둘째, 화석 기록 자체가 갖는 한계를 이해해야 한다. 화석은 상당히 특별한 조건 하에서 이루어지는 일이다. 지난 5억 년의 기간 동안 존재했던 수많은 종들 중에서 화석으로 남아있는 종들은 25만 종에 지나지 않는다. 현존하는 종의 숫자만 해도 150만 종이나 되는 걸 생각하면, 화석 기록 자체가 매우 부분적인 생물의 역사를 보여 주는 것임을 알 수 있다. 빠르게 진화가 일어나는 단계에 있는 종은 안정적인 단계에 있는 종들에 비해 화석으로 만들어질 가능성이 훨씬 적다. 셋째, 그럼에도 불구하고 현존하는 종들의 중간 단계 조상에 해당하는 종들이 존재했다는 많은 화석 증거들이 있다는 걸 강조한다(우종학, 2014: 159-163).

또 다른 반론 중에는 열역학 제2법칙에 따르면 무질서도는 자연히 증가하는 것이기 때문에 진화를 통해 더 복잡한 생명체가 만들어질 수 없다는 것도 있다. 열역학은 물리학에서 공기라든가 물과 같이 분자들의 운동을 전체적으로 다룰 때 사용하는 학문이다. 그 중 제2법칙은 '외부와 에너지를 주고받지 않는 어떤 시스템에 들어 있는 분자 덩어리들은 시간이 지날수록 점점 엔트로피라는 것이 증가한다'는 법칙이다. 이 엔트로피를 보통 '무질서도'라고 말하기도 한다. 진화론을 반대하는 도구로 이용하는 논리는 '이 법칙에 의

하면 무질서도는 증가하게 되어 있다. 그러나 진화론은 덜 복잡한 생명체가 더 복잡한 생명체로 진화한다고 주장한다. 그러므로 무질서도가 오히려 감소하는 진화론의 주장은 열역학 제2법칙에 어긋나기에 진화는 일어날 수 없다'는 주장이다. 하지만 엔트로피를 단순하게 생명 현상에 적용할 수는 없다. 그들의 주장이 맞다면 단순한 세포에서 시작해서 태아가 만들어지는 일도 무질서가 증가하는 것이 아니라, 감소하는 셈이니까 열역학 제2법칙에 어긋난다고 해야 한다. 이 논거에서 가장 핵심이 되는 문제는 엔트로피의 증가는 닫힌 시스템에서 일어난다는 점이다. 즉 외부에서 에너지를 공급하거나 빼앗지 않는 차단된 상태에서는 엔트로피가 증가한다는 말이다. 하지만 오히려 외부에서 에너지가 공급된다면 얼마든지 엔트로피가 떨어질 수 있는 것이다. 생명체가 더 복잡한 생명체로 진화하는 과정을 닫힌 시스템에서 일어나는 일로 볼 수는 없다. 생명체는 끊임없이 주변과 에너지를 주고받고 있으니까 말이다.

열역학 제2법칙을 진화가 일어날 수 없다는 논증에 처음 사용한 사람은 영국의 화학자 로버트 클라크다. 그는 진화가 일어나는 지구는 닫힌 시스템이 아니라는 것을 잘 알고 있었지만, 태양의 에너지가 공급된다고 해서 진화같은 일은 일어날 수 없다고 생각했다. 그와 같은 논리를 바탕으로 쓴 논문을 네이처지에 제출했지만 수학적이고 정량적인 논증이 약했기 때문에 퇴짜를 맞은 바 있다. 아쉬운 점은 클라크는 열역학 제2법칙을 적용할 때 생기는 다양한 과학적 이슈들을 신중하게 다룬 반면, 후대의 창조과학자들은 그런 신중함을 잃고 억지를 쓰는 경향이 있다는 점이다(우종학, 2014: 163-165).

갈릴레이 재판

종교가 과학을 억압한 대표적인 사건으로 회자되는 갈릴레오 재판
은 과학을 무신론의 도구로 삼아 종교를 비판하는 무신론자들에 의
해 악용되어온 일종의 편견이다. 종교 권력이 정점에 달했던 시기
의 사건이고, 형태상 종교재판국의 판결에 따라 태양중심설을 주
장한 갈릴레오가 처벌은 받은 사건이니 그리 이해하는 것도 무리
는 아니겠으나 사실이 그게 아니다. 문제는 코페르니쿠스의 태양중
심설이 이론적으로 더 명료하거나 우월한 이론이 아니었던 것이다.
코페르니쿠스의 사후 갈릴레오가 태양중심설의 우월함을 과학적으
로 증명하려 매우 노력했었고, 당시 발명된 망원경을 사용해서 입
증하려 애썼지만 입증하지 못했었다. 이론을 입증할 실험결과나 관
측 결과가 있어야 정설이 되는데 그 때까지만 하더라도 정설에 이
르지 못했던 것이다. 그럴 수밖에 없는 것이 코페르니쿠스의 가정
이 잘못되었음이 나중에 케플러에 의해 발견된 것이다. 행성들이
태양 주위를 공전하는 궤도가 원이 아니라 타원이라는 점이 늦게
밝혀진 것이다. 갈릴레오의 생애 말기에 요하네스 케플러가 행성들
의 운동을 관측한 방대한 자료를 가지고 행성들의 궤도를 정확하게
측정함에 따라 코페르니쿠스의 태양중심설에 상당한 수정이 가해
졌고 결국 그것이 지구중심설보다 훨씬 정확하게 행성들의 위치를
예측하게 되면서 과학적 입지를 굳히게 된 것이다. 결국 갈릴레오
재판은 과학적으로 우월함이 판명된 태양중심설을 종교의 권위로
눌러 금지시킨 재판이 아닌 것이다(우종학, 2014: 52-53). 이미 충분
히 확인되었고 정설이 된 지금의 시각으로 당시를 해석하면 종교가

과학을 억압한 것으로 해석될 여지가 있지만 일이 진행된 순서대로 보자면 그게 아니라는 말이다. 성서를 해석하는 시각도 마찬가지가 아닐까. 고대 근동 지역의 문화와 맥락에서 성서를 해석해야 이해될 수 있는 부분을 오늘의 시각으로 바라보면 이상하거나 의심스럽거나 불편한 내용이 다수 발견될 수 있는 것이다. 비과학적 내용이나, 종을 부리는 내용이라거나, 일부다처제 등이 그런 경우가 아닐까.

"피렌체인인 고 빈첸초 갈릴레이의 아들이며, 70세인 나 갈릴레오는 이 법정에 개인적으로 소환되어 심문 받았으며, 도처에서 벌어지는 기독교 신자들의 이단적인 타락을 심판하는 종교재판관이신 훌륭하고 존경하옵는 추기경님들 앞에서 무릎을 꿇고, 성서 앞에서 그리고 성서에 손을 얹고, 본인은 성스러운 가톨릭 교회이자 로마 교황의 교회가 지지하고 설교하고 가르치는 모든 것을 언제나 믿어왔으며, 지금도 믿고 있고, 하느님의 도움으로 앞으로도 믿을 것을 맹세합니다.
그러나 이 검사성성에 의해 태양이 세계의 중심이며 돌지 않고 지구는 세계의 중심이 아니며 돈다는 그릇된 학설을 전적으로 버릴 것과, 말이나 글로써 진술한 거짓 학설을 무엇으로도 그 어떤 방식으로도 지지해서도 옹호해서도 안된다는 명령을 받은 후에, 또한 전술한 학설이 성서에 위배됨을 통보받은 후에, 본인이 이미 비난받은 학설을 다루고 그것을 옹호하는 논쟁을 제시하였으며, 결론을 내리지 않은 책을 쓰고 펴냄으로써 이단이라는, 즉 태양이 세계의 중심이며 돌지 않고 지구는 중심이 아니며 돈다는 이론을 지지하고 믿는 것으로 심히 의심된다는 판결을 받게 되었습니다.

이에 추기경 예하와 모든 독실한 신자들이 본인에 대해 품고 있는 극심한 의혹을 없애고자, 본인은 진실한 마음과 참된 신앙으로 그 같은 생각을 버릴 것을 맹세하며, 전술한 잘못과 이단은 물론, 일반적으로 성스러운 가톨릭교회에 반하는 모든 과오와 종파를 비난하며 혐오하는 바입니다. 또 앞으로도 유사한 의혹을 받을 만한 말을 하거나 말이나 글로써 그와 같은 것을 옹호하는 일은 결코 없을 것임을 맹세합니다.

만일 이단자나 이단으로 의심되는 사람을 만나게 되면, 그 사람을 본인이 있는 지역의 종교재판관이나 종무 판사 또는 검사성성에 신고할 것입니다. 또 이 검사성성이 제게 이미 내렸거나 내릴지도 모를 보속을 전적으로 받아들이고 그에 따를 것을 맹세하고 서약합니다. 그리고 만일 이같이 전술한 서약과 증언과 (하느님이 금하신!) 신명을 어겼을 경우에는, 성스러운 교회법과 그밖이 일반 교령과 특별 교령으로 위반자들에 대해 공표하고 과한 모든 형벌과 죗값을 달게 받을 것입니다. 그러니 하느님이시여, 그리고 제가 손을 얹고 있는 이 성스러운 복음서여, 부디 저를 도와주소서. 전술한 나 갈릴레오 갈릴레이는 위와 같이 신념을 버릴 것을 맹세하고 서약하고 약속하고 의무를 다할 것입니다. 그리고 이것이 진실임을 입증하기 위해 제 손으로 직접 이같이 서약한 본 문건에 서명하며, 1633년 6월 22일인 오늘 로마의 미네르바 수도원에서 이 문서를 한 자 한 자 낭독하는 바입니다. 나, 갈릴레오 갈릴레이는 위와 같이 문제의 견해를 버릴 것을 맹세하고 친필로 서명하는 바입니다."(데이바 소벨, 2012: 381-383)

가 평생 가택연금 및 출판금지의 처벌을 받은 갈릴레오의 최후 진술이다.

갈릴레오는 하나님께서 당신의 뜻을 인간에게 알려주시기 위해 두 종류의 책을 주셨다고 믿었다. 하나는 성서이고 다른 하나는 우주라는 책이다. 그는 이렇게 말했다. "철학은 우주라고 하는 이 웅장한 책 속에 쓰여 있다. 이 책은 언제나 우리 눈앞에 펼쳐져 있다. 그러나 먼저 그 말을 배우고, 그것이 쓰여 있는 글자를 읽을 수 있게 되지 않으면 이 책은 이해할 수가 없다. 그것은 수학이란 언어로 쓰였기 때문에 이를 모르면 이해할 수 없다." 여기서 갈릴레이가 말한 철학이란 '자연철학'이며, 오늘날의 자연과학을 뜻한다. 그는 성서가 하나님의 말씀인 것처럼, 우주도 '제2의 성서'로서 하나님께서 만드신 창조의 경륜을 나타내고 있다고 주장했다. 인간은 이 '제2의 성서'인 우주를 바라보면서 하나님의 지혜를 읽을 수 있고 하나님의 위대하심을 보여줄 수 있다고 믿었다. 당시 성서는 모두 라틴어로 되어 있었기 때문에 성서를 읽으려면 라틴어를 공부해야 하듯이, '제2의 성서'인 우주를 이해하기 위해서는 수학을 공부해야 한다고 생각했다. 로마 가톨릭교회는 갈릴레이의 주장을 위험하고 불온한 생각으로 규정했지만, 갈릴레이의 과학적 탐구심의 동기는 하나님의 창조 사역의 위대함을 보다 분명하게 드러내어 찬양하기 위한 것이었다(김기석, 2018: 77-78).

종교적 관념을 여론조사를 통해 분석한다는 게 난감한 측면이 있지만 기독교인들이 창조와 진화에 대해 어떻게 생각하는지 또는 믿는지를 파악할 주요 방법이기도 한다. 시차가 꽤 있지만 두 개의 조사를 참고해 보자.

1929년 미국에서 700명의 개신교 목사들을 대상으로 실시한 "당신은 이 세상의 창조가 창세기에 기록된 바로 그 방식과 시간에 따라 발생했다고 믿습니까?"라는 질문에 대해 긍정적으로 답변한 비율은 교파에 따라 큰 차이를 보인다. 이에 대해 긍정적인 대답의 비율은 루터교 89%, 침례교 63%, 복음교회 62%, 장로교 35%, 감리교 24%, 회중교회 12%, 성공회 11%로 상당한 편차가 있었다(데이비드 C. 린드버그, 1998: 532(김기석, 2018: 200-201에서 재인용)). 이는 기독교라는 같은 종교를 가지고 있다 하더라도 창조교리에 대한 해석은 상당히 다르다는 것을 보여주는 대목이다.

　　얼마 전 미국 여론조사기관 퓨리서치가 조사한 미국인들의 진화에 대한 조사가 관심을 끈다. '인간은 자연선택과 같은 과정을 통해 진화했다', '인간은 신의 개입에 의해 진화했다', '인간은 최초부터 현재와 같은 모습으로 존재했다' 등 3가지 선택사항에 대한 의견을 조사한 것인데, 가장 많은 이들이 두번째 안인 '신의 개입에 의한 진화'(48%)를 지지했으며, '자연선택에 의한 진화'(33%), '최초부터 현재 모습으로 존재'(18%) 순을 답했다고 한다.

　　퓨리서치는 이 조사에서 과거 창조론과 진화론에 대한 지지를 선택한 후 세분화하였던 두 단계 방식과 함께 처음부터 세 가지 안 중 자신의 의견을 선택하는 방식을 추가했다고 설명했다. 두 단계 방식은 진화론과 창조론 중 진화론을 선택한 사람에게 '자연선택에 대한 진화'와 '신의 개입에 의한 진화'를 추가 선택을 하도록 했으며, 이때 창조론을 지지한 비율은 약 31%에 달했다.

　　이번 조사결과는 2005년 첫 시작 때와 상당히 큰 변화를 보였다는 평가다. 2005년 당시는 '최초부터 현재 모습으로 존재'(42%)

가 가장 많았으며, '자연선택에 의한 진화'(26%), '신의 개입에 의한 진화'(18%) 등의 순이었다. 15년간의 조사결과의 변화에 대해 퓨리서치는 '창조론의 감소와 신의 개입에 의한 진화의 급등'을 지적했다. 퓨리서치는 "2005년 당시 조사결과는 창조론과 진화론이 거의 비슷(42% vs 48%)한 양상을 보였으나, 이번 조사에서는 현저한 차이(13% vs 81%)를 보였다"며 "조사방식을 약간 변경했다는 것을 고려해도 지난 15년간 미국인들의 인식의 변화는 현저했다"고 설명했다. 또한, "가장 눈에 띄는 것은 '신의 개입에 의한 진화'로 창조론 지지로부터 상당수 유입된 것으로 보고 있다"며 "진화론의 상승이 신앙의 하락으로 보기엔 무리가 있다. 다만, 진화론을 기독교적 시각으로 바라보려는 시도가 증가한 것으로 해석할 수 있다"고 설명했다 (〈NewsM〉 2019.2.12.).

같은 종교를 가진 이들끼리도 이렇듯 온도차가 크게 나는 것이 창조 또는 진화에 대한 인식이다. 받아들이는 태도 또한 많이 다르다. 공통점이라면 그들은 신을 믿는 입장이고, 어떤 방식이든 관계없이 신이 세상을 창조했다고 믿는다는 점이다. 그들의 믿음을 탓할 수는 없다. 누군가의 신앙고백을 함부로 평가하고 폄훼할 수는 없는 것 아닌가. 인간 본연의 태도 가운데 하나인 종교적 심성을 누가 감히 재단할 수 있다는 말인가. 서로 다른 생각은 할 수 있지만 그것을 함부로 판단할 권리는 없다. 다양한 각 분야의 여러 영역의 삶과 태도에 대해 각자의 입장은 가질 수 있지만 왜곡하거나 내칠 자유는 아무에게도 없다.

아주 깊이 있는 수준의 한 켠에 선 입장이 아니라면 이런 생각을 가질 수도 있다. '진화와 창조를 동시에 받아들일 수는 없을까?'

라는 것으로 과학과 종교를 분리하지 않고 같이 받아들이는 것은 불가능한 것인지를 물을 수 있다는 말이다. 양 극단의 입장이 아니라면 신은 진화라는 방식으로 창조했다고 해석할 수도 있으니 말이다. 어느 시점에 어떤 방식으로 누가 창조했는지는 아무도 모른다. 각자의 입장에서 믿는 것이지. 신이 창조했다고 한들 과학적으로 창조가 아니라고 해석할 수는 있지만 증명할 수는 없지 않은가 말이다. 믿지 않을 뿐이지 어떤 형식으로든 창조가 있었으니 존재할 텐데 굳이 알 수 없는 부분을 가지고 한 측의 입장만을 강변하는게 좋으냐는 말이기도 하다. 종교적인 입장에서 보면 신은 진화라는 방식으로 인간을 창조했을 수도 있다는 것을 받아들일 수는 없는걸까. 이에 대한 무신론자들의 답변은 '어떤 자연현상을 과학적으로 설명했는데 왜 신의 존재가 필요하냐'는 것인데, 이는 도킨스 같은 무신론자들이 신의 창조를 기적적인 방식으로만 제한하고 있기 때문에 나온 주장이 아닌가. 꼭 기적이 있어야만 창조가 가능한걸까?

　신은 얼마든지 자연적인 방식, 과학으로 설명되는 방식으로도 일하시는 분으로 받아들여지지 않던가. 어떤 현상이 과학적으로 설명된다는 것은 자연법칙에 따라, 어떤 현상이 일어나고 그 현상의 원리를 과학으로 우리가 이해하는 것이다. 번개를 과학적으로 설명할 수 있다고 해서 번개는 신의 창조물이 아니라고 주장하는 것은 별로 설득력이 없다. 우종학의 말처럼 금강산 일만이천봉이 풍화작용으로 만들어진 자연현상이라고 과학적으로 설명할 수 있지만, 동시에 그 절경은 하나님이 풍화작용을 사용하셔서 만든 작품이라고 믿을 수도 있다.

　무신론자들이 내세우는 게임의 규칙, 즉 자연적인 설명이 가능해지면 신의 자리가 없어진다는 게임의 규칙에 난 동의하지 않는다. 하지만 아쉽게도 창조과학자들은 오히려 무신론자들의 게임 규칙에 손을 들어주는 듯한 양상이다. 창조론자들 역시 인간의 기원이나 우주의 기원을 기적적인 창조 방식으로 제한하고 있어서, 천문학의 대폭발 우주론이나 생물학의 진화론이 '우주와 인간이 어떻게 만들어졌는지'가 밝혀질수록 신의 자리를 빼앗기게 될까 염려하는 지경에 이른 것은 창조론자들의 패착이 아닐까(우종학, 2014: 188).

어느 하나의 시각으로 세상에서 벌어지는 일들에 대해 해석하기는 용이하지 않은 시절을 살고 있지 않은가. 각자의 입장에서 모든 부분을 충분히 헤아리고 해석할 능력을 갖추기는 쉽지 않겠지만, 그렇다고 해서 일방적인 주장으로 누군가의 주장을 폄훼하고 무시하는 것은 바람직한 일은 아니다. 종교의 시각에서 과학에 대해 잘 알지도 못하면서 난도질하고 무시한다고 해서 과학적 사실이 바뀌지는 않는다. 무신론적 과학의 시각에서 종교의 가치와 삶의 행태에 대해 무시하고 외면한다고 해서 인간 존재의 근원을 헤아릴 수는 없다. 긍정적 요소를 외면하고 방해한다고 해서 자신들의 입장이 강화되고 설득력을 더 가지게 되는 것은 아니라는 말을 하고 싶은 것이다. 아는 만큼 보인다는 말이 있다. 할 수 있는 최선을 다 해 다른 영역에 대해 헤아리는 노력을 기울여야 현대를 바로 사는 것이 아닐까. 외면한다고 해서 있는 사실이 없어지지도 않을 것이고, 무조건 믿는다고 해서 없는 일이 있는 것으로 바뀌지도 않는다. 종교는 종교의 가치와 지향이 있고, 과학은 과학의 길이 있다. 때로 상호작용으로 더 나은 세상을 위한 길에서 도움이 된다면 기꺼이 그 길을 가는 것이 인류의 바람직한 방향이 아닐까 싶다. 난 둘 다

포용하자는 입장이다. 진화론은 하나의 과학 이론이지만, 창조론은 엄밀한 의미에서 과학 이론이 아니라 창조에 관한 신앙고백이라는 김기석의 말이 마음에 다가온다. 애초에 병렬적이거나 대결적 상황이 아닌데도 불구하고 굳이 대결시키려는 것도 우습고, 거기에 편승해서 깊은 이해도 없이 자신과 생각과 다르다는 이유로 배척하거나 폄훼하는 것은 아닐까. 이러한 깊이 없는 인식과 배타적 태도로 자신과 다른 부분을 배척하는 일이 비단 종교와 과학 사이에만 있는 일은 아니다. 세상의 많은 일들이 그런 관점에서 진행되고 있다는 사실을 받아들일 수밖에 없는 현실이 안타깝다.

참고문헌

김기석, 2018, 『신학자의 과학산책』, 새물결플러스.

데이바 소벨 지음·홍현숙 옮김, 2012, 『갈릴레오의 딸-위대한 과학자를 완성시킨 비밀의 기록』, 웅진지식하우스.

데이비드 C. 린드버그 지음·로널드 L. 넘버스 편, 1998, 『신과 자연: 기독교와 과학, 그 만남의 역사』, 이화여자대학교 출판부.

리처드 도킨스 지음, 2012, 『왜 종교는 과학이 되려 하는가-창조론이 과학이 될 수 없는 16가지 이유』, 바다출판사.

우종학, 2014, 『무신론 기자, 크리스천 과학자에게 따지다』, IVP(개정판).

"'난 창조론을 믿는다' 급락...18%만 믿어' 〈NewsM〉 2019.2.12
http://www.newsm.com/news/articleView.html?idxno=22029

5장
보수의 기원, 서북청년단과 기독교

"이 질곡의 역사 속에 교회는 분단과 냉전을 신학적으로 정당화 면서 빛을 잃고, 일부는 신앙의 이름으로 자매·형제·부모·이웃 을 총칼 앞에 서게 했습니다. 싸늘한 주검위에 흙 한줌 뿌릴 시 간마저 빼앗긴 수난의 역사 앞에서 교회는 침묵하였습니다. 편 을 가르고 등을 돌리며 편견과 아집에 사로 잡혀 스스로 심판자 의 자리에 서서 죄악에 동참하였습니다. 우리 안의 무서운 폭력 성을 회개합니다. 우리의 잘못을 사죄합니다. 십자가 아래 화해 의 여정에 무릎을 꿇고 참여합니다."

- 2018년 4월 제주4·3 70주년을 맞아 한국기독교교회협의회 (NCCK)가 낸 사과 성명 일부

"제주 4·3 사건 당시 서북청년단은 온갖 잔인무도한 짓을 자행 했다. 이 비극적인 역사에서 우리 기독교가 엄청난 죄를 범했다. 그리스도 안에 한 몸으로서 사죄의 말씀을 올린다. 제주 민중 항

쟁은 국가권력의 학살에 저항했던 의거였다."

- 2019년 4월 '아픈 역사의 정의로운 청산과 치유를 위한 개신교
  기도회'

2018년과 2019년 한국기독교교회협의회는 사과 성명과 기도회를 통하여 4.3에 대해 사죄했다.

한국기독교교회협의회 정의평화위원회와 인권센터는 2019년 4월 4일 광화문광장에서 열린 '아픈 역사의 정의로운 청산과 치유를 위한 개신교 기도회'에서 4.3 71주년을 맞으며 한국 교회가 공식적으로 부끄러운 과거 앞에 사죄해야 한다고 뜻을 모았다. 이들은 "수난의 역사 앞에서 침묵으로 일관해 온 우리의 모습을 회개한다. 우리의 굳은 심령을 녹이고 부끄러운 역사 앞에 참회하길 원한다"며 참회하는 심정으로 공동기도문을 읽었다. 가해자와 피해자가 서로 용서하고 회개하는 일이 일어날 수 있기를 기대하면서 말이다.

도대체 얼마나 엄청난 사건이 있었으며, 그 안에서 개신교는 또 얼마나 큰 잘못을 저질렀기에 새삼 회개하고 참회하는 심정으로 기도회를 열었을까.

이들은 4.3 당시 도민들을 상대로 학살극을 벌인 서북청년단 출신 중에는 목회자도 있었고, 당시 교회는 힘없는 백성에게 날 선 칼이 되어 광기 어린 살인을 저지르기도 했으며, 죽은 어머니의 젖을 무는 어린 생명의 울음과 육신을 농락당한 여인들의 슬픔을 돌아보지 않았고, 죄 없이 희생된 사람들, 영문도 모른 채 고문당한 이들, 죽음을 피해 난민의 삶을 살 수밖에 없었던 도민들을 돌아보지 않았다고 고백한다.

그 어떤 종교도 공식적으로 폭력을 권하지 않는다. 평화와 안녕을 선포하고 그를 위해 희생도 마다하지 않는 것이 종교인의 모습이어야 하지만 4.3 당시 이 땅의 교회와 개신교인들은 정반대의 모습을 보였다고 고백하고 참회하고 있는 것이다. 너무도 처참하고 아픈 현실 앞에서 대신 희생도 마다하지 않았어야 했을 그들이 학살에 앞장서서 무고한 이들을 죽음으로 내몰았다는 것은 종교의 본령에 반하는 일이며, 종교인이 아니라 하더라도 인간으로서 해서는 안 될 일에 참여했던 것을 고백한 것이다.

비극적이라는 말로는 부족한 당시의 아픈 현실을 증언하는 내용을 참담한 심정으로 살펴 보자.

"하귀리 마을에서 스물한 살 된 임신부 문씨는 집에서 우익 청년단에게 끌려가 창으로 열세 번 찔려 유산했다. 그리고 아이가 반쯤 나온 상태의 그녀를 죽도록 내버려두었다. 다른 여인들은 흔히 마을 사람들이 보는 앞에서 윤간한 뒤 질 안에 수류탄을 집어넣어 폭발시켰다."

"청년단원들은 여성과 남성을 불러낸 뒤, 공개적인 데서 수치스러운 행동을 하도록 강요했다. 그러다가 쇠꼬챙이를 불에 달군 다음, 여성의 몸을 쑤셔댔다. 여성은 아무것도 입지 않은 상태였다."

"그 날 지서에서는 소위 '도피자가족'을 지서로 끌고 가 모진 고문을 했습니다. 그들이 총살터로 끌려갈 적엔 이미 기진맥진해서 제대로 걷지도 못할 지경이 됐지요. 이윤도는 특공대원에게 그들을 찌르라고 강요하다가 스스로 칼을 꺼내더니 한 명씩 등을 찔렀습니다. 그들은 눈이 튀어나오며 꼬꾸라져 죽었습니다. 그때 약 80명이 희생됐는데 여자가 더 많았지요. 여자들 중에는 젖먹이 아기를 안고 있는 사람도 있었습니다. 이윤도는 젖먹이가 죽은 엄마 앞에서 바둥거리자 칼로 아기를 찔러 위로 치켜들며 위세를 보였습니다. 도평리 아기들이 그때 죽었지요. 그는 인간이 아니었습니다. 그 꼴을 보니 며칠간 밥도 못 먹었습니다"

"정기보고를 하러 지서에 갔더니 남편이 입산했다는 이유로 젊은 여자 한 명이 끌려와 있었습니다. 그런데 정 주임은 웬일인지 총구를 난로 속에 넣고 있더군요. 그리고는 젊은 여자를 홀딱 벗겼어요. 임신한 상태라 배와 가슴이 나와 있었습니다. 정 주임은 시뻘겋게 달궈진 총구를 그녀의 몸 아래 속으로 찔러 넣었습니다. 차마 눈 뜨고 볼 수 없는 광경이었습니다. 정 주임은 그 짓을 하다가 지서 옆 밭에서 머리에 휘발유를 뿌려 태워 죽였습니다. 우리에게 시신 위로 흙을 덮으라고 했는데 아직 덜 죽어있던 상태라 흙이 들썩들썩 했습니다."

더 이상 무슨 증언이 더 필요하랴. 4.3 당시 인간으로는 차마 할 수 없는 일들을 자행한 이들이 있었고, 그들의 상당수가 개신교인이었으며, 이른바 성직자로 불리는 이들도 포함되어 있었다는 역사적 증언이 있을 정도의 단체가 있었고, 그 단체 이름은 서북청년회였다. 상황이 이 정도임을 알게 된 개신교인이라면 당연히 사죄의 길에 나서는 것은 당연히 있어야 할 일이다. 오늘의 개신교가 사죄를 하고 회개하는 모습을 보이는 것은 너무도 당연한 일이라는 말이다. 그런데 사죄는 왜 이리 늦은걸까. 더 일찍 깨닫지 못한 것일까. 그건 아니다. 이미 많은 개신교인과 성직자들은 사죄하고 돌이켰으며 어떤 방법으로든 사죄와 바른 행동을 하고자 노력해 왔었다. 그러다가 최근 개인적인 방식이 아니라 개신교계를 대표하는 단체에서 공식적으로 사과 성명을 발표하고, 기도회를 통하여 회개한 것이다. 하지만 이른바 개신교계를 대표한다는 또 다른 단체는 같은 인식을 갖고 있지는 않은 것으로 보인다. 한기총이라는 이름의 그 단체는 극우적 성형을 보이고 있으며, 그 지도자들은 그악한 표현을 서슴지 않는다. 인권이나 생명에 대한 사랑의 모습을 그들에게서 발견하기는 쉽지 않다. 적어도 내 눈에는.

종교적 언어를 표현할 때는 그것은 그저 언어가 아니라 삶의 다른 모습이어야 한다. 인식의 기반 위에서 드러나는 자연스러운 모습이 나타나야 하는 것이다. 그런 의미에서 본다면 오늘의 한국사회에서 개신교계는 전혀 다른 인식을 가진 두 집단으로 대표되는 단체가 활동하는 어쩌면 두 종교로 보일만큼의 간극을 가지고 있다. 그들은 같은 종교를 가진 같은 지향점을 가진 종교인일까.

오늘날 한국사회에서 개신교는 매우 협소한 위치를 차지하고 있다. 이른바 교세로 분류하면 가장 신도가 많은 종교지만 사회적 영향력에서는 현저하게 약화된 상태임은 부인하기 어렵다. 이른바 종교인의 덕목인 누룩이 되어 희생과 섬김을 감당한다는 명제는 어디론가 사라지고 개인과 교회의 집단 이익에 매몰되어 정작 돌아보아야 할 이들을 돌보지 않고, 섬겨야 할 이들을 섬기지 않는 지경까지 이른 모습에 시민들은 경악하고 더 이상의 기대를 갖지 않을 정도에 이른 것이다. 이것은 특정 종교의 손해가 아니라 한 사회의 큰 손실일 수밖에 없다. 안타까운 현실이다.

4.3를 대하는 개신교의 두 시각은 어디에서부터 갈라진 것일까. 이를 살펴보려면 먼저 4.3의 현장에서 극악무도한 행위를 일삼은 이들인 서북청년회에 대한 이해가 필요하다. 이들에 대해 알아보자.

〈다음백과〉에 실린 서북청년회에 대한 소개는 다음과 같다.[1]

"1946년 11월 30일 38선 이북에서 남하한 이북의 각 도별 청년 단체들의 통합체로 결성되었다. 서북청년회(이하 서청이라고 함)의 성격은 철저한 극우단체로서, ① 조국의 완전 자주독립 쟁취, ② 균등사회의 건설, ③ 세계평화에의 공헌 등을 강령으로 내세웠다. 주된 활동은 우익의 선봉에 서서 좌익세력을 처부수는 전위 행동부대로서의 역할이었다. 1947년 3·1절 기념식 후 시가행진을 하던 시민들을 구타한 '남대문충돌사건'을 비롯하여 '부산극장사건', '조선민주애국청년동맹 사무실점령사건', '정수복 검사암살사건' 등 좌익에 대항하는 테러를 전개했다. 당시 일부에서는 이러한 서청을 '백색 테러단'으로 말하기도 했다.

그 외의 활동은 다양한 방법으로 이루어졌다. 첫째, 월남한 이북 청년과 학생들의 생계를 돕고 진학의 길을 열어주는 지원사업이

---

1 「서북청년회(西北靑年會)」 http://100.daum.net/encyclopedia/view/b11s3593a

었다. 둘째, 경찰의 묵인 하에 월남한 사람들의 신분검사를 실시하여 경찰의 좌익색출업무를 도왔다. 이러한 서청의 활동자금은 각 지방단의 유지들로부터 염출하거나 서북 출신의 미군정청 관리들을 이용하여 원조물자를 유출하고 그것을 판매하여 자금화하는 경우도 없지 않았다.

1947년 9월 대동청년단으로의 합류를 둘러싸고 서청은 두 갈래로 분열되었다. 대동청년단에 합류하지 않은 후기의 서청을 초기 서청(위원장 : 선우기성)과 비교해서 '재건 서청'(위원장 : 문봉제)이라 부르게 되었다. 초기 서청은 김구(金九)와 김규식(金奎植) 노선을 지지했지만 재건 서청은 이승만(李承晩)의 단정 노선을 충실히 따랐다. 재건 서청은 1948년 12월 19일 대한청년단으로 흡수·통합됨으로써 해체되었다."

이 정도 설명으로는 그 실체를 이해하기 어렵다. 더 알아 보자. 한국민족문화대백과사전에 실린 서북청년회에 대한 소개는 다음과 같다.[2]

"설립목적: 서북청년회[약칭 서청(西靑)]는 각 출신지역 별로 조직되어 있던 월남 청년들이 좌익공격에 적극 가담하는 한편 능률적인 체제를 갖추기 위해 설립한 청년단체이다."

2 「서북청년회」 http://100.daum.net/encyclopedia/view/14XXE00 27785

"연원 및 변천: 1946년 11월 30일 서울 YMCA강당에서 대한혁신청년회, 북선(北鮮)청년회, 함북청년회, 황해회 청년부, 양호단, 평안청년회 등 이북 각 지역 출신들로 구성된 여러 청년단이 통합하여 서북청년회가 결성되었다. 통합과정에서는 평안청년회가 주도적인 역할을 했으며, 중앙집행위원회 위원장으로는 평안청년회 부회장이었던 선우기성(鮮于基聖)이 선출되었다. 부위원장은 함북청년회 회장이었던 장윤필(張允弼)과 대한혁신청년회 훈련부장이었던 조영진(趙英珍)이 맡았다. 1947년 6월 15일에 부서 개편이 이루어지면서 부위원장이 조영진과 문봉제(文鳳濟)로 교체되었다.

먼저 서울에서 조직되기 시작한 서북청년회는 경기도, 황해도, 강원도를 비롯한 38선 인접지역에 지부를 두었다. 또한 1947년 6월에는 대전에서 임일(林一)을 중심으로 남선(南鮮)파견대 총본부를, 부산에서는 반성환을 중심으로 경상남도 본부를 설치해 이남 전역으로 활동범위를 확대했으며, 서울에 총본부를 두고 도 단위로 본부를 두는 체제로 개편되었다.

1947년 8월부터 청년단체들을 대동청년단으로 통합하려는 움직임이 본격화되는 가운데 서북청년회는 9월 9일에 임시중앙집행위원회를 열어 대동청년단으로 무조건 합류할 것을 결의했다. 그러나 부위원장 문봉제를 중심으로 한 이들은 이에 반대해 10월 10일에 소집한 정기총회에서 합류결의를 번복하며 대동청년단에 합류한 선우기성을 비롯한 중앙상무집행위원들을 모두 제명함과 동시에 문봉제를 위원장으로, 김성주(金聖柱)를 부위원장으로 선출했다. 이후 서북청년회도 1948년 12월 19일에 조직된

대한청년단으로 통합되었으며, 1949년 10월 18일에 단체등록이
취소되어 소멸되었다."

"기능과 역할: 서북청년회는 이북에서 월남해 남한에서 아무 연
고도 없는 청년들을 적극적으로 포섭해 합숙소에서 공동생활을
하면서 공산주의에 대한 그들의 적대감을 활용해 좌익공격에 앞
장서게 했다. 서북청년회는 좌우갈등이 심해지는 가운데 우익
정치인과 친일 기업가들에게서 자금을 받으면서 좌익 계열 단체
의 사무실이나 신문사에 대한 습격을 비롯해 좌익계열 노동운동
이 활발한 회사에 회원을 입사시켜 노동운동을 파괴하기도 했
다. 또한 남한 전역에서 대한독립촉성국민회 등 우익 계열 조직
과 협조하면서 인민위원회를 비롯한 각 지역의 좌익 계열 조직
들을 공격하는 데 주력했다. 특히 제주도에서는 좌익 탄압의 큰
계기가 된 1947년 3·1사건 이후 들어간 서북청년회 회원들로
인해 민심이 악화되어 남로당이 봉기를 결심하게 되는 한 원인
이 되었다. 또한 본격적인 초토화작전이 진행되면서 경찰과 국
방경비대 측의 요청으로 서북청년회 회원들이 대거 경찰과 국방
경비대에 입대해 토벌작전에 종사했다. 1948년 5·10선거 때는
이승만을 무투표 당선시키기 위해 같은 선거구에서 출마하려던
최능진의 후보등록을 방해하는 역할을 맡기도 했다."

정리하자면, 서북지역 출신 청년들이 모인 단체로 그들의 정체
성은 우익을 지키는 것이었고, 단순히 신념을 갖는 정도가 아니라
해방 후의 정치적 혼란기를 틈타 온갖 폭력과 불법을 자행한 단체

였으며, 그들에 의해 수많은 희생자가 나왔다는 것이다. 그리고 오래지 않아 소멸되었다는 것 정도로 정리가 가능하다. 이들은 공산주의자라고 의심되는 자에게는 무조건적인 공격을 가하는 이들이었다. 미군정은 제주도 4.3 항쟁 당시 서북청년단의 이러한 성향을 이용해서 미군정의 명령에 대항하는 지역에 이들을 파견하였고, 미군정에 의해 민중들을 공격하는 하수인이 된 서북청년단은 갈취와 약탈, 폭행을 비롯해 무자비한 살상을 주도했다.

서북청년회는 그렇게 사라진 것일까. 그건 아니다. 단체 이름은 사라졌을지 몰라도 그들의 행태는 지속적으로 이어져 왔고 그것은 오늘에까지 이르렀다. 자칭 서북청년단도 생겼다. 역사적으로는 그 단체의 연속성을 말할 수 없겠지만 이른바 자칭 보수라는 청년들이 우익의 이름으로 폭력을 서슴지 않던 이들의 단체명을 부활시켜 그 후예임을 자처하는 정도에까지 이른 것이다.

이들이 말하는 서북청년단은 2014년 11월 서북청년회를 재건하겠다는 목표로 재건한 이들을 일컫는다. 이들은 "김구는 김일성의 꼭두각시였고 건국을 방해했다. 반공단체인 서북청년단원 안두희가 김구를 처단한 것은 의거"라는 주장을 할 정도로 김구 암살범인 안두희를 두둔하는 이들이다. 그냥 극우세력이다. 이런 극우세력이 당당히 자신들의 입장을 말하고 다녀도 처벌받지 않는 민주주의 사회가 된 것을 기뻐해야 하는 것인지.

서북청년회 또는 서북청년단의 역사적 배경을 살펴볼 차례다. 공식 이름은 서북청년회였지만 어쩐지 서북청년단으로 더 많이 불린 단체의 활동 이면에는 어떤 것이 있었던 것일까.

서북지역 이해

서북지역과 기독교의 관계부터 알아보자. 다음은 윤정란의 책『한국전쟁과 기독교』에 실린 내용이다.

　한반도의 서북지역은 행정구역상으로 평안도, 황해도, 함경도 등 북한 대부분의 지역을 의미한다. 즉 관서(關西), 해서(海西), 양서(兩西), 서선(西鮮) 등으로 지칭되는 평안도와 황해도, 관북을 의미하는 함경도를 포함한 것이다. 조선시대 지방 통치 정책상으로 '서북지역'은 평안도와 함경도를 통칭할 때 사용되었고 황해도는 별도로 취급되었지만, 오늘날 행정구역상으로는 평안도, 함경도, 황해도 등을 서북지역으로 통칭한다.

　평양이 중심지였던 서북지역은 단군과 기자의 땅으로 오랫동안 한민족의 발상지와 문명화의 전초기지로서 인식되어왔음에도 정치적, 사회적으로는 변방 지역이었다. 이 지역민들이 변방에서 벗어나 한반도의 정치적, 사회적 권력 집단으로 부상하게 된 것은 19세기 말 이후였다. 독특한 이 지역의 역사적 배경 때문에 어느 지역보다 이른 시기에 서양의 기독교로 개종하고 기독교사상을 선점하면서 가능했던 것이다.

　이 지역은 여러 기독교 교파 중에서 장로교가 특히 우세했다. 이는 1892년부터 시작된 외국 선교부의 선교지 분할 협정에 의해 평안도와 황해도 이북은 미국 북장로교 선교부, 함경도는 캐나다장로회(1925년 이후 캐나다 연합교회)의 선교 지역이었기 때문이다. 1938년 통계에 의하면 약 75%가 서북 지역의 신도였다. 서북 지역 대부분의 도시에서 기독교의 영향력은 절대적이었으며, 교회는 근대 지식층의 집결지였다. 1910년 5월 현재까지 서북 지역의 기독교 학교는 모두 511개교였으며, 이는 기독교계 학교 전체의 78%였다. 그리고 전국 사립학교 총수의 23%에 해당한다. 또한 기독교를 매개로 미국과의 관계가 더욱 밀접해지면서 미국에서 유학한 지식인들이 많아졌다. 따라서 서북 지역을 주도하던 세력은 장로교 계통이었으며, 이 지역은 근대 지식층과 미국 유학생이 가장 많이 집결한 곳이었다. 특히 이 지역 중에서 미국 북장로교 선교부의 관할 하에 있던 평안도가 이 지역을 선도했다. 따라서 일반적으로 기독교계에서 서북 지역이라고 지칭하는 곳은 북장로교가 관할했던 평안도와 황해도 이북 지역을 말한다.

선교사를 매개로 한 미국과의 관계망, 근대 지식층과 미국 유학생, 그리고 이 지역민들의 정체성에 대한 내적 기반을 강화하고 확대할 수 있는 거점인 교회와 기독교학교 등은 이 지역민들이 한반도의 권력집단으로 부상할 수 있는 가장 큰 자원이었다. 이 지역민들은 구한말 애국 계몽사상을 선점하고 주도함으로써 한반도의 주류 집단으로 성장했다(윤정란, 2015: 29-31).

서북 지역은 다른 지역에 비해 신흥 상공인층이 빨리 출현했다. 이 신흥 상공인층들이 기독교를 적극적으로 받아들임으로써 이 지역의 기독교 교세는 급속도로 확장되었다. 이 지역의 이러한 특수성은 역사적인 배경과 관련이 깊다. 한반도에서 서북 지역은 오랫동안 단군과 기자의 땅으로서 한민족의 발상지이자 문명화의 전초기지로 인식되어왔다. 이러한 인식은 서북 지역민에게도 내재화되어 있었다. 그런데도 이 지역은 정치적·사회적으로 지속적인 차별을 받았다. 이 지역민들은 단군과 기자를 내세워 차별을 극복하려 했으나, 두터운 지역 차별의 경계를 넘지 못했다. 대체로 이 지역은 여말선초부터 조선 중기에 이르도록 향촌 질서를 체계화할 수 있는 사족이 형성되지 않았다. 단지 군포를 납부하는 자와 그렇지 못한 자로 구분이 될 뿐이었다. 선조 대까지 이 지역은 도망민이 많았으며, 임진왜란이 일어날 때까지도 다른 종족(오랑캐)이 거주하는 등 유민이 가장 많은 곳이었다. 사족 대신 향임이 향촌을 지배했고, 중앙의 사족들은 이들을 자신들과 동급으로 생각하지 않았다. 사림파가 정권을 주도하면서 이러한 차별은 더욱 강해졌다. 사족의 입장에서 보면 이 지역의 문화는 낙후된 것이었다. 이러한 이유로 이 지역민들은 중앙 관직으로 진출하기 어려웠다. 과거에 급제하면 주요 관직으로 진출하기 위한 실무 수습직에 임명되어야 하는데 이 지역 출신에게는 기회를 주지 않았다(윤정란, 2015: 32).

이 지역의 중심 세력은 사족이 아니었기 때문에 지배·피지배 관계가 다른 지역에 비해 상대적으로 두드러지지 않았다. 척박한 농도, 정치적 차별 등으로 이 지역민들은 일찍부터 상업에 관심을 두었다. 청과의 관계가 호전되면서 이 지역민들은 무역업으로 상당한 자산을 축적했고, 18세기 중엽에는 경제력이 전국 최고 수준에 이르렀다. 이 때문에 조선 정부의 재정에서 차지하는 비중이 높아졌으며, 그 결과 이 지역에 대한 관심이 집중되었다. 중앙에서는 이 지역의 인재등용에 힘을 기울였으나, 기득권층인 중앙 사족이 구축해놓은 높은 벽을 깨지 못했다. 경제력은 최고가 되었지만, 실제 권력을 잡지는 못한 것이다. 유교적 시스템을 갖춘 조선 정부에 이들이 기대할 것은 더는 없었던 상황이다.

단군과 기자의 땅이라는 자부심과 경제적 번성에도 불구하고 지속적으로 가해지는 정치적 차별 때문에 이곳의 지역민들은 다른 지방에서 볼 수 없을 정도로 기독교를 받아들이는 데 적극적이었다. 한편으로 미국 선교사들은 선교의 효과를 극대화하기 위해 단군 신화에 등장하는 유일신을 기독교의 유일신 사상과 연결했다. 지역민들은 지신들이 지역신으로 오랫동안 모셔온 단군 신화에 등장하는 유일신과, 서양의 반성과 관련되어 있는 기독교의 유일신을 자연스럽게 연계하면서 조선 왕조를 부정하는 의식으로까지 확대해나갔다고 할 수 있다(윤정란, 2015: 33).

이 지역의 사람들은 정치적으로 차별을 받고 있어 과거에 급제해도 관직으로 나가지 못했으므로, 자신의 고향에서 서원 혹은 서당을 열어 젊은이들을 교육했다. 이러한 배경 때문에 이 지역은 다른 지역보다 상대적으로 문맹률이 낮았다. 서북 지역은 다른 지역에 비해 새로운 문물과 사상을 받아들이는 데 최적의 장소였다고 볼 수 있다. 이런 배경에서 기독교를 받아들인 최초의 세례자도 이 지역에서 나왔다. 최초의 세례자는 국경을 넘나들며 상업에 종사하던 백홍준, 이응찬, 이성하, 김진기 등이었는데, 만주에서 스코틀랜드 선교사 존 매킨타이어에게서 세례를 받았다. 평안북도 의주 출신의 홍삼 장수 서상륜도 펑텐에 가서 로스와 매킨타이어를 만나 기독교를 받아들였다. 이들은 의주와 소래에 신앙 공동체를 운영하며 기독교의 확대를 도모했다(윤정란, 2015: 35). 청일전쟁 이후 2-3년 사이에 서북 지역 기독교인들은 급격하게 늘어났다. 전쟁 전에 개척된 구역은 7개 지역이었으나, 이후에는 18개 지역으로 증가한 것이다. 그리고 1898년 전체 장로교인 수가 7500명이었는데 이 중에서 79.3%에 해당하는 5,950명이 서북지역민들이었다. 전쟁 시기에 지역민들이 교회를 찾은 이유는 생명과 재산을 보호받기 위해서였다. 이 지역은 청일전쟁의 주요 전장이었으므로 많은 지역민들이 자신의 생명과 재산을 교회에 의탁했다. 당시 교회가 피난민 수용소 역할을 했으며, 일본군조차 교회만은 보호해주었다(윤정란, 2015: 37).

다음은 김진호가 편집한 대담집 『권력과 교회』에서 한홍구와 나눈 대화의 일부를 정리한 것이다.

조선시대에 과거시험 합격자가 가장 많이 나온 곳이 평안북도 정주(定州)다. 인재가 많았던 곳이지만 과거에 급제해도 등용이 잘 안된 지역이다. 홍경래의 난(1811-1812), 청일전쟁(1894-1895), 러일전쟁(1904-1905) 등이 이 지역을 휩쓸었다. 100년이라는 짧은 기간 안에 전쟁을 세 번 겪은 지역이다. 청일전쟁과 러일전쟁은 서북지역이 주요 전쟁터였다. 국가권력은 쇠약했고 따라서 국민을 지켜주지 못했다.

이 때 국경이 가까웠던 지정학적 위치에 따라 외국문물이 들어오기가 용이했고 그것을 받아들이는데 주저함이 없는 지역이기도 했다. 물산은 풍부하고 경제력이 있었고 교육 수준도 높았던 지역이지만 신분적으로는 차별을 받는 지역이었다. 그러던 차에 외래 종교인 개신교가 들어온 것이다. 전쟁 등의 어려운 시기에 종교가 제공하는 보호막을 기대하는 이도 많았다. 정신적인 안정만이 아니라 실질적인 보호도 제공하던 개신교를 마다할 이유는 없었던 것이다. 이에 따라 서북지역에서 개신교가 강세를 보인 것은 어쩌면 당연한 결과였다(김진호 편, 2018. 136-137).[3]

---

3   이 책은 대담집으로 이 부분은 한홍구 교수가 한 말을 정리한 것이다.

서북지역에서 개신교가 강세를 보였던 원인을 김진호는 세 가지로 정리한다. 첫째, 유림세력이 강력한 견제세력으로서 기독교를 막아내는 세력으로 작동하기 어려웠다는 점. 둘째, 국경지역이었기에 무역이 활발했고, 이에 따라 부를 축적한 계층이 많아졌으며 신분 상승 욕구는 높았지만 신분은 낮아 신지식을 수용하는 사람이 상대적으로 많았다는 점. 셋째, 조선 후기의 치열한 격전지였다는 점 등이다. 이에 한홍구는 세 번째를 가장 중요한 요인으로 꼽는다 (김진호 편, 2018: 138).

서북지역에서 개신교가 성장한 시기는 청일전쟁과 러일전쟁 시기다. 이 시기의 교회에는 성조기가 걸려있었고, 그 교회당이 미국의 재산이라는 점 때문에 일본이 함부로 할 수 없었고, 재정 형편상 어려운 이들에게 쌀을 나눠줄 수도 있었다. 이 시기에 근본주의적 신앙이 구체화되면서 조선의 전통적인 문화나 종교성을 적대하는 분리주의 성향이 강해졌고, 이는 이후 해방기에 월남한 이들을 중심으로 정치적 배타주의로 변모했다.

정리하자면, 서북지역은 지역적 자부심을 가진 곳이었으나 조선에서는 변방으로 취급했고, 인재들이 많음에도 등용되지 못한 소외된 곳이었고, 변방이지만 다른 한편으로는 국경을 맞대고 있어 외부 문물과의 교류가 원활하여 상공업이 발달한 곳이기도 했었다. 그 와중에 신문물로의 기독교를 만났고 기독교가 급격히 확산된 데는 청일전쟁 등의 참혹함과 두려움 등이 크게 작용했다. 전쟁의 와중에 교회는 미국의 영향력 아래 있으면서 안전한 곳이었고 다른 한편으로는 구호도 해주는 사회안전망이었다. 여러 사정이 혼합되며 서북민들에게 있어서 기독교는 매우 중요한 매개였던 것이다.

서북지역 기독교인들이 조선의 신분제를 거부하고, 정치·사회 개혁에 관심을 갖고 활동을 벌이기 시작한 것은 독립협회 창설과 함께였다. 갑신정변의 실패 후 미국으로 유학을 떠나 그곳에서 기독교인이 된 서재필이 귀국하여 1896년에 창립한 것이 독립협회다. 서재필은 "지금 세계 각국에 문명개화한 나라들은 다 구교나 야소교를 믿는 나라인즉······ 크리스도교가 문명개화하는 데는 긴요한 것"이라며 "크리스도교를 착실히 하는 나라들은 지금 세계에 제일 강하고 제일 부요하고 제일 문명하고 제일 개화가 되어 하나님의 큰 복을 입고 살더라"(〈독립신문〉 1897. 12. 23.)[4]는 고백을 하는 이다. 서재필의 영향 아래서 독립협회의 중앙 지도부는 기독교계 인사들이 운영했고, 지부의 절반이상이 서북 지역에 설치되었다. 평양, 선천, 의주, 강계, 북청, 황주 등이 그곳이다.

독립협회가 지향했던 것은 자주독립과 문명개화였고, 자유와 독립을 확보하기 위한 방안으로 교육, 법, 진보, 개화 등을 제시했다. 서북 지역 기독교인들이 독립협회 활동에 적극적으로 호응한 것은 그동안 유교가 천시했던 상업을 재평가했기 때문이다. 경제적 활동을 하는 개인의 권리를 법적으로 보장하기 위해 독립협회는 생명, 자유, 재산에 관한 권리를 제시했는데, 생명의 권리는 재산의 권리와 연결되고 재산의 권리는 산업발달의 기초가 된다(윤정란, 2015: 42). 서북 지역에서 상업적인 부를 쌓은 신흥 상공인층이 자신들의 생명권을 법적으로 보호받지 못하면 그들의 부를 양반층에게 빼앗길 수밖에 없었으니 그들의 적극적인 호응은 충분히 이해되는 대목이다.

---

4 윤정란(2015)의 책에서 재인용.

하지만 독립협회는 그리 오래가지 못했다. 정치권력 구조에 대한 구상이 황제와 달랐기 때문이다. 황제는 러시아와 같은 전제 군주제를 추구했지만, 독립협회는 황제권을 일정하게 제한하는 입헌 내각제를 주장했으니 난관이 많을 수밖에 없었다.[5] 만민공동회 운동을 통해 의견 제시가 이루어졌지만 표면적으로 받아들이는 척 했던 황제는 탄압을 준비했고 결국 1898년 12월 20일 이후 만민공동회를 해산하고 전제군주정을 성립시킨다.

독립협회의 해산으로 기반이 붕괴된 서북지역민들은 내적 기반의 부실을 극복하기 위해 새로운 조선의 주체를 길러내기 위한 신교육 운동에 앞장서게 된다. 안창호가 탄포리교회와 점진학교를 설립한 이후 신흥계급 출신 기독교인들의 교회와 학교 설립이 활발해졌다.

러일전쟁을 계기로 황제권이 다시 약화되자 독립협회를 계승한 애국 계몽단체가 만들어졌는데 대한자강회가 그것이다. 국내 지부만 해도 32개에 달했는데 그 가운데 18개가 서북 지역의 지부였다. 1906년 10월부터 내적 기반의 확대를 위해 지역별 학회가 설립되었다. 평안도의 서우학회, 함경도의 한북흥학회, 호남의 호남학회에 이어 1908년 서우학회와 한북흥학회를 통합하여 서북학회가 설립되고, 서울에 거주하던 경기도와 충청도 사람을 중심으로 기호흥학회, 경남의 교남교육회, 강원의 관동학회가 설립되지만, 이 중 실질적이고 구체적인 활동을 가장 활발하게 전개한 것은 평안도민

---

5 도면희, 『자주적 근대와 식민지적 근대』에 실린 내용을 윤정란 (2015)의 책에서 재인용.

이 주도한 서북학회였다. 또한 서북지역 기독교인들은 1907년 안창호를 중심으로 전국적인 비밀결사단체인 신민회 창립을 주도했다. 105인 사건으로 기소된 신민회 회원 123명의 96%에 달하는 118명이 서북 지역 출신이었다. 이 중 기독교인이 전체의 85%를 차지한다. 신민회의 표면 단체인 대성학교, 청년학우회, 태극서관, 자기회사 등의 거점이 모두 평양이었다(윤정란, 2015: 46-47).

3.1운동의 시작도 서북지역이었다. 1918년 신한청년당의 선우혁이 이 지역 기독교 지도자인 이승훈을 찾아가 거사를 요청한 데서 시작된 것이다. 이후 천도교와 불교의 참여가 이루어졌다. 민족대표 33인 가운데 16명이 기독교인이었고, 이 중 10명이 서북지역 출신이었다. 3.1운동에서 자신감을 얻은 서북지역 기독교인들은 각계각층과 연합하여 중국 상해에 공화정을 표방한 대란민국 임시정부를 수립한다. 임시정부가 수립되자 서북 지역 내 교회들은 임시정부를 후원, 지지하는 단체를 만들었지만 일제의 탄압으로 조직이 붕괴되고 만다. 임시정부가 제 역할을 하기 어려운 상황이 되자 서북 지역 기독교인들은 국내에서 민족운동을 준비하며 물산장려운동, 절제운동, 청년운동, 농촌운동 들을 전개한다(윤정란, 2015: 52-54). 이후 서북 지역 기독교인들의 정치, 사회적 활동은 1921년 평양 YMCA가 창립되며 시작된다. 서북 지역 기독교인의 대부분이 평양 YMCA의 구성원이었다. 1921년 한국인 사회단체 총 2989개 가운데 41%가 넘는 1236개가 서북지역에 집중되어 있었다(장규식, 2001: 140-141).[6]

6　윤정란(2015)의 책에서 재인용.

서북 지역 기독교인들의 정치, 사회 운동에 대해 일제 당국은 기회만 되면 탄압하려 준비하고 있었다. 일제 말기 총전시체제가 되면서 일제는 한국 기독교인들이 조직한 민족주의 단체들을 해산하고, 많은 기독교인들을 체포했다. 일제는 민족운동의 토대이자 인적 관계망의 거점이던 교회와 기독교 학교에 신사참배를 강요함으로써 서북 지역에서 전개된 모든 민족적 정치, 사회 운동의 토대를 붕괴시켰다. 기독교인과 일반 대중을 분리하고, 또한 미국과의 관계를 단절시키고자 함이었다. 결국 200여 교회가 폐쇄되었고 신도 2,000여 명이 투옥되었으며, 50여명의 교직자가 순교했다(김양선, 1956: 43).[7]

서북지역은 조선에서 기독교 교세가 가장 강한 곳이었지만 해방 이후 이곳에 소련 군정이 실시되면서 상황은 급변한다. 기독교 자체에 대한 탄압이었는지 아니면 친일파에 대한 처벌이나 토지 개혁 등이 기독교 박해로 비친 건 아닌지 등은 논의의 여지가 있지만 분명한 건 이 시기부터 기독교인들의 월남이 시작됐다는 점이다. 1920년대 초 전국주일학교 교사대회 때 사회주의자들이 공격해서 난동이 일어난 일이 있었던 점 등을 생각해 보자면 탄압이나 박해로 여길만한 여지는 상당하다. 소련 군정이 실시되는 지역이었으니 미국의 영향을 많이 받은 기독교인들이 어려움을 겪거나 사회주의에 대한 반감을 가졌을 것은 짐작이 가능하다. 실제 강양욱 목사 집에 폭탄을 던지는 등의 박해 사실도 있었으니 더 이상 서북지역에 살기보다는 월남하는 것이 불가피하다는 생각을 가졌음직하다. 결

---

7   윤정란(2015)의 책에서 재인용.

국 월남한 서북지역 출신 기독교인들은 정치적으로 박해를 당했다는 생각을 가졌을테니 그들의 입장에서는 사회주의에 대한 반감이 대단히 컸을 것이다. 그것이 이후 공산주의에 대한 완전한 반감 형태로 나타났을 것이라는 짐작은 충분히 가능하다. 당시 기독교인의 비율은 전체 인구의 1% 정도였지만 상공업이 발달한 그 지역에서 보유한 자원은 다른 종교들에 비해 많았으니 당국의 탄압으로 재산을 잃었다는 생각이 들면 이에 대해 분노하지 않을 수는 없었을 것이다. 이런 배경에 있던 서북지역 기독교인들은 해방 이후 대량으로 월남하기에 이른다. 이들은 이후 자연스럽게 우파가 되었으며 이들을 사주하는 세력이 남한에 있었던 것이 문제의 시작이다. 실제 월남한 이들은 군정 당시 경무국장이던 조병옥이나 수도경찰청장인 장택상 등의 사주에 따라 우파가 주도한 테러에 동원된다. 공산주의에 대한 불타는 적개심을 가진 이들이 남한에서 살아남으려면 좌파를 척결해야만 한다는 사명감을 가졌을 수도 있다. 그것이 월남한 기독교인들 중심으로 일어났다는 것이 비극인 것이다.

청교도 정신과 결합한 서북 지역 기독교인들의 신앙적 입장에 큰 위기가 닥친 것은 해방되면서부터였다. 결국 월남하기에 이른 과정은 이렇다.

해방을 맞은 기독교인들은 신사를 소각함으로 일제의 정책에 얼마나 분노했는지를 보였는데, 그 중 서북 지역에서 가장 활발하게 전개됐었다. 8월 15일 평양을 시작으로 8월 23일까지 소각된 신사의 수가 전국적으로 136개에 이른다. 해방이 되면서 기독교 지도자들은 신속히 교회를 복구하기 시작했고 신사참배 정책으로 교회를 떠났던 신도들이 돌아왔다. 신도 수가 급격히 증가했다. 이러한 기독교의 토대로 기독교 지도자 중심으로 자치 기구가 만들어졌다. 서북 지역 활동을 주도하던 이들은 기독교 지도자들이었다. 조만식에 의한 평남건국준비위원회, 장로 이유필에 의한 평북자치위원회, 목사 김응순에 의한 황해도건국준비위원회 등이 그것이다. 이 즈음 소련군이 평양에 들어왔고 김일성이 따라 들어왔다. 소련군 사령부는 조만식이 주도하던 건국준비위원회를 해체시키고, 공산주의자와 비공산주의자가 반반씩 참여하는 인민정치위원회를 구성했다. 소련군 사령부는 점차 기독교인을 정치에서 배제하기 시작한다. 이에 반기를 든 기독교인들은 소련군 사령부와 공산주의자들에 맞서 기독교정당을 조직하기 시작한다. 1945년 9월 신의주에서 목사 윤하영과 한경직이 기독교사회민주당을 조직하고, 11월에는 평양에서 조만식을 중심으로 조선민주당을 조직하였다.

기독교인들은 점차 공산주의자들과 물리적인 충돌을 겪게 된다. 1945년 11월 평안북도 용암포에서 집단적인 첫 충돌이 일어났고 이는 신의주 학생 시위 사건으로 확대된다. 조선공산당은 진상 조사 중 사건의 중심에 사회민주당이 있음을 밝혀내고 간부들을 체포하기 시작한다. 그 즈음 한경직과 윤하영이 검거를 피해 월남하게 되면서 기독교인들의 탈출이 시작된다. 1945년 12월 모스크바 삼상회의에서 신탁 결정이 내려지자 조만식을 중심으로 기독교인들은 강력하게 저항한다. 조만식은 체포된다. 결국 소련군 사령부와 김일성은 1946년 3월 토지개혁을 단행함으로 한 달 만에 지주제를 완전히 해체했다. 이로써 기독교인들은 경제적 기반을 완전히 상실하게 되고, 기독교인들은 체포나 검거를 피해 월남하기에 이른다.

제주 4.3

서두에 언급한 기독교계의 참회 내용은 제주 4.3사건의 현장에서 서북청년단으로 대별되는 기독교인들이 탄압에 앞장섰음을 인정하고 돌이킨 것이었다. 서북청년단을 말하려면 언제나 4.3사건이 나란히 언급될 수밖에 없는 이유다. 이에 4.3 사건에 대해 알아보자.

제주 4.3 사건은 1948년 4월 3일부터 1954년 9월 21일까지 6년이 넘는 기간 동안 벌어진 대 참살극을 일컫는다. 제주 인구 열의 하나가 사망한 대참극이었던 것이다. 보도연맹 학살사건과 더불어 민간인 학살의 대표적인 사건이지만 의외로 이에 대한 내용을 잘 알고 있는 이는 많지 않다. 그만큼 은폐되거나 언급을 피하려는 심리가 크게 작용하는 통한의 역사다. 제주도민의 입장에서는 직접 가족이거나 한 다리 건너면 가해자든 피해자든 직간접적으로 연결된 사건이기에 서로 언급하기를 꺼리는 경향이 강할 수밖에 없다. 더 크게는 이 사건이 좌우의 극한대립이라는 인식 때문에 이에 언급을 드러내놓고 하지 못하는 세월이 길었다.

과정은 이렇다. 1947년 제주북국민학교에서 삼일절 기념대회가 열린 날. 만세 시위를 기념하는 행사를 살피려 기마경찰이 등장하게 된다. 우연히 한 어린 아이가 경찰이 탄 말에 치이는 일이 발생한다. 이에 경찰이 응급처치를 하거나 하는 후속조치를 취하지 않고 가버리는 바람에 이에 격분한 주민들이 돌을 던지며 격렬하게 항의한다. 이를 본 경찰은 폭동으로 오인하여 발포하기에 이른다. 관계없는 어린 아이가 포함된 6명의 사망자가 나온 이 발포는 분명한 과잉반응이었다. 미군정 보고서에도 나올 만큼 비상식적인 대처였다.

이 일을 계기로 3월 10일부터 제주도청을 시작으로 통신기관, 운송업, 노동자, 각급 학교 교사, 양심적 경찰까지 포함된 민관합동 총파업에 들어가게 된다. 제주도 전체 직장의 95%인 166개 기관, 단체가 동참한 대규모 파업이었다. 미군정은 초강경대응으로 맞선다. 도지사를 포함한 군정 수뇌부를 전원 외지 사람으로 교체하고, 전남북과 경기도 경찰과 서북청년단원을 제주로 파견했으며, 대대적인 검거작전을 전개한다. 한 달 만에 500여명을 체포했고, 1년 동안 2500명을 구금했다. 이 과정에서 상당수의 민간인을 대상으로 서북청년단 등을 동원한 괴롭힘과 재산 강탈 등이 이루어졌다. 그 와중에 경찰의 고문을 받던 3명의 청년이 사망하게 되자 제주 도민의 분노는 극에 달한다. 육지 경찰은 제주도민을 싹 쓸어버리는 한이 있어도 사상이 불온한 이들을 토벌하겠다고 선언할 정도였으니 탄압의 정도가 어떠했을지를 짐작하는 것은 어렵지 않다.

경찰에 대한 분노의 배경에는 친일경찰이라는 것도 작용했다. 친일경찰 노릇을 하던 이들을 한국 사정을 잘 모르는 미군정이 한국인들을 통제하려고 그대로 승계하면서 친미파 경찰로 변신시켰으니 도민들이 기본적으로 경찰에 대한 불신을 가진 상태였음은 당연하다. 그런 경찰이 어린 아이를 다치게 하고도 거만한 태도로 그냥 가버리자 분노했던 것이고, 이후 과잉진압까지 했으며 심지어 고문으로 사망자를 낼 정도의 경찰을 보고 분노하지 않을 방법이 없었던 것이다. 이제 육지 경찰까지 당도했으니 충돌은 불가피했던 것이다.

마침내 1948년 4월 3일 새벽 2시. 350명의 무장대가 제주도 안의 12개 경찰서와 우익단체들을 공격하면서 무장봉기가 시작되었는데, 이들의 요구는 경찰과 서북청년단의 탄압 중지와 단선·단정 반대, 통일정부 수립 촉구 등이었다. 4월 3일 하루 동안에 경찰 사망 4명, 부상 6명, 행방불명 2명, 우익인사 등 민간인 사망 8명, 부상 19명, 무장대 사망 2명, 생포 1명의 인명피해가 발생했다. 미군정은 무장봉기가 발생하자 모슬포 주둔 국방경비대 9연대에 사태 진압을 명령했다. 당시 제9연대장 김익렬 중장은 무장대 측 김달삼과 협상을 통해 평화적 사태 해결과 합의했으나 우익청년 단체에 의한 '오라리 방화사건'이 발생하며 평화협상은 깨졌다('제주4·3사건', 〈다음백과〉).

이승만 정부는 1948년 10월 제주도 경비사령부를 설치하고 타지역의 군 병력을 제주에 증파시키며 본격적인 진압 작전에 나섰다. 이때 제주에 파견하려던 여수 주둔 국방경비대 14연대가 파견명령에 반발해 봉기했다. 이들이 정부 진압군과 맞서는 과정에서 민간인 수 천 명이 학살 피해를 당하는 여순사건이 벌어졌다. 이승만은 같은 해 11월 17일 제주도에 계엄령을 선포했다. 이승만 대통령은 1949년 1월 21일 국무회의에서 "제주도, 전남사건을 완전히 발근색원해야 미국의 원조가 적극화할 것"이라며 "가혹한 방법으로 탄압하라"는 지시를 내리기도 했다. 9연대 송요찬 연대장은 해안선으로부터 5km 이상 들어간 중산간지대를 통행하는 자는 폭도배로 간주해 총살하겠다는 포고문을 발표했다. 미군 정보보고서는 "9연대는 중산간지대에 위치한 마을의 모든 주민이 명백히 게릴라부대에 도움과 편의를 제공하고 있다는 가정 아래 마을 주민에 대한 '대량학살계획'을 채택했다"고 밝혔다.

일명 '초토화 작전'으로 불리는 이 작전에 따라 9연대에 의해 중간산마을에 대한 대대적인 진압작전이 시행됐다. 토벌대는 중산간마을 주민들을 해안마을로 강제로 소개시키고 100여 곳의 중산간마을을 불태웠다. 소개령을 전달하지도 않고 방화와 학살을 저지른 곳도 많았다. 해변 마을로 소개해온 사람이라 할지라도 가족 중 한 명만 사라지면 '도피자 가족'으로 분류해서 총살했다. 이 때부터 고립된 섬 제주는 거대한 감옥이자 학살터가 된다. 마구잡이로 죽이고 연좌제를 적용하여 닥치는 대로 살인을 행하는 지옥의 섬이 된 것이다.

당시 진압이 얼마나 무차별적으로 이뤄졌는지 보여주는 사건 가운데 하나가 1949년 1월17일의 '북촌사건'이다. 반공주의자인 서북청년단원이 많이 편성된 2연대 3대대가 자행한 일이다. 북촌리 어귀에서 무장대의 기습으로 군인 2명이 사망한데 대한 보복으로 북촌마을 주민들을 북촌 초등학교 운동장에 집결 시켜 집단 총살한 것이다.

1950년 한국전쟁이 발발하면서 제주에는 다시 피바람이 분다. 당시 후퇴하던 국군과 경찰은 좌익 사상가 및 활동가와 좌익에 가담할 가능성이 있는 사람들을 북한군에 합류할 수 있는 잠재적인 적으로 간주하여 살해했다. 이를 예비검속이라고 불렀는데, 전국 각지 형무소에 수감됐던 4.3 사건 관련자들도 즉결 처분됐다. 예비검속으로 인한 희생자와 형무소 재소자 희생자는 3000여 명에 이른 것으로 추정된다. 유족들도 아직 대부분 그 시신을 찾지 못하고 있다. 제주 내에서도 예비 검속에 따라 1120명이 집단적으로 수장되거나 총살, 암매장되었다.

5.16쿠데타 이후 군사정권 시절 4.3사건은 '북한의 사주에 의한 폭동'으로 규정되어 금기시됐다. 전두환 정부 때 4차 교과서는

4.3사건을 '제주도 폭동사건'으로 지칭하며 "공산 무장 폭도가 봉기하여 국정을 위협하고 질서를 무너뜨렸던 남한 교란 작전 중의 하나"라고 서술했다. 희생자의 유가족들은 가족이 군경 토벌대에 의해 죽임을 당하거나 사법처리를 받았다는 이유로 반공법(국가보안법)과 연좌제에 의해 감시당하고 사회생활에 제약을 받아야 했다. 1978년 작가 현기영은 4.3사건을 다룬 소설 '순이 삼촌'을 냈으나, 정보기관에 의해 고초를 겪었다('제주4·3사건', 〈다음백과〉).

1954년 9월에 4.3 사건은 공식적으로 마무리 되었지만 이 사건에 대한 진상규명은 김대중 대통령 취임 이후에야 진행되었다. 2003년 10월에는 2년여의 조사 끝에 진상조사보고서가 공식 확정되었고, 당시 노무현 대통령은 한국 대통령으로서는 최초로 제주도를 방문해 공식 사과하였다. 진상 조사는 당시 이승만과 미군정을 사건의 책임자로 결론지었지만, 이미 70년이 지난 이 사건에 대한 처벌과 죄 값은 아무도 치르지 않았다.

4.3에 대한 연구가 계속 이루어지고 있고 이에 대한 후속작업도 계속 이루어질 것이기에 그에 따른 해석과 평가가 더 선명해지겠지만, 분명한 것은 공권력을 포함한 폭력세력이 자국민을 3만명 이상 학살했다는 것이다. 그리고 그 과정에 서북청년단은 혁혁한 공(?)을 세웠다는 것이고, 그 서북청년단에 월남한 기독교인들이 다수 참여했다는 점이다. 주도적으로 말이다.

동족상잔의 비극이라는 남북전쟁의 아픔을 아는 이들이라면 제주에서 벌어진 좌우익의 대결로 규정된 4.3의 아픔 역시 외면할 수 없다. 그런데 이 사건의 중심에 종교인인 서북지역 출신의 청년단이 개입하여 언급하기조차 슬픈 내용의 일들을 자행했다고 하니 혼란스럽다. 도대체 종교인이 어쩌다 그리 되었을까. 종교인의 본령은 우는 이들과 함께 우는 것이 아니던가.

2003년 '제주4.3사건진상규명및희생자명예회복위원회'가 발간한 '제주4.3사건 진상조사 보고서'는 "서북청년회는 4.3사건 발발 전부터 도민들과 갈등을 빚어 사건 발생의 한 원인으로까지 지목받아왔는데, 이승만과 미군은 강경작전을 앞두고 서북청년회를 아예 군경에 편입시켰다. 이는 사태를 더욱 악화시키고 대량 주민 희생을 초래하는 결과를 빚었다. 서북청년회 위주로 경찰이 재편됐고, 군대에는 '서청중대'가 따로 편성됐다"며 "이승만과 미군의 후원 아래 제주 사태의 최일선에 서게 된 서북청년회는 군 경 모두에서 무소불위의 권력을 휘둘렀다"고 밝히고 있다(「극우개신교 뿌리는 제주 4.3 학살 주도한 서북청년단」).

서북청년단은 영락교회 청년회가 중심이 돼 만들어진 조직이다. 영락교회는 한국기독교총연합회(한기총) 초대회장을 지내는 등 한국개신교의 상징과도 같은 인물인 한경직 목사가 1945년 세운 교회다. 1945년 12월 베다니전도교회로 시작해 1946년 영락교회로 개명했다. 한경직 목사는 1945년 신의주 제2교회 담임목사로 있었는데, 소련군이 진주하기 시작하자 신의주 제일교회 윤하영 목사와 함께 '기독교사회민주당'을 만들어 대항했다. 이후 지부 결성 과정 등에서 여러 차례 소련 군정과 충돌했고, 결국 1946년 윤하영 목사와 함께 남쪽으로 내려오게 됐다. 앞서 언급한 서북지역민들의 월남의 맥락과 같은 행로를 통해 월남한 한경직 목사는 그들의 커뮤니티이자 종교적 중심인 교회를 개척하였고 이 곳은 반공주의의 최전선이 된다.

서북청년단의 활동은 한경직 목사의 증언에서도 확인된다. 1982년 규장문화사에서 출간된 '한경직 목사'라는 제목의 자서전 형식의 책에서 한경직 목사는 "그때 공산당이 많아서 지방도 혼란하지 않았갔시오. 그때 '서북청년회'라고 우리 영락교회 청년들이 중심이 되어 조직했시오. 그 청년들이 제주도 반란 사건을 평정하기도 하고 그랬시오. 그러니까 우리 영락교회 청년들이 미움도 많이 사게 되었지요"라고 증언했다(「극우개신교 뿌리는 제주 4.3 학살 주도한 서북청년단」). 이리 당당히 자신의 입장을 설명할 정도로 그들의 행동은 스스로는 매우 당연한 행동이었다는 자의식을 갖고 있었다. 어떤 사상을 갖든, 그리고 그에 따른 실천을 뭐라 할 수는 없다. 하지만 그것이 누군가를 살상하고 빼앗는 지경에까지 이르면 그것은 선을 넘은 것이라는 평을 할 수 밖에 없는 일이 아닌가.

서북지역에서 월남한 청년들이 반공의식을 가지고 제주4.3학살에 가담한 이유는 무엇일까? 진실·화해를위한과거사정리위원회 조사관을 역임한 최태육 목사는 1948년 5월10일 열린 남한 단독정부 수립을 위한 선거가 계기였다고 설명했다. 최태육 목사는 "당시 개신교인들은 남한에 친미 정부가 들어서는 것을 원했다. 그렇지 않으면 소련 공산주의에 먹힌다고 생각했다. 공산주의가 득세하면 개신교가 생존위기에 처할 것이라고 여겼다. 이미 북에서 이런 경험을 가진 개신교인들은 정치·생존적 입장으로 5.10 선거를 만났다. 이를 방해하는 세력은 없애야 한다는 생각으로 제주 4.3과 여순 사건 진압 등에 개신교인들이 나선 것"이라는 말이다.[8]

8　최태육, 「제주4.3과 기독교인이 돌아봐야 할 것」에 실린 내용이 "극

앞서 언급한 『교회와 권력』을 편집한 김진호는 "공산주의자들은 적이고, 그들을 궤멸하면 우리에게 종교적 축복이 있을 것이라는 믿음이 있었다"고 설명한다. 생존을 위해서든, 더 큰 기회를 얻기 위해서든 월남한 이들의 상황은 고향 땅을 떠난 것이기에 그리 녹록한 것은 아니었을 것이다. 그들의 중심을 지켜줄 무언가가 필요했고, 그 시기 월남한 이들이 모여 세운 교회에서의 한경직 목사 등의 설교는 큰 영향력을 미쳤다. 남한 단독정부이자 친미 정부 수립을 반대하는 세력은 악마라는 등식이 성립해야 안심하고 좌파 척결을 위한 행동에 나설 수 있었는데, 본의든 아니든 교회가 폭력행위의 신앙적 기반을 제공해준 셈이다. 공산주의라는 악마와 싸워야 하고, 그 싸움을 위해서는 죽기살기로 투쟁해야만 한다는 생각을 한 이들이 그들의 믿음대로 행한 것이 결과적으로는 살육이니 이것을 어떻게 받아들여야 하나.

1946년에 했던 한경직 목사의 설교 '기독교와 정치'에서 한경직 목사는 "신자의 사명은 여기에 있습니다. 천고에 빛나는 진리를 파악한 우리가 철저한 사상교화 운동에 나서야 되겠습니다. 이것이 무엇보다도 필요합니다. 강연회나 토론회를 개최하고, 잡지나 소책자를 발간하는 등 기타 여러 가지 방법으로 전국으로 이 운동을 추진시켜야 할 것입니다. 오늘의 기독교인은 잠잠합니다. 최선의 정치 이념이 우리에게 있음에도 불구하고 왜 이리 퇴영적입니까? 좀 더 주도성을 가집시다. 십자가를 가지고 노동운동과 정치운동을 합

우개신교 뿌리는 제주 4.3 학살 주도한 서북청년단"이라는 글에 인용된 부분이다. http://www.vop.co.kr/A00001393878.html

시다. 전후에 각국의 기독교 민주당이 일어나 주도성을 가지고 활발히 움직이는 것을 보시오! 일어나 일합시다!"라며 구체적인 행동을 촉구한다(한경직목사기념사업회, 2009). 구체적인 행동을 촉구한 한경직 목사의 이런 설교는 그 해 11월 설립된 서북청년회에 영락교회 청년들이 참여하도록 이끄는 계기가 됐다. 실제 서북청년단 회원들이 영락교회에서 모임을 했다는 증언도 있고, 영락교인들 가운데 4.3 진압을 위해 파견된 이들이 있었음도 증언으로 남아 있다.

1947년에 한 '기독교와 공산주의'라는 설교에는 이런 부분도 나온다. "1848년 마르크스와 엥겔스가 발표한 공산당 선언 첫 구절은 이런 말로 시작합니다. '한 괴물이 유럽을 횡행하고 있다. 곧 공산주의란 괴물이다.' 저들의 말 그대로 공산주의이야 말로 일대 괴물입니다. 이 괴물이 지금 삼천리강산에 횡행하며 삼킬 자를 찾고 있습니다. 이 괴물을 벨 자 누구입니까? 이 사상이야말로 묵시록에 있는 붉은 용입니다. 이 용을 멸할 자 누구입니까? 사람은 떡으로만 살 것이 아니라 하나님의 입으로 나오는 말씀으로 사는 것입니다." 한경직 목사는 공산주의를 괴물이라고 지칭하며 그 괴물과 싸울 것을 설교를 통해 독려했다. 이듬해 제주 4.3항쟁 진압에 서북청년단이 참여한 것도 바로 이런 독려가 바탕이 된 것이라는 해석이 가능하지 않겠는가.

정리하자면, 서북청년단을 비롯한 월남한 기독교인들에게 있어서 '반공'은 단순한 사상이 아니었다. 성서 요한계시록에 나오는 '붉은 용'과 '사탄'을 비롯한 악마의 세력과의 전쟁이었기에 빨갱이 낙인이 찍히면 가차 없이 그들을 죽음으로 내몰 수 있었던 것이다. 제주 4.3항쟁 초기 진압 책임자로 기독교인이었던 조병옥 경무부장이 "이제 세계(世界)는 조직된 공산주의(共産主義) 악도(惡徒)의 도량(跳梁)을 막기 위하야 일어나 조직하고 있다 그것은 유엔이오 미영 불 중의 동심협력(同心協力)이요 로마 왕법(法王)의 명령(命令)이다. 이제 파괴되랴는 인류의 문명을 유지하기 위하야 반공세력(防共勢力)이 나날이 결속(結束)되고 있다. 저 사탄의 진영(陣營)이 순순히 굴복하면 몰라도 여전히 그의 악을 계속(繼續)한다면 그들이 무저갱으로 전락하는 운명의 날이 멀지 아니할 것"(조병옥, 1948)이라고 말한 것은 이러한 종교적 맥락에서 나온 것이다. 이들의 살상은 종교적 신념이자 사상적 실천이었던 것이다. 종교인의 무시무시한 이런 맥락의 사고와 행동은 오늘에까지 이어지고 있다는 것이 걱정일 수밖에 없다.

이런 종교적인 배경의 설교만으로 이들이 과연 그렇게 무서운일을 할 수 있었던 것일까? 그것만은 아닐 것이다. 누군가를 죽일정도의 폭력성을 가지려면 그만한 뒷배가 있어야만 가능하다. 신학적으로 공산주의는 악마의 세력이기에 그들을 처단하는 것이 신앙적 실천이고 그것이 복을 받는 통로라 여길 수 있다고 치자. 하지만 그것만으로는 부족하다. 배경이 더 필요하다. 이 부분은 남한의 경찰기구나 미군정의 정보기관이 이들의 활동이 가능할 장치를 마련해 준 것도 큰 영향을 미쳤다는 생각이다. 종교기관의 물적 토대가 강력했다는 점을 상기하자. 미군정은 월남한 목사들에게 적산불하를 통해 교회를 설립하도록 도왔다. 적산이 무엇인가. 적의 재산이라는 말이다. 1945년 8월 15일 일본이 제2차 세계대전에서 패해 한반도에서 철수하면서 정부에 귀속되었다가 일반에 불하된 일본인 소유의 주택을 적산가옥이라고 부른다. 그 적산가옥을 누구에게 불하하느냐는 미군정의 권한이었다. 종교적산도 마찬가지로 미군정이 그 권한을 가지고 있었다. 이 때 교회들이 상당수 그 자리를 차지했다. 영락교회가 그랬고 경동교회나 조선신학교, 숭의학교 등이 그랬다. 개신교의 물적 토대가 형성된 주요 배경이다.

맥아더가 남쪽에 기독교 반공국가를 만들고자 서북지역의 엘리트를 등용하면서 물적 토대를 형성하도록 도운 것이다. 그런 교회의 중심에는 서북지역민들이 있었고 그들의 종교는 개신교였으며 거기서 받아들인 종교적 가르침에 따라 당당하고 강하게 공산주의에 맞서는 투쟁을 할 수 있었다. 미군정은 일자리가 필요한 서북지역 출신들 가운데 남성들을 상당수 고용해서 일을 맡겼고 그들은 테러에 동원됐다. 미군정은 공산주의에 대한 적개심이 강한 이들을 동원했고, 교회는 성전(聖戰) 개념으로 그들을 교육했다. 월남하게 된 이유를 그들은 공산주의의 탓이라 여겼고 행동주의적 행태를 가진 그들은 미군정과 서로 아귀가 맞았던 것이다.

어쩌면 1946년 8월 15일을 며칠 앞두고 미군정에서 여론조사 결과를 발표한 내용에서 어떤 힌트를 얻을 수 있을지도 모른다. 한국인들에게 어떤 정치체제를 원하느냐고 물었더니 사회주의 70%, 공산주의 7%, 자본주의 14%가 나왔단다. 사회주의, 공산주의 vs 자본주의가 77:14였다. 무려 5.5:1이다(〈동아일보〉 1946. 8. 13.).[9] 한홍구의 해석에 따르면 당시 대중이 사회주의가 무엇인지를 정확히 알아서 지지한 건 아니고, 독립운동을 한 사람들 중 사회주의자가 많으니 그쪽으로 기울었을 것으로 추정한다. 이러한 한국인의 여론을

---

9   김진호, 2018: 145에서 인용.

본 미군정은 화들짝 놀랐을 것이라 짐작하기는 어렵지 않다. 이런 한국인의 요구를 보며 친미기독교 국가를 세우려면 확실한 전략적 파트너가 있어야 한다는 판단을 했을 수 있다. 그래서 월남한 기독교 인들을 전략적 제휴자로 선택했을 것이다. 이승만도 기독교 국가를 만들고자 했던 사람이었으니 그렇게들 연합전선을 가졌을 것이다.

이러한 흐름은 한국전쟁으로까지 연결된다. 남북의 전쟁이었 지만 그 안에서 벌어진 상당한 살육의 현장에는 기독교인들이 있었 다. 신천학살은 월남했던 기독교인들이 북한으로 가서 맑스주의자 들을 죽인 참극이다. 어떻게 이런 잔인한 일들이 종교인들의 손에 의해 벌어질 수 있는 것인지. 결국 같은 해석이 가능하다. 공산주의 를 처단하는 것이 축복의 비결이라고 생각한 기독교인들의 악행이 라는 점이다. 한국전쟁은 피의 살육이었으며 민간인들이 더 많이 희생당한 참담한 전쟁이었다.[10] 좌우로 갈라져 서로를 죽이고 희생 시키는 지경에 이르렀던 비극적인 전쟁. 이게 과연 군인들만의 싸

---

10 1950년 6월 25일부터 1953년 7월 27일까지 3년 1개월 2일 동안 벌 어진 전쟁. 한국군 사망자 13만 8천 여명, 부상자 45만 여명, 실종 자까지 모두 포함하면 60만 9천 여명, 북한군 사망자와 부상자 52 만 여명, 실종자까지 모두 포함 80만 명, 유엔군 사망자 5만 8천 여 명, 부상자 48만 여명, 실종자와 포로까지 포함하면 총 54만 6천 여 명, 중공군 사망자 13만 6천 여명, 부상자 20만 8천 여명, 실종자 와 포로, 비 전투 사상자까지 모두 포함 97만 3천 여명의 인명 피해. 남한 민간인 사망자 24만 5천 여명, 학살된 민간인 13만 여명, 부상 23만 명, 납치 8만 5천 여명, 행방불명 30만 3천여 명으로 모두 100 만 여명의 남한 민간인들이 피해(한국 국방부와 군사 편찬 연구소 의 자료). 1953년 북한의 공식 발표에 따르면 북한 민간인 사망자 는 28만 2천명, 실종자 79만 6천 명.

움이었을까. 이 가운데에 기독교의 악행이 상당했다는 사실에서 극한 아픔을 느낀다.

한국전쟁 이후 세력화 된 기독교

서북지역에서 월남한 기독교인들은 남한의 미군정과 이승만 정권과 의기투합했다. 동등한 자격으로 세력을 모은 것이 아니다. 살아남아야 했던 서북 출신 기독교인들은 미군정과 이승만 정권의 입맛에 맞는 일에 투입됐고, 성과를 거뒀고, 그로 인해 상당한 위치를 차지하게 된 것이다. 한 편으로는 이용당한 것이고, 다른 한 편으로는 이용한 것이라고 볼 수도 있다. 서로의 필요에 따른 결합이었던 것이다. 반공산주의의 기치를 공유하는 세력들 간의 협력은 대단한 결과를 가져 왔다. 앞서 언급했듯이 적산을 기독교에 상당 부분 불하하면서 물적 기반이 형성되었고, 교회를 중심으로 인원이 모이면서 상당한 세력을 형성할 수 있었던 기독교는 이승만 정권과 긴밀한 관계를 갖는다.

　미군정은 서북 출신 기독교인들을 일종의 행동대원으로 활용했다. 공산주의에 의해 모든 것을 빼앗겼다고 생각하는 이들은 남한으로 내려오면서 너무도 당연히 공격적 반공주의자로 변신한다. 북에서 가진 공산주의에 대한 적개심이 공격적 행동주의로 나타났다. 동족상잔의 비극인 한국전쟁의 시기를 지나면서 당국의 비호를 받으며 더 과감해졌다. 기독교 국가를 원했던 이승만 정권에서 승승장구하는 세력으로 자리매김한 것이다. 이제 월남한 서북 출신 기독교인들은 난민과 같은 입장이 아니라 당당한 사회의 한 세력이 된 것이다.

정리하면, 아무 힘없는 나그네와도 같은 입장이었다가 미군정과 이승만 정권을 지나면서 사회의 주요세력으로 성장했다는 말이다. 이전엔 서북청년단이 동원되어 허드렛일을 하는 세력이었다면 한국전쟁을 거치면서 이제는 주요 위치를 차지하게 됐다는 말이다. 미군정과 이승만 정권의 특혜가 없었다면 가능하지 않았을 일이 벌어진 것이다. 서북청년단 만의 일이 아니고 남한의 기독교 세력이 아주 크게 성장한 것이다. 이승만 정권 시절 우리나라의 기독교 인구는 1% 정도였지만, 장차관의 42%가 기독교인(개신교)일 정도로 기독교 세력은 강력해졌다.

학자들의 연구에 따라 차이가 있지만 해방 직후인 지난 1945년 개신교 인구는 30만 명 정도였던 것으로 추산한다. 해방 당시 인구가 2500만 명 정도였으니 인구의 1-2%에 불과했다. 더구나 남한보다 북한에 개신교 인구가 더 많았던 상황이다. 강인철 교수는 2007년 발표한 '남한의 월남 종교인들:반공주의와 민주주의에 미친 영향'이라는 논문에서 "1945년 해방 당시 한반도 전체 개신교 신자의 60%가량인 약 20만 명이 북한 지역에 살았는데, 이들의 35-50%에 해당하는 7만-10만 명이 1945-1953년 사이 남한으로 이동했고, 장로교와 감리교의 주축을 이뤘다"고 설명했다. 북에서 넘어온 개신교 신자들까지 더한다 해도 1945년 당시 남한의 개신교 신자는 20만 명 정도에 불과했다.

인구의 1-2%에 불과하던 개신교는 이후 폭발적인 성장을 기록한다. 한국전쟁 당시인 1950년엔 50만 명으로 두 배 늘어났다. 그러다 폭발적인 증가를 기록하게 된 시점은 1960년대와 1970년대로 박정희 집권 시기와 일치한다. 기독교대연감과 한국종교연감 등의 통계자료에 따르면 박정희 집권 첫해인 1961년 60만7천여 명이던 신자는 박정희가 사망한 1979년 598만여 명으로 884.3% 늘어난 것으로 나타났다("'반공주의' 들고 독재정권과 함께 성장한 극우개신교').

한홍구의 설명에 따르면, 남한 군부가 형성될 때 가장 중요했던 세력은 일본군 출신과 서북청년단이었다. 서북청년단을 포함한 남한에서 백색테러에 참여했던 청년들이 국방경비대의 사관생도학교인 국방경비사관학교(오늘날 육군사관학교)에 대거 입교한 것이다. 5기생 가운데 3분의 2가 서북 출신이고, 이들은 나중에 박정희 군사 쿠데타의 주역이 된다. 7기와 8기의 다수가 서북청년단원이었다(윤정란, 2015: 152). 서북청년단 출신으로 국방경비사관학교 5기생이며 제주 4.3 당시 9연대로 발령받았던 경력에, 한국전쟁 참전 후 박정희 군사 쿠데타에 참여했던 개신교인 채명신 장군은 베트남전쟁 당시 맹호부대장 겸 초대 주월한국군사령부 사령관이었다.[11] 군

---

11   채명신(蔡命新, 1926년 11월 27일-2013년 11월 25일)은 대한민국의 군인 출신 외교관·공무원·정치가·체육인·사회기관단체인으로 6·25 전쟁과 월남전쟁의 지휘관으로 참전하였다. 본관은 인천. 조선경비사관학교(육군사관학교의 전신) 제5기로 졸업하여 참위(소위)로 임관하여 한국 전쟁에 참전하여 백골병단을 지휘하였으며, 휴전 후에는 9사단에서 박정희 장군을 만난 이후 5·16 군사 쿠데타에 가담하였다. 5·16 군사 쿠데타 직후 혁명5인위원회와 국가재건최고회의에 참여했다가, 주월한국군 사령관에 임명되어 베트남 전쟁에 참전하였으며, 박정희 대통령의 유신 개헌에 반대했다가 예편 당했다. 퇴역 후에는 스웨덴, 그리스, 브라질 대사 등 외교관으로 활동하였다. 한국 전쟁 당시 국군의 주요 지휘관의 한사람이

부에서 서북 지역 출신들은 점점 밀려나지만 박정희의 쿠데타 이후 그 자리를 채운 것이 기독교와 영남 인맥이었다. 군 내부에서 기독교가 차지하는 비중은 상당하다.

권력과 가까워진 기독교(개신교)는 권력과 함께 성장했고, 그렇게 성장한 힘은 다시 독재정권을 지원하는 중요한 동력으로 활용됐다. 개신교 신자가 884.3% 늘어난 박정희 집권 시기와 개신교 대형 교회들이 늘어난 성장의 배후엔 이런 권력과의 결탁이 있었다. 이런 과정을 지나며 개신교가 성장하면 성장할수록 극우화와 보수화도 가속화됐다. 교회 그 자체의 능력과 열정이 성장의 동력이 된 것도 맞지만 그 시기 독재 권력과 유착하여 '할 수 있다'는 공통의 구호 아래 같은 매카니즘 아래서 성장해 온 것도 사실이다. 종교가 특정 권력과 특별한 관계가 되는 것은 그리 바람직한 일이 아님을 역사를 통해 깨달은 바 현재라고 해서 달라질 것은 없다.

개신교는 박정희 군사 쿠데타와 독재에 순응하고 결탁했다. 쿠데타를 지지한 것이다. 장신대 교수와 아세아연합신학대학장을 지낸 한철하는 "박정희 장군이 잡고 있는 권세는 본래 이 땅에 이루어질 공민적 정치를 위하여 하나님께서 준비하여 주신 권세"이기 때문에 "이 권세를 그(박정희)에게 맡기신 것도 주님의 특별한 섭리 가

었으며, 베트남 전쟁 당시 맹호부대장 겸 초대 주월한국군 사령부 사령관이었다. 대한태권도협회의 초대 회장이기도 했다. 대한태권도협회의 초대 회장으로 태권도 각 관과 파벌의 통합과 태권도협회 공통 규정을 제정하고 첫 전국승단심사를 조직하였다. 베트남 전쟁 당시 파월 한국군 사령관으로 재임 중 태권도 보급에 노력하였다. 황해도 곡산군 출생(〈위키백과〉).

운데 이루어진 것"이라고까지 밝혔다(한철하, 1962: 93). 박정희가 쿠데타를 일으키고, 반공주의를 내걸었지만 그의 좌익전력 때문에 미국이 의혹의 시선을 가지고 있을 때 해결사로 나선 것도 개신교였다. 민간사절단이라는 이름의 특사로 영락교회 한경직 목사, 김활란 등 개신교계 인사들이 미국을 방문해 쿠데타 당위성을 밝히며 설득했던 것이다.

뿐만 아니라 독재 권력을 축복하며 기도하는 모임을 정례화시키기까지 했다. 국가조찬기도회가 그것이다. 한국대학생선교회 (CCC) 대표 김준곤 목사의 제안으로 1966년 3월 8일 조선호텔에서 대통령 초청 조찬기도회를 가졌다. 이효상 국회의장, 정일권 국무총리, 김종필 공화당의장, 이환신 감독을 비롯한 각 교파 지도자, 군장성, 정재계 주요인사 등 5백여 명이 참석한 자리에서 정일권 국무총리는 "6.25동란으로 하나님을 부인하고 인간의 존엄성을 무시하는 공산주의자들과 대항"하자고 하면서 "하나님께서 우리를 돕는다는 신념아래 조국근대화에 노력하자"고 하였고, 김활란은 "모세와 같은 능력으로 이 민족을 이끌어 나갈 지도자에게 지혜와 능력의 지팡이를 달라"고 기도하였다. 김준곤은 이렇게 말했다. "무신론의 사회는 절망뿐이니 우리는 어린아이 같이 하나님의 앞에 서자. 오늘 이 자리를 통해 민족을 움직이고 구제하는 역사적 기회가 되자. 우리 민족에게 발전이 없다고 하는 자는 민족반역자. 우리도 하나님의 축복을 받을 수 있다. 박 대통령도 링컨같이 하나님의 은총 받은 사람으로 되어주기를 바라며 다 같이 기도하는 민족이 되자."('국가조찬기도회').

이후에도 계속 이어진 국가조찬기도회는 대통령의 통치 이념과 정책을 지지하고 이를 기독교에 확산시키는 역할을 하였다. 대통령은 자신의 통치이념과 정책을 지원할 수 있는 세력을 얻었고, 기독교는 권력의 품에서 안정적으로 교세를 확장할 수 있었던 것이다.

박정희가 대통령으로 당선(1967. 12)된 지 5개월 만인 1968년 5월 1일 여야 국회의원, 정재계 인사, 외국인 등 5백여 명이 참석한 가운데 열린 '연례 대통령 조찬기도회'에서 이환신 목사는 5.16 세력의 "혁명공약" 3조를 인용하며 '혁명공약'을 민족양식의 정체라고 추켜세웠다. 게다가 "우리의 영도자 박 대통령께 하나님의 말씀이 같이 하시어서 빛과 조화로 힘차게 발전하는 우리나라에 영광이 오기를" 빈다고 설교했다('국가조찬기도회'). 이 자리에서 김준곤 목사는 "박정희 대통령이 이룩하려는 나라가 속히 임하길 빈다"며 "우리나라의 군사혁명이 성공한 이유는 하나님이 혁명을 성공시킨 것"이라고까지 칭송했다.

박정희 정권 시기 기독교는 수많은 반공집회를 열었다. 아시아기독교반공대회, 세계기독교반공대회 등 국제행사를 개최했고, 기독교반공협회와 기독교반공교육협회 등 다양한 반공단체를 조직하는 등 반공여론 확산을 통해 박정희 정권에 힘을 실었다. 지난 1974년 7월 12일 청와대에서 박정희는 개신교 등 종교단체가 앞장서 만든 반공연맹 임원과 시도지부장 등과 만난 자리에서 6월 25일에 전국에서 반공대회를 연 것을 치하했다. 그러자 당시 반공연맹 임원을 맡은 영락교회 한경직 목사는 "저희 교회에서도 그날 반공예배를 보았습니다"라고 말했고, 박정희는 웃음을 보이면서 "종교 그 자체가 반공 그 자체가 아니겠느냐"며 "신앙을 가진다는 것이 바로 반공하는 것"이라고 말했다고 당시 언론이 보도하고 있다. 개신교의 반공주의가 박정희에게 얼마나 중요한 역할을 했는지 알 수 있는 대목이다("'반공주의' 들고 독재정권과 함께 성장한 극우개신교').

박정희가 10월 유신을 발표한 다음 해인 1973년 열린 국가조찬기도회에서 김준곤은 "민족의 운명을 걸고 세계의 주시 속에 벌어지고 있는 10월 유신은 하나님의 축복을 받아 기어이 성공시켜야 하겠다"며 "당초 정신혁명의 성격도 포함하고 있는 이 운동은 … 맑스주의와 허무주의를 초극하는 새로운 정신적 차원으로까지 승화시켜야 될 줄 안다. 외람되지만 각하의 치하에서 일어나고 있는 전군신자화운동이 종교계에서는 이미 세계적 자랑이 되고 있는데 그것이 만일 전민족신자화운동으로까지 확대될 수만 있다면 10월 유신은 실로 세계 정신사적 새 물결을 만들고 신명기 28장에 약속된 성서적 축복을 받을 것"이라는 설교로 10월 유신을 환영한 것이다. 개신교 세력들은 앞으로는 정교분리를 외치며 진보 개신교 세력의 활동을 비판하면서도 실제로는 정권의 앞잡이 노릇을 한 것이다. 김준곤 목사는 1969년, 1970년, 1972년에 국가조찬기도회에서의 설교 이후 러시아대사관 땅을 달라고 부탁하였고, 박정희는 학생들의 정치적인 열정을 반공으로 향하게 하는 대학 내 학생운동을 전개할 것을 조건으로 김준곤 목사에게 러시아대사관 부지를 제공했다. 또한 1973년의 빌리 그래함 전도대회와 1974년의 엑스폴로74는 김준곤이 개신교가 유신을 지지하고 교계의 반체제 인사들을 고립시키기 위한 방편으로 박정희와의 만남에서 계획된 것이다.

전두환 군부 정권에서는 또 어떠했나. 1980년에는 광주시민을 학살한 뒤 권좌에 오른 전두환에게 머리를 조아리며 축복을 기원하는 장면까지 연출했다. 당시 개신교 목사들은 1980년 8월 6일 서울

롯데호텔에서 '전두환 국가보위비상대책위원회 상임위원장을 위한 조찬기도회'를 열고 전두환에게 충성을 맹세했다. 당시 조찬기도회는 공중파 방송을 통해 전국에 생중계됐다. 광주 학살을 기반으로 권력을 잡은 전두환의 안정적인 통치기반의 마련을 개신교 목회자들이 도운 셈이다. 당시 조찬기도회에선 '학살자' 전두환을 이스라엘의 지도자인 여호수아에 비교하며 "어려운 시기에 막중한 직책을 맡아 사회악을 제거하고 정화할 수 있게 해 주셔서 감사하다"는 기도도 했다('반공주의' 들고 독재정권과 함께 성장한 극우개신교').

국민들 사이에선 민주화를 위한 열망으로 열풍이 불던 바로 그 1987년에도 개신교는 독재자를 위한 기도회를 열었다. 전두환 정권에 맞서 많은 시민이 민주화를 외치며 투쟁하여 전두환 정권이 위기를 맞자 10월 3일 서울 여의도광장에서 '나라와 민족을 위한 기도 대성회'를 연 것이다. 개신교 보수 세력들은 민주화 열풍의 시기를 '북한의 테러위협과 학생시위, 노동쟁의로 분열과 대립'의 시기로 규정하여 교인들의 눈을 다른 곳으로 돌리려 시도했다. 한국개신교 교단협의회 등이 주축이 돼서 열린 기도회에선 여의도순복음교회 조용기 목사, 영락교회 한경직 목사, 극동방송 사장인 김장환 목사 등이 단상에 올랐다. 100만 명이 넘는 개신교 신자들이 함께한 기도회에선 공산집단의 붉은 마수의 흉계를 경계하고, 정치인 근로자 학생 모두의 자성을 촉구하는 등 4개항의 결의문을 채택했다.

나라의 위기와 어려움 앞에서 종교인이 마음을 모아 기도하는 것이 잘못됐다는 말이 아니다. 가장 먼저 희생하고, 가장 먼저 나서서 솔선수범하는 태도를 갖는 것은 어찌 보면 바람직한 일이다. 하지만 그것이 정말 나라를 위한 것이었는지, 아니면 정권의 보위를 위한 것이었는지는 돌아볼 필요가 있다. 특정 정권를 위한 기도가 아니라 그야말로 나라의 안녕을 위한 기도를 했어야 하는 것이 아닐까. 종교적 신념이 각기 달라서 누군가에게는 독재든 아니든 정권이 곧 나라로 여겨지기도 하겠지만 그것이 바른 시각은 분명 아니다. 게다가 잘못된 길을 가는 정권이라면 분연히 일어서서 예언자의 사명을 감당하는 것이 종교 지도자의 길이었어야 한다는 말이다. 예언자는 늘 권력자와 분리되어 있었고 그 때문에 늘 탄압받는 이들이었음을 성서는 보여준다. 예언자가 활동해야 하던 시기는 늘 위기의 순간이었고 그 때문에 백성들은 힘겹던 시절이었다. 그 와중에도 거짓 예언자들이 나타나서 태평성대임을 강조하고 아무 문제없다는 식의 언사를 했던 기록이 성서에도 나온다.

쿠데타를 통해 정권을 탈취한 이를 위해 기도해야 하는 것은 잘못된 길을 가는 그들을 향해 돌이킬 것을 주문하는 내용이었어야 하는 게 아니냐는 말이다. 종교는 특정 정권 또는 권력과 유착해서는 제 역할을 할 수 없다. 이는 역사가 알려주는 교훈이다. 불행히도 한국 기독교는(여기서 말하는 기독교는 개신교를 의미한다) 역사적 고비마다 잘못되고 과한 행동을 하는 권력자의 편에 섰었다. 이승만 정권과 결탁하여 서북 출신 청년들을 동원하여 권력의 안위를 위해 활용한다거나, 군사 쿠데타를 일으킨 박정희를 시대의 지도자로 옹위한다거나, 전두환을 위한 기도회에 나선다거나 하는 일들은 바람직한 종교의 본령과는 거리가 먼 행위였음을 돌아보자. 권력과 종교는 일정 정도의 긴장감을 가진 채 국민을 위한 일이라면 힘을 모으고, 국민을 배신하는 일에서는 맞서는 형태가 가장 바람직한 모습이라 생각한다.

물론 개신교회의 행태가 보수화된 모습만 있었던 것은 아니다. 이 장의 서두에 언급한 한국기독교교회협의회 등을 통한 성찰적이고 개혁적인 모습을 가진 교회도 많다. 크게 보면 한국 개신교는 두 세력이 있는데 양적 측면에서는 보수가 앞서고, 질적인 면에서는 진보가 나은 양상을 보인다. 권력과 결탁한 개신교만 있었던 것이 아님을 유신시대와 전두환 군부에서의 개신교의 투쟁의 역사를 통해서 확인할 수 있다. 누구보다 헌신적으로, 누구보다 먼저 불의를 고발하고 투쟁했던 빛나는 역사가 있지만 오늘날까지 이어지는 보수 교회들의 행태로 인해 그 가치가 잘 보이지 않는 현실에 와 있다.

오늘날의 교회는 하면 사회에서 존중받지 못하는 그룹이 된 것이 사실이다. 워낙 많은 부정부패한 모습이 국민들 앞에 노출되었고, 게다가 반성하는 모습도 잘 보이지 않는 시간이 길어지다 보니 이제 개신교와 신도들에 대한 기대를 접는 지경에까지 이른 것이다. 오호 통재라.

가장 최근에 알려진 보수적인 인사의 설교 내용으로 또 시끄럽다. "북한이 쳐들어왔다고 하자. 그것은 말도 안된다. 왜? 그쪽은 2,000만이고 우리는 5,000만이니까 한놈씩만 안고 죽으면, 2,000만만 희생하면 나머지 3,000만이 (살아남게) 되고, 아기는 금방 낳으면 된다."고 설교한 방송인이기도 한 장경동 목사의 발언 때문이다. 생명에 대한 존중이라고는 찾아볼 수 없는 극우적인 발상일 뿐이지만, 이를 듣고 보는 이들은 자못 심각하게 받아들일 수밖에 없다. 생명을 숫자로 치환하여 정리하고 없애는 것을 말할 수 있다는 자체가 이해되지 않을 뿐 더러 그것이 과연 종교적인 덕목에 합당한 내용인지도 의문이다. 공산주의는 악이고 사탄이라 죽여도 된다는 식의 사고방식은 해방 이후나 지금이나 여전한 극우들의 입장인 것이다. 종교는 사랑을 말하고 실천하는 이들의 모임이다. 사랑이 없으면 아무 것도 아니라는 성서의 말씀도 모르는지.

우리 사회는 참 다양한 스펙트럼이 있다. 종교에서도 사회에서도 각 분야마다 다양한 시각이 존재한다는 말이다. 당연히 그 시각에 따른 실천을 하는 이들이 다양하게 존재한다. 비판을 하려고 해도 특정한 세력의 특정한 부분을 딱 집어서 비판을 해야지 뭉뚱그려 비판을 하다보면 과녁을 벗어난 화살이 되기 십상이다. 잘못된 개신교의 행태 가운데 어떤 부분과 그를 행하는 이에 대한 비판은 정당하지만 과녁을 잘못 겨냥하면 오히려 반감을 사기 쉽다. 종교만의 이야기가 아니다. 비판받아 마땅한 각계각층의 다양한 사람들의 행태를 제대로 보고 제대로 비판하자는 말이다. 물론 잘될 것을 기대하는 마음으로 말이다. 국회의원을 욕하는 것은 쉽지만 구분없이 싸잡아 비난하다 보면 정치혐오가 따라온다. 어떤 정치그룹의 전략이기도 하다. 잘 알지 못한 채 부화뇌동하다보면 의도치 않게 어떤 세력에게 도움이 되는 결과를 낳는다. 내가 비판하려던 세력을 돕는 결과라니 문제가 아닌가. 오늘날 사회에서 가장 많이 욕먹는 집단이 종교집단과 정치집단인데 둘은 정말 많이 닮았다. 그 이야기는 개혁의 메카니즘도 같다는 말이다. 긍정적인 방향으로 가길 원한다면 사랑하고 아끼는 마음으로 옥석을 구분하며 당근과 채찍을 들어야 하지 않을까.

이 장에서 보수의 기원으로 서북청년단과 개신교를 들었는데 이는 충분한 근거가 있는 지적이다. 매우 비판적인 시각으로 이야기를 전개했지만 없어져야 할 악마로 규정하거나, 피해야 할 더러운 것으로 간주하고 하는 말이 아니다. 갱신과 개혁이 가능한 집단이길 기대하며 애정 어린 시선으로 돌아본 것이다. 오늘의 불행한 결과에 이르기까지 오랜 세월 잘못된 관행을 만들었다면 어느 시점에서는 턴을 하는 계기가 오지 않겠는가라는 기대를 하면서 말이다. 비판과 비난은 쉽지만 한국 사회의 지속적인 발전을 위해서는 어차피 안고 가며 고쳐야 할 대상이 종교다.

참고문헌

윤정란, 2015, 『한국전쟁과 기독교』, 한울.

김진호 편, 2018, 『권력과 교회』, 창비.

장규식, 2001, 『일제하 한국기독교민족주의연구』, 혜안.

김양선, 1956, 『한국기독교해방십년사』, 대한예수교장로회총회종교교육부.

한경직목사기념사업회, 2009, 『한경직 목사 설교선집1』.

조병옥, 『총선거와 좌익의 몰락』, 서울 경무부경찰공보실(1948년 4월 20
일).

한철하, 1962, 「칼빈의 정치론」, 『신학지남』 122호.

'논설', 〈독립신문〉 1897. 12. 23.

'정치자유를 요구, 계급독재는 절대반대, 군정청 여론국 조사1' 〈동아일
보〉 1946. 8. 13.

〈다음백과〉, '제주4 · 3사건' https://100.daum.net/encyclopedia/vie
w/47XXXXXXX202

'극우개신교 뿌리는 제주 4.3 학살 주도한 서북청년단' http://www.
vop.co.kr/A00001393878.html

''반공주의' 들고 독재정권과 함께 성장한 극우개신교' http://www.vop.
co.kr/A00001395490.html

〈위키백과〉, '채명신' https://ko.wikipedia.org/wiki/%EC%B1%84%E
B%AA%85%EC%8B%A0

최태육, '국가조찬기도회' https://nccktheology2019.tistory.com/40

::

Part 3

6장
베트남을 기억하다

베트남에 대한 기억 그리고 여행

2019년 2월의 한 장면.

　　김정은과 트럼프가 만난 제2차 북미정상회담 장소인 하노이에 매스컴의 관심이 모두 쏠렸다. 결과적으로 정상회담은 생각보다 짧았고, 그 결과 역시 기대한 것에 미치지 못했기에 실망이 컸다. 그 사이 정상회담 소식을 현장에서 전하기 위해 달려간 각 언론사의 카메라들은 하노이 곳곳의 장면을 끊임없이 송출했고, 기자들은 하노이 현지의 작은 소식까지 전하느라 바빴다. 현장으로 달려간 데스크들은 현지에서 뉴스를 진행하기도 했다. 베트남이라는 나라가 그렇게 친근하고 가깝게 여겨지는 나라였는지 새삼스러웠다. 이른바 사회주의 국가인 베트남이 이렇게 가까운 느낌으로 다가오다니. 심지어 전쟁을 했던 적국이 아니던가.

　　내 어릴 적 베트남에 대한 첫 기억은 '월남'으로 남아있다. '월맹'과 전쟁을 하고 있다는 그곳 소식은 당시 동네에서 신문을 구독하던 몇 안되던 집이라 간간이 읽었다. 초등학교 저학년이었으면서. 그러다가 학교에서 낸 숙제였던 월남전에 대한 스크랩을 꼼꼼하게 정리해 낸 기억이 난다. 칭찬을 받았던 기억이 선명해서 아직도 기억하고 있는 것일지도 모른다. 내 기억의 베트남은 월남이었고, 우리 편인 월남이 공산당인 월맹과 싸우는데 미국이랑 우리나라랑 같이 가서 돕고 있다는 정도였다. 나중엔 보트피플에 대한 소식을 해외토픽에서 간간히 본 기억만 있을 뿐 관심을 갖고 산 건 아니었다.

베트남에 대한 이후의 첫 기억은 대학에 다니던 때 내게 다가온 리영희 선생의 『베트남전쟁』이라는 책이다. 1985년에 출판된 이 책은 표지에 실린 사진부터 강렬했다. 1972년 퓰리처상을 수상한 AP 사진기자 닉 우트의 사진이다 1972년 6월 8일 남베트남 육군이 1번 국도를 탈환하기 위해 공군에 요청하여 네이팜탄을 융단 폭격한 현장에서 화상을 입은 채 알몸으로 사력을 다 해 탈출하는 소녀의 사진이다.[1] 더 놀랍게 다가온 것은 그 내용이었다. 기존의 인식과는 사뭇 다른 내용이었고 그것은 과장이 아닌 꼼꼼한 기록이었다. '30년 베트남전쟁의 전개와 종결'이라는 부제의 이 책은 당시로서는 획기적인 내용을 담은 것이었으니 불온도서라 하여 금서도 됐

---

1   당시 만 10살이었던 판 타이 킴 푸크라는 소녀는 20세에 미국 CBS
     에 출연해 베트남전쟁의 참상을 고발했다. 1992년 캐나다 망명에 성
     공한 그녀는 1997년 미국에 킴 푸크 재단을 설립해 전쟁 피해 아동
     들을 돕고 있다. 그녀는 "평화를 위해 헌신해야 한다"며 공개적으로
     자신에게 평생 지워지지 않는 신체적 상처를 줬던 미국-남베트남
     연합군 측 군인들을 용서했다. 통일된 베트남에서 그녀는 공직자로
     UN에서 근무하기도 했다.

던 책이다. 리영희 선생은 베트남전쟁을 공산주의 세력과 반공산주의 세력 간의 대결로 이해하면 진실에서 거리가 먼 것이라고 했다. 미국이 싸운 전쟁 중에 징병기피자가 수십만 명이나 된 유일한 전쟁이란다. 지금은 그 책의 내용이 일반적인 인식이 되었지만 당시로서는 특별한 책이었다. 읽으면서 충격을 받았던 기억이 베트남에 대한 두 번째 기억이다.

북미정상회담이 아니었더라도 요즘 우리나라에서 베트남은 그야말로 힙한 곳이다. 여행지로 널리 알려졌고 심지어 우리나라 사람들이 개발했다는 여행지도 있을 정도다. 2017년에 242만 명, 2018년에 344만 명이 베트남을 방문했고 2019년에는 400만 명이 넘어갈 것이라는 전망이다. 지금의 세대에게 베트남은 여행지로만 기억될지도 모른다. 그 베트남에 나도 여행자로 다녀왔다. 우리와 전쟁을 했던 베트남이 부담스럽지 않은 가까운 이웃 같은 여행지가 된 현실. 뭔가 생각하게 된다.

2018년 베트남 여행은 우연한 계기로 시작됐다.

대학 1학년 때 만나 30여년을 교류해온 친구와 어느 날 나눈 대화.

"난 배낭여행을 가고 싶어."

"다 늙어서 뭔 배낭여행?"

"애들은 다 가는 여행을 우린 가보지도 못하고 살았잖아. 이제라 도 해보면 좋지 뭐."

"그건 그렇네"

"우리 청년 때는 이런 기회가 없었잖아"

"그렇지"

"애들 여행간다 하면 잘 보내줬는데 정작 나는 그걸 안해봤더라구"

"애비 맘이 다 같지 뭐. 우리 애들은 외국가는 걸 어려워하지 않더라구"

"언젠가 가볼 수 있으면 좋겠다. 그치?"

"그럼 같이 가자"

"그래? 좋아좋아"

이런 대화를 나눈 일은 있으나 구체적인 추진은 안하던 어느 날, 인터넷 서핑을 하던 나는 비행일정을 짜고 찾아주는 플라이트 그래프라는 사이트에서 딱 적합한 일정의 항공권을 발견했다. 무비자로 베트남을 여행할 수 있는 기간인 보름짜리 비행기표였다. 4월 25일부터 5월 10일까지 국제선 왕복에 베트남 국내선 두 번이 포함된 항공권으로 호치민, 나트랑, 다낭이 다 포함된 일정이다. 별도로 다낭에서 하노이를 다녀오는 항공권도 추가했다. 중년이 직장을 보름 비우는 것이 쉬운 일은 아니지만 어차피 가기로 한 것이니 과감하기로 했다. 컨셉은 청년 같은 배낭여행에 최소한의 비용으로 다녀보기로 하고 항공권 포함 각 100만원으로 모든 걸 해결해 보기로 했다. 결과는 가능하더라는 것. 싼 숙소와 저렴한 음식가격 덕분에 가능하더라는 것.

한국군이 참전하여 적군으로 싸웠던 나라이며, 강대국과의 전쟁에서 모두 이긴 역사를 가진 나라로 가는 여행은 궁금함과 기대감을 가진 여정이었다. 청년의 마음을 돌아보고 싶은 여행이기도

했고. 처음 도착한 곳은 베트남의 긴 지형 거의 가장 아래쪽의 호치민이다. 과거 남베트남의 중심지로 현재는 경제의 중심지인 옛 이름 사이공. 베트남 통일전쟁에서 승리한 북베트남이 그들의 정신적 지주인 호치민의 이름을 따서 개명한 이름이다. 호치민시는 1862년부터 1954까지는 프랑스 보호령 코친차이나의 수도였고, 1954년부터 1975년까지는 월남의 수도였다. 미국의 군사작전 본부가 있었으며 주월한국군 사령부가 주둔했던 곳이다.

비행기 트랩에 내리는 순간부터 느껴지는 강렬한 첫 인상의 후끈한 더위는 고생길이 될 것임을 미리 알려준 전조였다. 여행자들의 거리인 데탐거리 중간에 잡은 첫 숙소는 엘리베이터가 없었고 내 방은 6층이었다. 근교로 나가는 다음 일정들을 위한 예약을 위해 나선 여행사로의 걸음보다 숙소로 올라가는 길이 더 힘들었던 특이한 경험. 한가해 보였던 낮의 거리와 밤이 되어 다시 만난 거리는 완전히 다른 사람들의 다른 곳이라는 생경함. 강력한 비트의 음악과 거리에 앉아 마시는 맥주의 향연은 중년의 우리들에겐 눈이 휘둥그레지는 현장. 대단하더라. 베트남의 4월 25일(음력 3월 10일)은 홍왕탄신일이라 하는데 우리나라로 치면 단군탄신일과 비슷한데 이 날엔 모두 홍왕에게 경의를 표한다. 베트남의 전통에 따르면 홍왕은 베트남의 창시자다. 우리가 간 날이 바로 그 날이었다.

호치민에서의 일정 가운데 하루는 메콩강 투어를, 다음날엔 꾸찌 터널, 마지막 날엔 시내의 역사 현장을 다녀왔다. 메콩강은 중국 칭하이 성 티베트 고원의 해발 4,900m가 넘는 곳에서 발원하여 라오스와 타이 국경, 미얀마와 라오스의 국경을 지나 캄보디아와 베트남을 거쳐 남중국해로 흘러가는 총 길이 약 4,350km의 긴 강이다. 세계에서 12번째로 긴 강이며 10번째로 유수량이 많은 강이란다. 강 하구에서는 9개의 지류로 나뉘어 구룡(九龍)이라는 신성한 이름으로 부른다. '메콩'이라는 말은 '아홉 용'이라는 의미이다. 아주 길고 긴 거리를 흘러온 물이 베트남 남쪽까지 이르렀고, 그 지역 주민들 삶의 젖줄이기도 하다. 흙탕물이지만 그 안의 생명들과 더불어 사는 주민의 삶이 있다. 그곳의 삶의 현장을 둘러보고 안내하는 대로 역사를 공유하기도 하는 하루짜리 여정 중에는 작은 배를 타고 그 강을 둘러보는 일정도 있다. 새롭고 어딘가 안타까운 느낌을 받으며 물길을 가로지르는 여정이다.

　　호치민에서 북서쪽으로 70km 떨어진 꾸찌 터널은 그야말로 역사적인 현장이다. 프랑스 식민지로 오래 있다가 일본이 밀고 들어왔고, 1945년 우리의 해방과 같은 시기에 해방을 경험한 베트남. 그 시기 힘의 공백기에 프랑스가 다시 침입한다. 8년여의 전쟁을 통해 프랑스를 몰아낸 베트남. 이 때 정전하며 17도선을 기준으로 북측은 북베트남이, 남측은 미군이 관리하며 총선을 통해 통합정부를 세울 계획이었으나 사회주의를 천명한 북베트남과 호치민의 승리가 예상되자 미국은 총선을 거부하게 만든다. 남베트남 정부는 별도로 구성되고 결과적으로 분단된다. 이후 미국은 허약한 남베트남을 지키기 위해 전쟁에 돌입한다. 미국이 시작한 이 전쟁의 특이점은 선전포고도 없었고 공격은 없이 오로지 남베트남을 지키는 방어전이었다는 점이다. 내부적으로도 인정받지 못한 전쟁. 이 때 남베트남 지역에는 민족해방전선(베트콩)의 활약이 시작된다. 후에 휴전을 하며 휴전주체로 나선 4주체는 북베트남, 남베트남, 남쪽의 민족해방전선, 미국 등이다. 엄청난 미국의 지원에도 불구하고 남베트남은 부정부패로 자멸의 길을 가는 반면 민족해방전선은 정글의 지형을 이용하여 치열한 투쟁을 벌인다. 그 시기 민족해방전선 베트콩이 활약한 좁은 미로와 같은 땅굴들이 꾸찌 터널이다.

회의실, 조리실, 육아실, 벙커 등이 골고루 갖춰진 터널은 폭이 좁고 입구도 작아 미군은 찾기도 어려울 뿐더러 들어가기도 어려웠던 곳이다. 전체 길이가 250km로 애초엔 프랑스와 맞서기 위해 만들기 시작했지만 미국과의 전쟁에서 크게 유용했던 거대 지하 도시였다. 1948년 프랑스에 대항하기 위해 지하 1층 구조로 만들었다가 점점 거세지는 미군의 공격에 대비해 더욱 깊숙이 팠고 결국 지하 3층, 8m 깊이의 터널이 되었다. 한창 때는 터널이 캄보디아 국경까지 이어졌었단다. 터널은 지상에서 3-4m의 두께를 유지하고, 50톤 가량의 탱크와 폭격에도 끄떡없게 설계되었다. 꾸찌 지역의 땅은 폭탄 공습에도 잘 무너지지 않는 단단한 토질이다. 입구는 무척 좁아 왜소하거나 날씬한 이가 아니라면 출입이 용이치 않다. 미군은 발견하고도 접근하기 쉽지 않은 지하요새였던 것이다. 깊숙한 내부는 넓은 주거지 등 생활공간이 만들어져 있어 그곳에서 은둔하고 생활할 수 있는 식당, 우물, 침실과 진료실 등에 이르기까지 게릴라전을 위한 모든 시설을 갖추고 있었다. 베트콩과의 게릴라전에 전력을 소모하던 미군은 이 땅굴이 있음을 알아내고 m^2당 TNT 3kg에 해당하는 무차별 융단 폭격도 시도하고, 고엽제 대량 살포까지 했지만 베트콩은 끝까지 저항할 수 있었다. 전쟁 당시 이 터널 바로 위에 미군 기지가 있었으면서도 발견할 수 없었던 지하요새의 위력이다. 그 긴 터널의 일부 지역을 관광자원으로 활용하고 있다. 당시의 미군이나 월남으로 파병됐던 국군들이 베트남으로 여행을 가면

한 번씩 둘러본다고도 하니 그들의 감회와 느낌은 어떤 것일까 궁금하다.

꾸찌 터널을 방문했던 날 아침 문재인 대통령이 남북정상회담을 위해 판문점을 향해 청와대에서 출발하여 자유로를 달리는 장면을 CNN 생중계를 통해 보면서 2007년 노무현 대통령의 방북 길이 떠올랐다. 그렇게 평화의 길을 가는 이들의 모습은 아름답다. 전쟁의 상흔은 그 어떤 것으로도 완전히 치유할 수는 없다. 각자 노력하는 것일 뿐. 꾸찌 터널을 관광자원화한 베트남이 그 아픔을 모두 극복하거나 잊어서는 아닐 것이다. 평화가 얼마나 소중한지를 강변하기 위한 한 노력이 아닐까 하는 생각이 들었다.

이어서 방문한 호치민시의 전쟁기념박물관은 프랑스 식민지하에서의 독립 전쟁, 중국과의 전쟁, 미국과의 전쟁, 그리고 캄보디아 크메르 정권과의 전쟁 등을 기념하기 위해 세운 전쟁기념관이다. 그 전쟁들에서 승리하기까지의 고난과 시련, 적들의 만행을 겪어야만 했던 시기의 현실을 고발하는 사진들이 많다. 전쟁에서 실제로 사용된 탱크, 전투기, 미사일 등의 병기를 진열한 옥외 전시실과 전쟁 자료들이 있는 실내 전시실로 구성돼 있다. 포르말린에 담긴 고엽제 후유증으로 태어난 기형아들의 사체, 길에 널린 무고한 희생자들의 사진, 전쟁을 선동하는 포스터와 오래된 신문 등은 당시의 처참했던 상황을 증언하고 있다.

베트남 국경일인 남베트남 해방기념일에 나트랑(냐짱으로도 부른다)으로 향했다. 1975년 4월 30일 사이공 정부가 몰락한 날이며, 베트남 전쟁을 끝내고 베트남 남부를 해방시킨 날이다. 모든 집에 의무적으로 베트남 국기가 달리는 날인데 그리 많이 보지는 못했다. 나트랑은 호치민에서 북동쪽으로 412km 떨어진 소도시며 인구는 42만 명. 휴양 기능 말고는 어떤 도시 기능이 있는지 잘 모를 만큼 휴양지로의 면모만 완연하다. 이왕 시작한 여행이니만큼 로컬을 경험하자는 취지에서 나트랑 시내에서 30km 떨어진 푸빈햄릿이라는 곳에 숙소를 정하고 살펴본 동네는 그야말로 시골이다. 시골 동네를 어슬렁거리며 간이시장에서 음식도 사먹고 길거리 이발소에서 면도도 하며 지낸 하루의 여유는 괜찮았다. 다음 날 나트랑 시내에서는 냐짱대성당과 롱손사원, 포나가르사원 등을 둘러봤다. 냐짱대성당은 가톨릭, 롱손사원은 불교, 포나가르사원은 힌두교 사원이니 의도치 않게 종교순례를 한 셈이 됐다. 특히 부정부패에 항거한 민주화의 본산이었던 롱손사가 기억에 남는다. 베트남전쟁 때 종교탄압과 정부의 부정부패에 항의하였고 공산화된 이후에도 민중을 위하여 정부와 투쟁하였던 사원이다. 본당 오른쪽의 계단을 올라가다 보면 중간 중간에 민주화를 위해 싸우다 숨진 분들의 비석이 세워져 있고, 석불의 하부에는 민주화를 위해 애썼던 여러 스님들의 모습이 이름과 함께 청동 판에 부조되어 있다.

이후 슬리핑버스로 무이네로 이동하여 조용한 시골로의 여행을 이어갔다. 지프투어로 요정의 샘, 화이트 샌듄, 레드 샌듄, 피싱 빌리지를 달렸다. 흔히들 관광객들이 하는 건 다 경험해 본 하루. 야자수에 달아놓은 해먹에서의 낮잠이 가장 즐거웠다고 하면 무이네에 대한 예의가 아닌걸까?

이번엔 베트남의 수도인 하노이다. 비행기로 날아간 저 북쪽의 하노이는 호치민과 또 다른 느낌으로 다가왔다. 여행자들이 모이는 호안끼엠 호수 인근에 정한 숙소에서 어지간한 곳은 다 도보로 여행이 가능했다. 더위와 땀이 덤으로 따라오는게 흠이지만 애초에 예상했던 터라 크게 어렵지는 않았다. 호안끼엠은 한자로 환검(還劍)이라는 뜻이다. 검을 돌려주었다는 의미다. 15세기에 레로이라는 여 왕조 창건 왕이 호수의 거북이가 준 검을 가지고 전쟁에 나간다. 그는 명나라 군대를 격파하고 승리한다. 그 후 호수에서 거북이를 만나고, 그 거북이가 검을 물고 갔다고 해서 환검, 호안끼엠이라고 부른단다. 호수 북쪽에는 붉은 색 다리가 있는데, 이 다리를 건너면 응옥손이라는 작은 섬에 들어 갈 수 있고, 그 섬에 있는 사당이 현지인들이 복을 비는 곳으로 1865년 세워진 옥산 사당이다. 13세기 원나라와의 전쟁에서 죽은 이들을 기리는 곳으로 전투, 학문, 의술의 신 등을 모시고 있는 사당이다.

베트남여성박물관을 찾았다. 이곳은 가정에서의 여성, 역사 속의 여성, 여성 패션 등을 소개하고 있다. 오디오 서비스에 한국어가 없어서 몹시 아쉬웠다. 어설픈 영어로 문자를 해독하며 띄엄띄엄 이해한 내용 중에는 각 부족에 대한 설명도 있고, 큰 전쟁을 경험한 나라답게 전쟁영웅들에 대한 언급도 있다. 전쟁영웅 어머니들의 사진도 많다. 전쟁에서 남편과 자녀를 잃은 어머니가 5만 명이다. 항불 투쟁의 최전선에 서있던 어머니들에 대한 언급도 많다.

다음은 호아로 수용소. '호아로'의 뜻은 화로인데, 흙난로를 만들던 곳에 수용소를 세우면서 호아로 수용소로 불렸다. '메종 상트릴'이라 써 있는 입구를 주민들이 '괴물의 입'이라고 불렀을 만큼 위압적이다. 프랑스는 식민지배 시절이던 19세기 후반, 베트남 지식인들의 저항을 누르기 위해서 하노이에 호아로 수용소를 세웠다. 고문하고 재갈물린 세월의 흔적. 서대문형무소 느낌. 하지만 프랑스의 의도와는 달리 많은 지식인들이 수감되면서 오히려 정치 학습이 이루어지는 곳이 되었다. 따라서 이 수용소는 일종의 '독립과 혁명을 위한 학교' 역할을 했다. 죄수 아닌 죄수인 독립운동가들이 많아지자 기요틴이라는 처형대를 이용하여 수시로 처형했다는 깊은 슬픔이 배인 곳이다. 벽에 걸린 부조를 통해서 전달하는 메시지가 강렬하다. 전체적으로 음울한 분위기고 음악도 같은 분위기여서 관람자들을 엄숙하게 만든다. 이 수용소엔 베트남 전쟁 당시 북베트남군의 포로들이 수용되기도 했었다. 여러 가지 고문 도구와 독방, 처형 시설 등이 전시되어 있다. 긴 차꼬에 매인 죄수들이 나란히 갇힌 방도 있고, 한 두명이 묶인 채 있는 방도 있다. 뒷마당으로 나가면 이곳에서 희생된 이들을 기리는 추모시설도 있다. 부조로 표현된 벽이 둘러져 있다. 베트남전쟁에선 미군 포로들도 이 곳에 있었는데, 미군들이 하노이 힐튼(Hanoi Hilton)이라고 불렀단다. 제네바 협정을 무시했다는 의미와 열악한 환경을 빗댄 표현이다. 프랑스에게 고문당했던 곳이 미군을 고문하는 공간이 되기도 했던 역사적 아이러니.

멀지 않은 곳에 성 요셉 성당이 있다. 가톨릭 인구는 적지만 이곳은 여전히 미사를 드리는 성당이다. 식민 지배의 산물이기도 하지만 자기들 것으로 받아들인 한 부분이다. 쌀국수나 반미가 그랬듯이. 하노이의 마지막 날 일정은 호치민 관저 및 묘소, 호치민 박물관, 바딘 광장이 근처에 함께 있는 곳이다. 베트남의 영웅이자 지도자인 그에 대한 베트남민들의 열정적인 지지와 성원은 아직도 진행 중이다. 그 큰 둘레를 싸고 있는 인파들의 줄서기는 처음부터 나를 압도한다. 다른 때도 인파가 많다지만 일요일이고 남베트남해방일이 지난 지 얼마 안 된 때라 그런지 더욱 많다. 정말 많다. 수학여행 온 팀도 많고 외국인들도 간간이 눈에 띈다. 땡볕에 줄서서 몇 시간을 기다리는 이들의 모습은 그야말로 장관이다. 식민지 시절 프랑스총독부였던 주석궁 건물은 역사를 품고 있었다. 다만 호치민은 워낙 검소하고 허식을 싫어하여 손님이 올 때만 사용하고 관리자들 숙소에서 살았단다. 전용차도 여럿이지만 연비를 생각하여 가장 작은 차를 이용하고, 세간도 최소한으로만 사용하는 등 독립을 쟁취하고 통일까지 성취한 그의 품성까지 돌아보면 여러 가지 의미에서 특별한 지도자임은 분명해 보인다.

누군가의 삶의 흔적들을 찾아 방문한다는 의미는 무엇일까. 엄청난 인파들이 줄을 선 모습을 보니 노무현 대통령이 있는 김해 봉하마을 생각이 난다. 의미가 조금 다를 수도 있고 같기도 할 텐데 방문하는 이들의 마음은 대체로 비슷하지 않을까. 봉하마을을 방문하는 이들은 노무현 대통령을 그리워하고 미안한 마음을 그리 표현하는 게 아닐까. 2007년에 다녀온 평양의 김일성 생가도 생각난다. 인파는 많지 않지만 열정적으로 설명하던 안내원이 있었다. 확신에 찬 열변. 닳고 닳은 영혼 없는 멘트가 아니었던 기억. 누군가의 태어남과 삶과 죽음을 기억한다는 것은 내 마음과 행동에 영향을 받았다는 게 아닐까 싶다.

군인들이 지키는 조금은 엄숙한 분위기의 묘소와 관저를 지나 박물관으로 이동했다. 1990년 5월 19일, 호치민 탄생 100주년을 기념하고 호찌민의 활동과 업적을 기리기 위해 열었단다. 생전에 그리도 검소했고 유언으로 화장을 하라고 했건만 시신은 방부처리하여 모시고 있고, 웅장한 크기의 기념관을 만들어 놨다. 호치민 생가 모형, 애장품, 편지 등 호치민 생애와 관련된 모든 물품이 전시되어 있다. 내부에서 사진 촬영을 금지하고 있었다.

공자의 위패를 모시기 위해 1070년에 세워졌으며, 1076년에는 베트남 최초의 대학으로 유학자를 양성한 곳인 문묘도 둘러봤다. 경내는 벽을 경계로 모두 다섯 곳으로 나뉘어 있는데, 가운데 문은 왕만 출입했고, 좌우측 출입로는 일반인들이 출입했다. 경내 좌우에는 거북 머리 대좌를 한 82개의 진사제명비가 있고, 여기에는 1442년-1787년간 과거에 합격한 사람의 명단이 새겨져 있다. 특히 정문에서 들어가면 1805년에 건축된 퀘 반 각이 있는데 1000여 년의 문화 역사를 담고 있는 하노이시의 상징이며 베트남 사람의 호학정신을 상징하는 건축물이란다. 학문과 관련한 곳이어서 그런지 각지에서 수학여행인지 졸업여행인지를 온 학생들이 많았다. 이어 전 세계에 세 개 밖에 없다는 레닌 동상이 있는 레닌공원도 들리고, 깃발탑과 베트남군역사박물관까지 확인하니 하루가 다 간다. 기찻길마을의 정경도 신선했고. 오바마가 다녀가며 유명해진 분짜흥리엔에서 식사도 하고 다낭으로 향했다.

다낭공항에서 바로 이동한 호이안의 밤은 아름다웠다. 투본강을 중심으로 양쪽은 작은 등의 향연이다. 모든 가게와 거리에는 등이 장식되어 있는 아름다운 곳이지만 알고 보면 다낭이 발전하며 쇠락한 시골 마을이다. 다낭에서 30km 거리의 호이안은 과거 무역상들의 도시였다. 16세기 중엽부터 인도, 포르투갈, 프랑스, 중국, 일본 등 여러 나라의 상선이 기항하였으며 무역도시로 번성했던 곳이다. 그런 연유로 일본식 중국식 건축물들이 존재한다. 역사와 전통을 자랑하는 호이안의 구시가지는 1999년 유네스코 세계 문화유산에 등록되었다. 바로 그 문화유산이 지금은 인공 불빛 반짝이는 관광지라니. 프랑스 문물이 깃들여 있어 거리마다 유럽풍의 아름다운 건축물들이 많고, 등으로 유명한 도시답게 상점들마다 화려한 형형색색의 등이 달려있어서 옛 것과 유럽풍의 조화로 아름다운 이국적인 매력을 느낄 수 있는 건 사실이다.

보름간의 여행 마지막 일정은 다낭. 다낭은 파병된 한국군과 더불어 진출한 한국기업이 활동했던 곳이다. 다낭에는 대한통운이, 꾸이년에는 한진상사가 진출했고 깜라인의 항만공사는 현대가 담당했었다. 다낭과 우리나라와의 인연은 이렇게 시작되었나보다. 한낮의 다낭은 짐작대로 매우 뜨거웠다. 숙소가 세계 6대 해변 가운데 하나라는 미케비치 해변에서 가까워 에어컨 켜진 실내에서 감상하다가 결국 달려 나갔다. 바닷물에 들어가고픈 맘이 간절할 정도의 더위였으니까.

다음날엔 다낭 시내를 구경했다. 먼저 향한 곳은 베트남 사람들의 민간신앙을 대변한다는 오행산. 물, 나무, 금, 땅, 불을 상징하는 5개의 봉우리가 있으며 산 전체가 대리석이라 '마블 마운틴'이라 부른다. 오행산 가운데 물을 상징하는 투이 선이 핵심이고, 산속 동굴에 불상이 있다. 석단에는 전망대가 있어 전체를 조망할 수 있는데 가려진 부분들이 시야를 가리기도 한다. 이어서 간 곳은 다낭대성당. 수탉성당이라고도 부른다. 가장 꼭대기 십자가 위에 있는 수탉 모양 때문이다. 1923년 프랑스 식민 통치 시기에 건축된 성당이다. 수탉은 프랑스를 상징한다. 생각해보니 호치민에서도, 나트랑, 하노이에서도 대성당이라 불리는 곳엘 갔었다. 베트남 종교분포를 보면 불교가 67%, 가톨릭이 12%, 까오다이교가 5%, 무교이거나 잘 알려지지 않은 종교가 16% 정도인데, 그 가운데 가톨릭의 장소적 상징성이 커 보인다. 프랑스 식민지 시절에 들어왔을 외래 종교가 베트남인들에게 일정 정도 받아들여진 것이다. 각 도시의 대성당이 관광지의 역할도 한다.

다음 행선지는 까오다이 사원. 이곳은 독특한 곳이다. 모든 종교는 하나라는 교리를 가지고 있다. 이 까오다이 사원은 베트남에서 호치민시에 있는 사원에 이어 두 번째로 큰 규모라는데 전체적으로는 아담한 느낌이다. 내부에 들어가긴 쉽지 않고, 들어가더라도 복장의 제한이 있는 곳이다. 다행히 한 여성성직자의 안내를 받아 들어가 봤다. 새로운 경험이다. 중앙 제단의 배경으로 천안(天眼)이 푸른 공 모양에 그려져 있다. 그 위의 배경 그림에는 예수, 무함마드, 부처, 공자가 함께 서 있다. 모든 종교가 하나라는 그들의 종교관이 투영된 모습이다. 종교다원주의와는 다른 종교혼합주의라고나 할까.[2] 민족 종교이기도 한 까오다이는 독립운동 과정에서 독자적인 역할을 꽤 한 것으로 알려져 있다. 남베트남과도 투쟁했고, 어떤 경우는 북베트남과도 투쟁하는 등의 과정을 거쳤다. 그 영향력이 생각보다 컸던 모양이다.

이번 여행에서 베트남의 공항을 4군데 이용했다. 호치민, 나트랑, 다낭, 하노이까지. 1650킬로에 이르는 베트남 국토 길이의 상당 부분을 날아본 셈이다. 비행기로는 아니지만 무이네와 호이안까지 들렀으니 나름 상당 부분을 다니며 조금은 이해했다는 생각이다.

---

2 다원주의는 진리에 대하여 열린 마음을 가지고 상대적인 관점에서 너도 옳을 수도 있고 나도 옳을 수가 있다는 열린 마음으로 이웃종교를 대하는 반면, 혼합주의는 이웃 종교의 좋은 점을 받아들여 새로운 신앙체계를 혼합하여 만드는 것이기에 이 둘은 다른 유형이다.

역시 주마간산이겠지만. 아주 조금 이 나라에 대해 이해하고 알았을 뿐이지만 이런 배움은 좋다. 여행의 가치이자 의미가 아닐까. 무비자 여행 15일의 기간을 꽉 채우고 돌아본 베트남으로의 첫 여행은 많은 기억과 추억을 남겼다. 배움과 함께. 밤새 날아 인천공항에 도착하니 문재인 대통령 취임 1주년인 날 아침이다.

독립을 위한 투쟁: 베트남 역사

여행은 마쳤으니 베트남을 더 알기 위해 베트남 전쟁에 대해 살펴볼 차례다. 근대의 베트남을 알기 위해서는 전쟁의 역사를 살펴 볼 수밖에 없다. 오랜 기간 전쟁을 했고, 그 결과로 오늘의 베트남이 있으니 말이다.

베트남이라는 나라 이름은 월남(越南)이란 한자의 베트남어 발음으로 정확하게 발음하면 '비엣 남'이다. 이 이름은 베트남의 마지막 전통왕조인 응우옌 왕조(1802-1945)가 창건되면서 당시 중국 청나라와의 합의 하에 1804년에 만들어진 이름이다. 하지만 1950년대 초까지만 해도 베트남은 중국에서 '안남'(安南)이란 이름으로 더 많이 불렸었다. 당나라가 베트남을 지배하기 위해 '안남도호부'란 관청을 두었던 데서 유래한 것이다. 기록에 따르면 전근대 시기 베트남의 공식문자는 한문이었다. 우리나라나 일본과 함께 한자문화권에 속한다. 지금은 한자를 아는 사람이 드물다.

베트남을 지리적 편의상 북부, 중부, 남부로 구분하는데 이 중 북부만 11세기까지 베트남이었고 중부에는 오스트로네시안어계의 참족을 중심으로 하는 참파라는 인종과 종교가 다른 국가가 있었다. 남부 역시 베트남과는 인종과 문화가 다른 크메르인이 세운 캄보디아의 영토였다. 베트남 왕조의 남진정책으로 18세기 중반 모두 베트남에 편입되었다. 이런 다양성에도 불구하고 지금은 전쟁 등의 온갖 풍파를 겪으면서 식민지에서 벗어나고, 결국은 남북통일을 이뤄 하나의 국가로 지낸다는 점이 특이하다면 특이한 모습이다.

베트남 정부가 공식으로 인정하는 소수민족이 54개 부족이다. 보통의 베트남 사람들은 낀족(Kinh)이라고 하며 전체 인구의 86% 이상을 차지하고 있다. 나머지 인구는 53개 소수민족으로 800만 명에 달한다. 소수민족은 북부 산악지대에 많이 분포되어 있는데 므엉, 따이, 타이, 흐몽 족과 같이 백만 명이 넘는 소수민족도 있지만, 응에안 성의 오두족의 경우에는 불과 300여 명 정도밖에 남아있지 않은 경우도 있다. 하노이 롯데센터에서 2km 남짓 떨어진 곳에 베트남민족학박물관이 있는데, 이 박물관은 베트남 전국에 분포되어 있는 소수민족에 관한 자료들을 전시해놓은 곳이다. 이 곳을 살펴보면 어느 정도의 이해가 가능하다.

흔히들 베트남의 역사를 승리의 역사라 표현한다. 그 내용을 알기 전에는 무슨 말인가 했는데 그들의 역사를 조금 살펴보니 이해가 된다. 그만큼 전쟁을 많이 겪었다는 말이기도 하고 결국에는 살아남았으니 그것을 승리의 역사라고 표현해도 무방할 것이다. 그런 의미에서 본다면 수많은 외침의 역사에서 살아남은 우리와도 비슷한 점이 있다고 하겠다.

베트남의 역사는 BC 200년경 남비엣이라는 독립왕국을 세우면서 시작되었다. BC 111년 중국의 전한에 점령된 후 939년까지 근 1000년을 중국 복속기로 지냈고, 이후 13세기에 3차례의 몽골 침략을 당했으며, 프랑스 식민 지배를 포함하여 1945년까지 장기 왕조시대를 거쳐 20세기 후반에 들어 프랑스와의 전쟁, 미국과의 전쟁, 그리고 캄보디아 및 중국과의 전쟁에서 승리하여 오늘날에 이르고 있다.

이 가운데 특히 20세기의 세 차례 전쟁은 특별하다. 오늘의 베트남을 있게 한 역사적 전쟁이다. 1883년 프랑스의 식민지와 속령, 그리고 1946년 프랑스군의 북부 하이퐁 공격 개시로부터 1954년 5월 7일 디엔 비엔 푸 전투에서 승리한 것이 1차 전쟁이다. 베트남이 경험한 프랑스의 식민 지배는 시기는 조금 달라도 우리의 일본에 의한 피지배와 같은 경험으로 볼 수 있다. 프랑스로부터의 독립과 함께 북위 17도 선을 경계로 일시 분단된다. 미국이 지원하는 '월남'이라고 불리던 남부는 '베트남 공화국'으로 자유 민주주의 체제였고, 소련이 지원하는 '월맹'이라고 일컬어지던 북부는 '베트남 민주공화국'은 사회주의 체제였다. 1965년 '통킹 만 사건'으로 촉발된 전쟁은 1975년 미국이 철수할 때까지의 2차 전쟁이다. 흔히들 베트남 전쟁이라 불리는 바로 그 전쟁이다. 남북으로 분단되었다가 벌어진 한국전쟁과 형태상 유사하다. 베트남이 겪은 20세기의 마지막 전쟁은 1978년부터 1979년까지 캄보디아, 중국과의 국경분쟁이 바로 3차 전쟁이다. 킬링필드[3]를 자행한 캄보디아의 폴 포트가 이끄는 크

3 '죽음의 들판'을 뜻하는 킬링필드는 크게 두 가지 의미를 가진다. 좁은 의미의 '킬링필드'는 1975년 4월 17일 집권한 폴 포트의 크메르 루즈 정권이 캄보디아를 지배한 3년 8개월 10일 동안 학살, 기아 등으로 캄보디아인 100만 명 이상이 사망한 사건을 말한다. 또 킬링필

메르 루즈를 응징하기 위해 1978년 캄보디아로 출병하여 전쟁에서 승리했다. 베트남이 캄보디아를 침공하여 프놈펜에 친 베트남 인사를 권좌에 앉혔다는 이유로 1979년 중국이 베트남을 침공한 것이다. 불과 얼마 전까지 북베트남을 지원하던 바로 그 중국이 같은 사회주의 국가를 대상으로 전쟁을 일으켰다는 점은 자국의 이익을 위해서는 이념도 중요한 가치가 아님을 보여주는 장면이라 생각한다. 베트남은 이 전쟁에서도 중국을 패퇴시키고 승리하였다.

일반적으로 베트남 전쟁이라고 하면 두 번의 전쟁을 말하는데 제1차는 프랑스와의 전쟁이고, 제2차는 미국과의 전쟁이다. 미국과의 전쟁에 한정하여 베트남 전쟁으로 부르는 경우도 많다. 베트남 전쟁은 흔히 생각하듯 1960년대에 시작된 것이 아니다. 1946년에 시작된 전쟁이다. 그래서 30년 전쟁이라고 부르는 것이다. 베트남 전쟁은 공산주의 대 반공산주의의 대결이 아니라 상상할 수 있는 모든 갈등의 요소가 뒤범벅되어 전개된 전쟁이었다. 그것이 "20세기 인류의 양심에 그어진 상처"라고 일컬어지는 이유다(리영희, 1985: 6-7). 1884년 프랑스에 나라를 빼앗긴 베트남은 식민지의 어려움을 온 몸으로 겪은 바 있다. 그 과정에서 1940년 일본이 프랑스를 몰아내고 베트남을 차지한 일이 있는데 이 때도 베트남은 독립을 위한 싸움을 멈추지 않았었다. 1945년 일본의 항복으로 제2차 세계 대전이 끝나면서 베트남은 독립을 선언하고 베트남민주공화국을 세웠

드는 크메르 루즈 정권이 저지른 학살로 죽은 시체들을 한꺼번에 묻은 집단 매장지를 지칭하는 말이기도 하다. 약 1만 7,000명의 시신을 매장한 수도 프놈펜 인근의 쯔응아익을 비롯해 캄보디아 전국에서 2만 여개의 집단 매장지가 발견됐다('킬링 필드', 〈다음백과〉).

다. 이 때 프랑스가 베트남의 독립을 받아들일 수 없다며 전쟁을 일으켰고, 8년에 걸친 전쟁은 디엔비엔푸 전투에서 베트남민주공화국이 승리를 거두면서 끝났다. 이 시기 베트남은 1954년 베트남민주공화국과 프랑스 사이에 맺은 제네바 평화협정에 따라 북베트남과 남베트남으로 분단된다. 우리나라의 경우처럼 말이다.

통킹만 사건을 계기로 미국이 참전한 전쟁을 일반적으로 2차 베트남전쟁이라 부른다. 전쟁의 계기가 통킹 만 사건이라는 말이다. '통킹 만 사건'은 미국 제7함대의 구축함 매덕스호와 터너조이호가 월맹 해군 어뢰정에 의해 공격을 받자 미군 항공기 54대가 북베트남에 보복폭격에 나선 사건을 말한다. 이를 계기로 미국 의회가 존슨 대통령에게 침략 저지에 필요한 조치를 취하는 것을 인정하는 '통킹 만 결의안'을 가결하여 확전의 열쇠를 쥐어 주었다(채명신, 2006: 82-83). 통킹 만 결의안으로 사실상 대통령에게 미국이 베트남 전쟁에 전면적으로 개입할 수 있도록 하는 공식적인 권한을 부여한 것이다. 하지만 통킹 만 사건이 미국의 국가안전보장회의 발표와는 달리 어뢰정의 두 번째 공격은 없었다는 것이 후일에 밝혀졌다. 북베트남을 공격하려는 미국 측의 정보조작이라는 것이다. 〈뉴욕 타임즈〉는 2005년 말 베트남전 확전의 결정적 계기가 된 이 사건의 정보가 고의로 왜곡됐던 것이 드러났다고 보도한바 있다(채명신, 2006: 85). NSA(미국 국가안보국, National Security Agency) 역사 연구관의 말을 인용하여 NSA의 중간간부들이 감청내용을 왜곡했고 정책결정자들은 허위보고에 근거해 폭격 결정을 내렸다는 것이다. 이런 정황은 결국 미국의 베트남전쟁이 정당성 없는 전쟁이었다는 평가를 굳히게 되는 계기가 된다. 〈뉴욕타임즈〉는 앞서 1971년 6월에도 통킹 만 사건의 두 번째 교전은 미국이 북베트남 개입을 정당화하기 위해 조작된 것이라는 보도를 한 바 있다. 이 기사를 쓴 기자가 7,000페이지에 달하는 『펜타곤 페이퍼』(Pentagon Papers)를 입수하여 분석한 결과, 통킹 만 사건의 두 번째 교전은 사실이 아니었다는 것이다. 과정에서 조작이 있었던 것으로 알려진 통킹 만 사건으로 결국 베트남전쟁은 결국 본격적인 확전 단계로 진입했다.

프랑스 식민시대를 청산하고 새로운 국가로의 이행을 원했던 베트남에 대한 미국의 전쟁은 무슨 의미일까. 왜 정보를 조작해 가면서까지 그 전쟁을 일으켰던 것일까. 제2차 세계대전이 지나면서 미국은 강력한 국가로 자리매김 했다. 이전 영국, 프랑스 등의 제국들이 세계대전 이후로 실질적으로 힘이 줄게 됐고 그 자리를 미국이 차지한 것이다. 공산주의와의 대결에서 승리해야 한다는 강박이 그들에게 자연스럽게 스며든 것은 아닐까. 동남아시아 지역에서 소련과 중국의 영향력이 점차 강화되고 있을 즈음이었으니 베트남이 사회주의화 되는 것은 동남아시아 지역 전체가 사회주의의 영향권 아래에 들어간다는 것을 의미하는 것으로 해석했고 그래서 무리한 방식을 취한 것은 아닐까. 실제 한국전쟁에서도 미국이 남한을 지지하고 참전한 것이 마찬가지의 이유가 아니었던가. 북한이 소련의 영향력 아래 들어가면서 남한마저 잃을 경우 태평양 건너 멀리에 있는 영향력 없는 나라로 머물 수밖에 없을 것을 염려했기 때문이 아니던가.

전쟁은 왜 일어나는가

전쟁은 왜 일어나는가? 어떤 이는 전쟁이 문명의 소산이라고 말하고, 또 다른 이는 전쟁이 인간의 타고난 본성에서 비롯된 것이라고 말할 것이다. 여러 이유가 있을 수 있지만 분명한 것은 합의를 도출할 다른 방법이 없을 때 전쟁이 일어난다는 점이다(버나드 로 몽고메리, 1995: 46). 그게 아니면 합의할 의지가 없으며 힘으로 제압할 자신이 있을 때 전쟁을 일으킨다. 전쟁은 결국 정의가 아닌 힘에 기초한 것이니 일방적인 굴복하기 싫다면 저항 또는 응전하는 것이고, 힘이 있다면 공격하고 침략하는 것이다. 인류 역사를 돌아보면 민간인의 삶은 언제나 전쟁의 영향을 받아왔다. 전쟁의 책임을 따져 올라가면 정치인들이 보인다. 정치인은 직업적인 육군도, 해군도, 공군도 아닌 민간인이지만 전쟁을 지휘하거나 총괄한다. 전쟁은 군인만의 것이 아니며 군인 위에서 정치적인 결정을 하는 집단은 결국 민간인이며 정치인이다. 군인과 민간인 모두에게 심대한 영향을 미치는 전쟁의 결과를 초래하는 것은 민간 정치인이고 실행에 옮기는 이들은 군인이다. 정치논리가 작용하는 것이 전쟁이라는 말이다(버나드 로 몽고메리, 1995: 45).

군대는 전쟁을 통해 목적을 이루려는 정부의 수단이다. 그러므로 군대는 정부가 군주제이든 공화제이든 독재든 형태를 불문하고 정부에 봉사하는 군사 조직이다. 군대는 대부분 남성인 병사와 병사들이 사용하는 군수 물자로 구성된다. 병사는 국가의 이름 아래 합법적으로 무장하여 폭력을 행사하는 사람들이다. 이런 목적으로 모집되고 교육을 받고 병영에 기거한다. 병사들이 제 능력을 발휘하려면 훈련이 필요하다. 또 군복을 입고 있어야만 군인으로 인정을 받고 군복을 입고서만 전투에 참가할 수 있다. 병사들은 공공연하게 무기를 소지한다. 그리고 병사들의 행동을 책임지는 지휘관의 명령에 복종한다. 전쟁은 한 국가가 다른 국가를 군대로 공격하고, 공격을 당한 국가가 다시 군대로 방어 태세에 돌입할 경우에 발생한다. 공격만으로는 전쟁이 성립되지 않는다. 방어가 있어야만 전쟁이 시작된다. 두 나라가 서로의 국경을 인정하는 동안에는 평화가 유지된다. 국경을 침범할 경우 전쟁의 원인이 수면 위로 떠오르는 것이다. 따라서 전쟁과 평화는 두 국가 사이의 국경 정하기에 기초를 두고 있다. 이는 평화와 전쟁을 제외한 제3의 상태가 불가능한 조건이다. 국가 간의 관계는 일반적으로 외교 정책의 일부다. 전쟁론의 대가 클라우제비츠는 전쟁 또한 외교 정책의 일부로 보았다. 혹은 그의 명언대로 "전쟁은 다른 수단을 이용한 정치의 연속이다. 전쟁은 정치의 일부이며 사회 활동이라는 클라우제비츠의 중요한 주장은 여기에서 나온다. 전쟁은 정치적 상황에서 출발하며 정치적 동기를 통해 유발된다. 정치는 전쟁 행위 전반에 스며들어 있고, 전쟁의 경과를 통해 변화를 겪는다. 그리고 한 가지 사실만은 변함없이 분명하다. 군대는 정치에 예속된다는 점이다. 물론 전쟁이 정치의 일부일 수 있다. 그러나 전쟁은 정치의 실패이기도 하다. 다시 말해 분쟁을 평화롭게 해결하지 못하는 정치적 무능력이 전쟁을 낳는다는 뜻이다. 근본적으로 정치의 주된 임부는 분쟁을 평화롭게 해결하는 것이다(게르하르트 슈타군, 2019: 134-136).

이라크 전쟁도 그랬다. 분쟁을 평화롭게 해결하지 못한 정치의 무능력이 전쟁으로 이어진 경우다. 이라크가 대량살상무기를 보유하고 있다는 정보에 따라 공격 명분을 쌓은 부시 정부는 전쟁을 개시했다. 수년에 걸쳐 많은 인명피해를 남긴 그 전쟁 이후 전쟁의 명분이었던 대량살상무기는 존재하지 않았다는 것이 밝혀졌다. 잘못된 정보에 근거하여 잘못된 결정을 하고 그에 따라 수많은 인명과 재산의 피해를 초래한 것이다. 정치인들의 정세판단에 따라 현장에서 군인들과 민간인들이 살상됐다. 이라크는 세계 2위의 석유 매장량을 갖고 있고 생산량도 막대하다. 아랍민족주의의 지도자로 부상한 후세인 대통령은 서구 제국주의 열강들의 자원침탈을 막는다는 명분으로 모든 유정을 국유화했고, 채굴권 양도과정에서 미국과 영국의 회사들을 대상에서 제외시켰다. 이라크의 석유는 채굴비용이 가정 적게 드는 곳이기에 미국이 탐냈다는 설도 있고, 미국 군산복합체들과의 결탁으로 전쟁을 일으켰다는 해석도 있다. 군산복합체는 무기를 생산하는 기업이고, 무기의 생산은 항시적인데 반해 대량소비는 전쟁 시에만 가능하다. 전쟁을 통한 재고 소진과 신제품 실험 등의 이익을 얻을 수 있기에 정치권에 로비를 해서 전쟁을 일으켰다는 해석이다. 저간의 맥락에서 추정은 할 수 있지만 나로서는 명확하게 규정을 할 수는 없다. 반면, 부시가 이라크를 공격하려는 석유도 아니고, 지역적인 패권도 아닌 '이라크의 민중들을 후세인의 독재로부터 해방시킨다'는 일종의 이념적, 종교적 사명감에 가득 차서 한 전쟁이라며, 혹자들이 석유와 지역패권을 거론하면서 부시가 미국의 이익을 위하여 이라크 전쟁을 강행했다고 해석하는 경우 무의식적으로 '합리적 행위자 모델'을 따르고 있는 것이라고 지적하기도 한다.

국제정치학 이론의 근간을 이루는 것은 주 행위자가 국민국가이고, 그 국민국가의 지도부는 자국이 행하는 외교와 국제적인 행위의 이해득실을 유추해서 자국에 가장 득이 많은 시나리오를 선택하여 정책을 집행한다는 이론이다. 이 이론은 국가의 지도자들은 언제나 합리적으로 어떠한 정책의 득실계산을 하고 최대한의 실익을 추구한다는 점에서 '합리적 행위자 모델'이라고 부른다. 이 합리적 모델은 국가정책이란 언제나 한정되고 제한된 목표를 위하여 시행되어야 한다는 전제를 갖는다. 여기에 더하여 종교적 이상이나 윤리적 당위론이 국가정책에 주입되는 것을 배격한다. 따라서 어느 특정국가가 자신의 정책적 목표에만 도덕적 정당성을 부여하고 다른 나라 정책은 잘못됐다고 믿는 이중성은 배격되어야 하는 것이다. 그런 의미에서 베트남 전쟁은 중요한 이해가 걸려있지도 않은 지역에서 '공산주의를 막는다'는 이념적인 기치아래서 명분 없는 전쟁을 한 것이기에 미국의 베트남전 참전에 대해 부정적인 평가를 한다.

전쟁을 일으키는 최종결정은 대통령 등의 정치인이 한다. 그 최종 결정까지 수많은 참모들과 더불어 깊은 논의를 할 것이다. 그 과정에서 전쟁을 주장하는 매파라 불리는 강경파들이 득세하면 결과는 전쟁으로 귀결된다. 반대로 비둘기파라 불리는 평화주의자들의 논지가 설득력이 강하면 외교적 행위와 대화로 귀결된다. 하노이에서 열린 북미정상회담이 최종적으로 합의에 이르지 못한 것은 강경파인 존 볼턴 미국 백악관 국가안보회의 보좌관의 강경 주장이 먹힌 것이라는 분석이 많다. 힘으로 눌러서라도 북한의 핵을 완전히 폐기하도록 해야 한다는 입장인 것으로 알려져 있다. 그는 조지 부시 행정부 때 이라크 전쟁을 강력하게 지지했고, 북한을 폭격해야 한다고 주장했던 인물이다. 그는 '슈퍼매파'로 꼽힐 정도로 극단적인 네오콘(신보수주의자)이다. 전쟁불사파인 그가 베트남전쟁 때 보인 행태는 아이러니하다.

그가 대학생이던 시절인 1960년대 미국 대학가에서는 베트남전 반대운동이 거셌다. 미국이 징병제이던 그 시기에 그는 베트남전을 지지하는 입장이었다. 하지만 그는 대학을 마친 후 메릴랜드 주방위군으로 입대했다. 당시 주방위군 입대는 베트남전 파병을 피하는 방법이었다. 그는 후일 "나는 동남아의 논에서 죽기 싫었다. 베트남전은 이미 졌다고 생각했다."고 밝힌 바 있다. 미국에서는 이런 사람을 일컬어 '치킨호크(chickenhawk)'라 부른다. 치킨은 겁쟁이, 호크는 강경파를 의미하는 말이다. 합하여 해석하면 '강경파 겁쟁이'라는 말이다. 전쟁에서는 이기기 바라지만 자신이 아닌 남들이 알아서 해주기를 바란다는 의미다. 미국 신문 〈뉴햄프셔 가제트〉는 치킨호크를 다음과 같이 규정한다. '남성 공직인물로서, 첫째 정치적 문제를 군사적으로 해결하려는 성향을 보이는 동시에, 둘째 개인적으로 전시 병역의무를 한사코 피하려는 인물'이라고. 베트남 전쟁을 지지하고, 이라크 전쟁을 지지했던 그가 북한을 악의 축으로 규정했던 부시 행정부의 국무부 비확산, 군축담당 차관이었다는 것을 생각해 보면 위험한 인물이 행정부의 주요 참모로 있다는 것이 얼마나 위험한 결과를 초래하는지를 새삼 생각하게 한다. 트럼프 행정부에서 강경파를 자임하던 존 볼턴은 2019년 9월 10일 해임됐다.

켄터키주 루이빌대 매코널센터는 대통령학 전문 역사학자들이 모인 가운데 '대통령의 결정적 순간들'이라는 컨퍼런스를 열고 역대 대통령들의 10대 실책을 선정해 발표했다고 AP통신이 보도했다.

역사학자들이 꼽은 실책 1위는 남북전쟁을 방조했다는 15대 제임스 뷰캐넌 대통령이고, 2위는 흑인 인권 개선을 소홀히 했다는 17대 앤드루 존슨 대통령이며, 3위가 36대 린든 존슨 대통령이다. 린든 존슨 대통령은 1964년 8월 통킹 만 사건을 계기로 베트남전을 '전면전'으로 이끄는데 결정적 역할을 했다. 이후 미 지상군은 1968년까지 54만 명으로 확대됐다. 결국 1975년 전쟁이 끝날 때까지 미군 5만 8천명과 베트남 민간인 200만 명이 사망했다(〈AP통신〉, 2006. 2. 18.). 역사학자들의 이 평가는 무엇을 의미하는가. 베트남 전쟁이 바람직하지 않은 전쟁이었다는 평가에 다름 아닌 것이다. 그가 그런 무모한 결정을 한 것은 매파들의 선동과 정치인의 판단 잘못이 결합되어 나타난 것이다. 정치인들의 잘못된 결정이 얼마나 많은 무고한 민간인과 군인들의 희생을 가져오는지 역사의 교훈으로 잘 새길 일이다. "전쟁의 가장 끔찍한 특징 가운데 하나는 모든 전쟁 선전물, 모든 악다구니와 거짓말과 증오가 언제나, 싸우지 않는 사람들에게서 나온다는 점이다." 영국 작가 조지 오웰은 1930년대 스페인 내전에 참전한 뒤 쓴 소설 『카탈로니아 찬가』에 남긴 말이다. 전쟁을 떠올리면 공감할 수밖에 없는 말이다.

　　베트남이 겪은 전쟁의 상당 부분은 식민지 전쟁이다. 베트남이 가해자인 것은 아니고 침략 당한 피해자 측이다. 식민지 전쟁이란 전쟁이 일어나기 전까지 아무런 원한이나 갈등이 없었던 나라들끼리 싸우는 전쟁이다. 식민지 전쟁은 승전국이 정복한 나라를 완전히 제 것으로 삼고 그 나라의 백성을 노예로 만들거나 다른 방법으로 억압하며 경제적 수탈을 목적으로 하는 전쟁이며, 심지어 완전히 멸족하기 위한 목적의 정복 전쟁이다. 멀리 떨어져 살고 있는 다른 사람들에게서 땅과 자원을 빼앗는 것을 통해 그들의 땅을 식민지로 삼자는 것이다. 전 지구적 차원의 강도와 살인 행각이나 다름없다. 이른바 식민지 전쟁은 전통적인 국가 간의 전쟁이 훨씬 과격해진 형태다(게르하르트 슈타군, 2019: 152-154). 물론 이웃한 국가끼리의 전쟁이 식민지 전쟁의 성격을 띠어서 한 국가를 멸망시키고 문화를 파괴하려는 경우도 있지만 유럽 각국들이 아시아의 여러 나라를 식민지로 삼은 경우를 보면 그렇지만도 않다. 풍토와 문화가 완전히 다른 나라를 멀리까지 가서 선진적인 무기와 군사를 통해 점령하여 제 것으로 삼은 전쟁, 그게 식민지 전쟁이다. 식민지 전쟁이 전통적인 전쟁보다 더 참혹한 이유는 정복한 국가와 정복당한 국가가 멀리 떨어져 있다는 데 있다. 거리가 멀면 차이도 커진다. 인간은 대개 낯선 사람을 자신과 친하거나 비슷한 사람보다 덜 존중한다. 멀리 떨어진 국가 간의 식민지 전쟁에서도 같은 현상이 나타난다. 정복자들은 자기들이 점령한 국가의 낯선 사람들을 완전히 멸시한다. 식민지 전쟁을 주도한 나라들은 강대국들이었다. 위험 없이 엄청난 이익을 얻을 목적으로 체급이 훨씬 낮은 이들을 상대로 무자비한 폭력을 휘두르는 것이다. 프랑스가 베트남을 식민지로 삼았고 이 식민지 정책에 대응하여 독립투쟁을 벌인 베트남은 지난하고 힘겨운 독립투쟁의 길을 걸어야만 했던 것이다. 국제적인 역학관계의 변화에 따라 그 적이 미국으로 바뀌었고 남북이 통일된 이후에는 중국이 그 적이 되었던 역사를 가진 베트남. 전쟁의 상흔이 깊을 수밖에 없다.

　전쟁은 결국 국가적 욕심 또는 욕망이 발현하여 약하다고 판단되는 상대 국가를 향한 폭력을 가한 것이다. 그 전쟁의 정당성은 일방적인 주장일 뿐 실제 정당성이 획득된 전쟁은 거의 없다. 가장 심대하게 나쁜 적용이 식민지 전쟁이다. 그 식민지 전쟁의 피해자였으며 독립을 향한 열망이 강했던 베트남은 결국 이 모든 과정을 이겨내고 독립 국가가 됐다. 그 과정과 결과 피해가 막심하여 어려운 나라가 될 수밖에 없었지만 다시 일어서는 그들의 강인함은 오늘의 발전하는 베트남으로 변모하게 했다.

존경받는 호치민

1945년 일본의 패전이 임박했다는 사실을 파악한 호치민은 1945년 8월 3일부터 공산당 중앙위원회와 월맹 총회를 열어 월맹 산하로 총력을 결집하여 즉각 행동에 나설 것을 결의했다. 또한 각계 대표 60명으로 인민의회를 구성한 후 하노이를 점령하도록 하였다. 일본의 항복과 연합군이 진주하기 직전인 권력 공백기를 이용하여 하노이를 접수한 월맹은 8월 18일까지 모든 공공기관을 장악하는 데 성공하였다. 이어서 호치민은 8월 29일 독립내각을 구성하였으며, 마침내 9월 2일에는 하노이에서 수 십 만 명의 군중이 참석한 가운데 베트남민주공화국 수립을 선포하였다.[4] 월맹은 북부지역에서 비교

---

4 이 날 호치민 주석은 바딘광장에서 열린 대회에서 독립을 선포하고 새로운 헌법을 읽었다. "모든 인간은 평등하게 창조되었다. 그들은 창조주로부터 양도할 수 없는 권리를 부여받았다. 생존, 자유, 행복의 추구 등이 그러한 권리다"라는 내용의 첫머리는 미국 독립선언문의 서두와 비슷하다.

적 용이하게 정국의 주도권을 장악할 수 있었다. 월맹은 남부지역에서 활동하고 있는 기존의 종교단체와 독립단체 등의 연합전선에 대해 실력행사로 물러나게 하고 모든 행정기구를 장악함으로써 월맹은 북베트남은 물론 남베트남 지역에서도 정국의 주도권을 장악한다. 제2차 세계대전에서 승리한 연합국은 1945년 7월 포츠담 회담에서, 베트남 주둔 일본군의 무장해제를 위하여 프랑스를 배제하고, 북위 16도선을 경계로 하여 북부는 중국군이, 남부는 영국군이 점령하도록 결정하였다. 이에 따라 북부지역에는 1945년 9월 9일 중국군이 진주하였다.

한편, 일본군이 물러간 베트남에는 프랑스가 또다시 주권을 주장하고 나섰다. 프랑스는 8월 22일 케들을 판무관으로 임명하여 베트남에 파견한 데 이어, 9월 12일 일본군의 무장해제를 위해 남베트남에 진주하는 영국군 대대에 프랑스군 1개 중대를 포함시켰다. 이후 프랑스는 베트남에서의 식민체제를 재구축하기 위하여, 점령국인 중국 및 영국과 협상을 통해 1946년 양국 군대와 교대한 후 베트남을 다시 점령함으로 베트남은 또다시 프랑스의 지배를 받게 되었다. 이에 프랑스군은 독립을 주장하면서 행정기관을 장악한 월맹과 충돌하게 되었고, 두 세력은 마침내 전쟁을 하기에 이른다. 베트남은 이때의 전쟁을 항불인민해방전쟁이라고 부르는데, 이것이 이른바 제1차 베트남전쟁이었다(채명신, 2006: 89).

프랑스는 1954년 5월 7일 디엔 비엔 푸 요새에서 월맹군에게 패배한 후 호치민 정부와 제네바에서 휴전협정을 맺는다. 이 회담에서 양측은 북위 17도선을 경계로 하여 이북은 호치민의 월맹이 점령하고 이남은 프랑스군이 점령하며, 2년 후인 1956년 7월 중에 남북 총선거를 실시하여 통일정부를 구성하기로 합의하였다. 호치민은 당장 독립하는 것은 아니지만 자치를 인정받은 이 합의를 받아들이는 것으로 외교적 역량을 발휘했지만 완전한 독립을 주장하는 이들의 비판을 받게 된다. 제네바 협정에 의해 북위 17도선으로 분단된 북쪽의 월맹은 호치민의 강력한 통제로 정치가 안정되어 간 반면, 남베트남에서는 미국의 지원을 받는 자유공화국을 수립하는 국민투표에서 고 딘 디엠이 대통령에 당선되어 남베트남의 운명을 책임지게 되었다. 이때부터 철수한 프랑스를 대신하여 미국이 후원국이 되었으며 베트남전쟁에 개입하게 된다.

지도자로서의 품격과 능력을 갖추지 못했던 고 딘 디엠은 좌충우돌 잘못된 판단과 행동으로 민심을 점차 잃어 갔다. 미국의 사이공 정권의 안정에 위협을 주는 존재는 제네바 협정 뒤 남베트남에 남아 있던 베트민들이 아니라, 오히려 고 딘 디엠 자신이 최악의 적이었다. 1956년 디엠은 미국의 부추김에 따라 자신의 새로운 정부에 정통성을 부여하기 위한 헌법을 공포했다. 대통령제와 내각제를 조합했으며, 형식상으로는 개인 인권을 보호하는 조항들이 들어 있었다. 그러나 디엠에게는 민주적 정치가다운 본능이 결여되어 있었다. 그는 태도가 뻣뻣했고, 군중 앞에서는 불편해 했으며, 자신의 유권자들하고도 어울리지 못했다. 그는 남부인들을 불신하여 가톨릭 교도하고만 어울렸는데, 그들 가운데 다수는 북부에서 내려온 피난민들로 그와 마찬가지로 공산주의에 깊은 불신을 품고 있었다. 디엠은 또 비판에 민감하여 자신의 통치에 반기를 들 만한 모든 잠재세력을 재빨리 탄압했다(윌리엄 J. 듀이커, 2003: 744).

1960년 12월 20일 남베트남 민족해방전선이 결성되면서 미국

제국주의 및 고 딘 디엠 정권 타도 그리고 민족의 통일 등을 내세우고 본격적인 저항을 시작한다. 민족해방전선의 결성으로 베트콩들의 활동은 급격히 신장되었으며, 그들의 군사조직은 대폭 강화되어 당시 남베트남 국토의 약 58%를 지배하였다. 반면에 고 딘 디엠 정권은 도시와 일부 평야지대를 장악하는 데 그쳤다. 고 딘 디엠 정부의 무능과 부패로 국민의 불만이 높아지게 되자, 1963년 11월 1일 두옹 반 민 장군이 주도하는 쿠데타가 발생하여 디엠 정부는 전복되고, 디엠 일족들은 피살되었다. 쿠데타에 성공한 민 장군은 내정개혁에 착수하였으나, 1964년 1월 30일 구엔 칸 장군이 주도하는 쿠데타에 의해 다시 붕괴되었다. 쿠데타의 악순환은 계속됐다. 1964년 한 해 동안에 무려 7번의 정권 교체가 있을 정도로 혼란스러웠던 남베트남이었으니 결집된 힘으로 북베트남을 맞서기는 어려웠다(채명신, 2006: 91). 프랑스 식민지 시절 친프랑스파로 분류되었던 이들이 남베트남의 권좌를 차지하고 있었으니 시작부터 별로일 수밖에 없다. 남베트남이 망할 때까지 한 명 빼곤 모두 군부 지도자가 권좌에 있었으니 그 단순하고 부패함은 이루 말 할 수 없을 정도였다. 전쟁 중에도 군인들은 북베트남과 민족해방전선 측에 무기를 팔아먹는 일이 비일비재했으니 전쟁에서 승리할 가능성은 애초부터 없었다(박태균, 2015).

막강한 미국의 지원을 받았던 남베트남이 지도자의 무능과 부정부패로 몰락해 가는 사이 북베트남은 호치민의 지도 하에 비교적 일사불란한 체제를 유지하며 외세에 맞섰다. 이런 와중에 미국은 1962년 2월 8일 군사고문단을 대신하여 주월 미 군사원조사령부(MAC-V)를 설치하고, 하킨스 대장을 사령관으로 임명하면서 보다 더 적극적으로 월남 문제에 개입하기 시작하였다. 이런 정세 속에서 1964년 8월 '통킹 만 사건'이 일어난 것이다. 결국 제2차 베트남전쟁이라는 긴 전쟁이 시작된 것이다. 당시 미국은 베트남의 공산화 저지를 위한다는 명분으로 대한민국을 포함한 25개국에 남베트남을 적극 지원해 줄 것을 요청했다. 이에 대해 일부 국가는 남베트남의 공산화 방지에는 동의하지만 직접 개입은 신중히 대처한다는 입장을 취했고, 대한민국을 포함한 영국, 서독, 호주, 태국 등 14개국은 미국의 요청에 호응하여 베트남전쟁에 개입하게 된다(채명신, 2006: 92). 이후 지난한 전쟁의 과정은 1973년 미국이 이 전쟁을 포기하면서 새로운 국면으로 접어든다. 남베트남에서 비인간적 비윤리적 행위가 숱하게 벌어지고 부정부패가 만연하는 등 온갖 모순들이 겹쳤고, 국제 상황도 미국의 의도대로 돌아가지 않자 도미노이론을 들이대며 공산주의와의 싸움이라 우기던 미국이 결국은 포기한 것이다. 최종적으로는 북베트남이 남베트남을 총공격하여 1975년 통일을 이루는 것으로 마무리 된다. 1976년 6월 하노이에서 열린 통일국회는 7월 2일 베트남사회주의공화국을 결의한다. 이는 정치적, 법적으로 남베트남의 북베트남에 의한 병합형식이다.

프랑스에 대항한 독립운동과 프랑스와 다시 맞서 싸운 제1차 베트남전쟁, 그리고 미국과 맞선 제2차 베트남전쟁의 과정을 관통하는 한 인물이 있었으니 바로 그가 베트남민주공화국 첫 주석인 호치민이다. 미국과의 전쟁에서 승리하는 것을 보지 못하고 80세가 되던 1969년 9월 2일, 베트남 독립 24돌을 기념하는 날 사망한 그는 베트남 전쟁에서의 길이 남을 지도자이며 지금까지도 존경을 한 몸에 받는 특별한 지도자다. 그는 전쟁만이 아닌 국제관계 속에서 외교를 통해 독립을 이룰 수도 있고, 나아지는 현실을 만들 수도 있다는 소신으로 일관했다. 그로 인해 공산당 내에서의 영향력의 부침을 겪기도 했지만 그의 소신은 변하지 않았다. 공산주의의 최전선에 참여하는 인물이기도 했으나 무엇보다 민족주의자로서의 면모가 눈에 띄는 인물이다. 그에게 사상은 독립을 위한 과정에 가장 적절한 도구였다는 평가가 있다. 무엇보다 그에게서는 소박하고 선량하며 성실했던 이미지를 느낄 수 있었기에 그것이 베트남 국민들에게 오래도록 남은 게 아닐까를 생각하게 된다. 많은 동료들이 그가 죽은 뒤에도 기억하는 것은 그의 개인적인 품성, 선량하고 소박한 이미지, 불굴의 낙관주의, 대의에 대한 진지하고 헌신적인 태도였다. 이런 점에서 응우옌 아이 쿠옥(호치민의 옛 이름)의 혁명 윤리는 그가 당에 준 영향의 핵심을 이루며, 많은 사람들이 이것을 베트남 공산주의의 뚜렷한 특징으로 여긴다(윌리엄 J. 듀이커, 2003: 225).

호치민의 삶의 궤적을 살펴보면 대단히 특별한 경험의 소유자임을 알 수 있다. 프랑스 식민지의 청년이었던 그가 고국을 떠나 프랑스로 가면서 거쳤던 여러 나라들에서의 경험, 프랑스와 영국에서의 독립운동, 이후 소련에서 교육도 받고 당 활동도 하던 그였다. 중국에서의 활동한 시기도 있다. 태국 시암에서의 활동에 이어 베트남 북부지역에서의 독립투쟁에 이은 북베트남 정부수립, 이후의 전쟁 지휘까지 종횡무진 활약했던 그였지만 그는 권력을 함부로 사용하지도 않았고 독점하지도 않았다. 생각이 달랐던 지도자들마저 그를 배제할 수 없을 만큼 민중들의 지지를 받았던 성품의 소유자이기도 했었다. 베트남 독립운동의 모든 과정을 관통하는 가장 특별한 인물 그가 바로 호치민이다.

호치민의 생애를 간단히 정리해 보자. 1890년 5월 19일 응우엔 신삭의 아들로 출생한 호치민은 1907년 프랑스식 국립학교인 국학에 합격하였으나 1908년 조세반대시위에 가담하여 퇴학당한다. 1911년 6월 프랑스 기선 주방보조로 취직하여 베트남을 떠난 후 약 2년 간 유럽, 아시아, 아프리카, 남아메리카 등 세계 곳곳을 다닌다. 1911년에는 프랑스의 생트안드레아스에서 정원사로 취직하기도 했고, 1912년 미국에 머물 당시엔 노동자로 일하며 흑인 활동 조직에 참여했다. 1914년 영국 런던에서 하급 노동자로 일하며 '혁명노동자연합'에 가입한다. 1917년에는 프랑스 파리에서 안남애국자연합을 결성하고 온건한 8개조의 청원서인 '안남 민족의 요구'를 응우엔 아이 쿠옥(애국자)이란 가명으로 발표한다. 고정적인 일자리인 사진 수정사로 취직하면서 프랑스사회당 당원으로 가입했으며, 〈위마니테〉 등 파리의 간행물에 기고하기 시작한다. 1920년 '제3인터내셔널 협력위원회' 위원이 되었고 1921년에는 국제식민지연맹를 결성한다. 1922년 〈르 파리아〉를 창간하고 편집인이자 중요한 기고자로 활동하고, 10월 파리에서 열린 프랑스공산당 전국대회에서 식민지 문제에 좀 더 관심을 기울일 것을 촉구하는 결의안 제출하는 등 맹렬히 활동하다 1923년 6월 모스크바로 탈출한다. 코민테른 극동국에서 근무하고 이후 스탈린 학교에서 수학한다. 1924년 6월 제5차 코민테른 대회에 프랑스 공산당 대표로 참석하여 3차에 걸쳐 식민지 문제와 농민의 역할에 대해 열정적인 발언을 한 이후 활동지를 광저우로 옮긴다. 1925년 6월 광저우에서 새로운 혁명 조직인 베트남혁명청년회 결성하고, 잡지 〈타인 니엔(청년)〉을 간행했으며, 광저우에 세워진 '베트남 혁명을 위한 특별정치연구소'의 교사로 활동한다. 1926년에는 베트남 혁명 교과서인 『혁명의 길』을 집필했으며, 『시험대에 오른 프랑스 식민주의』를 출간한다.

1927년 중국인 당 투옛 민과 결혼하였으나 공산주의자 검거 선풍을 피해 홍콩을 거쳐 블라디보스토크로 도피한다. 1928년 7월 부터는 시암 방콕에서 친 신부로 위장하여 활동하게 된다. 이곳에 서의 활동으로 1930년에는 안남공산당과 인도차이나공산당, 인도 차이나공산주의연맹을 통합한 베트남공산당을 창당(후에 인도차이나 공산당으로 개명) 하지만 1931년 상임위원회 대부분이 치안국에 체포 당했다. 호치민도 홍콩에서 영국 경찰에 체포된다. 1932년 12월 석 방되고, 1933년 1월 쑹 칭링과 중국공산당의 도움으로 홍콩을 탈출 하여 1934년 모스크바에 도착 후 레닌 대학에 입학한다. 다시 1938 년 9월 중국으로 떠나 긴 여정 끝에 팔로군 지역본부에서 기자 겸 보건 담당 간부로 일했다.

1940년 독일의 프랑스 점령으로 베트남 독립운동의 새로운 전 기가 마련된다. 이 때부터 호치민(胡志明)이란 새로운 이름 사용한 다. 1941년 팍 보의 동굴에서 생활하며 5월 인도차이나 공산당 제 8차 전체회의 개최한다. 호치민이 의장을 맡은 첫 중앙위원회 회의 에서 베트남 독립을 가장 앞에 놓았다. 1942년 8월 중국으로 가는 길에 중국 경찰에 체포당하고, 감옥 안에서 『옥중일기』를 집필한다. 1943년 9월에 석방된 호치민은 1944년 3월 중국국민당 장 파쿠이 의 도움으로 중국 남부에 혁명 운동기지 만든다.

1945년 3월 미국 연락장교 찰스 펜과 만나 미국 쪽 정보원 일 을 맡으며, 5월에는 킴 룽에 새로운 군사 사령부를 조직한다. 8월 13일 제9차 전체회의에서 총봉기 결정하고 8월 16일 일본 항복 소식에 전국인민대회 소집하여 새 국기와 국가를 결정한다. 총봉기를 일으켜 8월 19일 타이 응우엔 성도에 진입했으며, 하노이도 베트민이 무혈 점령하고, 베트남 민주공화국을 세운다. 북부 대부분을 장악하며 8월 29일 바오 다이 황제의 퇴임을 요구하고, 민족해방위원회에서 호치민을 주석으로 한 내각을 구성한다. 9월 2일 바딘 광장에서 독립선언식 개최한다. 이상이 호치민 주석을 소개하며 전술한 첫 부분 직전까지의 상황이다. 하지만 여기에서 끝난 것이 아니라 베트남의 독립까지는 아직 갈 길이 많이 남았었다.

9월 9일 중국군이 하노이에 입성하고 9월 12일 코친차이나에는 영국 점령군이 도착하여 프랑스 식민지 권력을 복원시킴에 따라 폭동과 전투로 사이공에서 엄청난 사상자 발생한다. 1946년 1월 1일 민족주의자와 베트민의 새로운 연립정부를 구성하고 1월 6일 북부에서 총선거를 실시한다. 10월부터 프랑스판무관 장 생트니와 협상하여 결국 독립 대신 자치로 타협한다. 3월 2일 최초로 국회를 소집하여 호치민은 새로운 연립정부의 주석으로 선출된다. 3월 6일 베트남과 프랑스 사이에 '프랑스는 베트남민주공화국을 프랑스 연합 내에서 자체의 정부, 의회, 군대, 재정을 둔 자유국가로 인정한다.'는 합의서를 작성하지만 프랑스와 다시 전쟁이 시작된다.

남측은 1948년 3월 남베트남에서 바오 다이의 임시정부를 수립하고 프랑스는 준국가로 인정한다. 남측은 프랑스의 관할 하에 있고 북측은 중국과 소련의 인정을 받은 정부가 수립된 분단의 형태를 보인다. 이후 격렬한 전쟁을 통해 프랑스는 패하지만 이후 권력의 공백기를 틈타 미국의 권력이 개입한다. 이후 미국과의 전쟁을 치를 수밖에 없었던 베트남은 지난한 과정을 거쳐 미국과의 전쟁에서 승리하고 남베트남을 힘으로 제압하여 통일 베트남을 건설하게 된다. 호치민은 미국과의 전쟁 막바지에 사망하지만 그의 동지들과 후예들이 결국 전쟁에서 승리하게 된 것이다. 막판으로 갈수록 권한과 영향력이 조금씩 줄기 시작한 호치민이지만 통일 이후 그의 영향력은 오히려 커지는 현상을 보인다. 통일 정부의 의도적인 시도도 있었지만 무엇보다 그가 평생을 베트남 독립을 위해 애써온 과정을 지켜본 이들이 너무도 많았기 때문이다.

호치민의 생애는 그야말로 파란만장하다. 그의 생애를 심층적으로 연구한 이른바 적국인 미국의 해외 파견 장교로 사이공 미국 대사관에 근무했던 윌리엄 J. 듀이커는 대사관 근무 중 호치민이라는 인물에 매료되어 이후 역사학자로 30년 동안 호치민을 연구하고 책으로 정리한 바 있다. 그게 바로 『호치민 평전』이다. 1,000쪽에 달하는 심층적인 연구를 한 그는 호치민을 매우 매력적인 인물로 평가하고 긍정적인 해석을 한다. 여러 부정적인 내용도 여과 없이 기록하면서 호치민에 대한 연구를 수행한 그가 참 대단하다. 듀이커의 연구처럼 근대의 베트남을 알고자 한다면 호치민을 연구하지 않고는 해석하기 어렵다. 호치민에 대한 인식의 제고는 베트남을 아는 열쇠가 된다는 말이다. 베트남 어디를 가도 호치민에 대한 애정 어린 시선을 느낄 수 있고, 수도인 하노이에는 그를 기억하는 박물관이며 생가, 묘소, 주석궁 등이 남아 있다. 그곳에 가면 그를 향한 애정의 깊이를 느낄 수 있다.

베트남민주공화국의 주석이 된 호치민의 국무위원으로서의 초기 활동을 보면 그는 세간에서 말하는 과격한 공산주의자의 면모가 아니라 온건한 개혁주의자였음을 알 수 있다. 호치민 정부는 세금을 줄이고, 노동 조건을 개선하고, 농지를 가난한 사람들에게 분배하는 데 경제적 노력을 집중했다. 프랑스가 강제했던 토지세의 폐지와 더불어, 정부 세입의 4분의 3을 차지하던 인두세, 소금과 주류 제조에 대한 세금을 비롯하여 다양한 상업 관련 세금들을 즉시 폐지했으며, 아편 소비와 강제 노역 관행은 공식적으로 금지했다. 8시간 노동제를 공포하였으며, 고용주들은 피고용자를 해고할 때 사전에 통보해야 했다. 농촌에서는 소작료가 25% 줄었으며, 모든 장기 채무가 탕감되었다. 그러나 정부는 산업이나 상업을 국유화하는 조치는 취하지 않았으며, 부농의 농지를 몰수하여 가난한 농민에게 재분배하는 야심만만한 토지개혁을 실시하지도 않았다. 일단은 프랑스 식민주의자들과 베트남인 배반자들의 토지만 몰수했다(윌리엄 J. 듀이커, 2003: 487-488).

호치민의 주장에 따르면, 호치민의 오랜 활동의 목적은 자본주의적 착취에 기초한 세계 체제를 끝장내고, 카를 마르크스의 유토피아적 비전에 따른 새로운 혁명적 세계를 창조하는 것이었다. 반면 다른 의견에 따르면, 호치민의 중심 메시지가 유교 윤리와 프랑스 혁명의 자유, 평등, 우애라는 이상의 도움을 얻어 계급투쟁이라는 마르크스주의의 철의 법칙을 완화하는 것이었다고 주장한다(윌리엄 J. 듀이커, 2003: 16). 그의 활동 목적이 어떤 것이었든 관계없이 그 호치민이 결국 베트남의 독립을 일군 것은 분명하다. 카리스마를 갖춘, 때로는 강한 압박도 가능한 지도자라면 단기간의 지도자로서 매우 유용하다. 하지만 호치민의 경우처럼 긴 기간 일관되게 지도자로서의 위치를 갖고 나라를 이끈 지도자에게서는 그런 카리스마를 발견하기 어렵다. 카리스마는 없으되 삶의 태도와 진정성으로 국민들에게 각인된 그의 삶이 결국은 베트남을 독립으로 이끈 중요한 요인이 되었다는 판단을 하게 된다. 호치민에게는 베트남이, 베트남에게는 호치민이 있어서 전쟁에서 승리했고 독립에 성공한 것이다. 결과적 해석이지만.

앞에 이미 언급했듯이 우리나라와 베트남은 전쟁을 한 나라다. 전쟁을 한 나라들이 가까워지기는 쉽지 않을 것이 자명하지만 오늘은 현실은 그렇지 않다. 현재 드러난 외형적인 모습으로는 대단히 가까운 사이임이 분명하다.

한국과 베트남은 1992년 12월 22일에 수교한 이후 주로 경제 협력을 통해 관계를 증진해 왔다. 1992년 수교 이후 양국은 긴밀한 관계를 맺어 왔으며 무역량은 1992년 5억 달러에서 2018년 683억 달러로 증가했다. 2015년 발효된 한-베트남 자유무역협정(FTA)이 양측의 투자와 무역 관계를 증진시키는데 크게 기여한 결과다. 한국은 미국을 제치고 베트남 교역국 2위다. 한국은 베트남의 4위 투자유치국이며, 베트남은 한국 개발원조의 최대 수혜국이다. 문화적으로도 동남아에서 한류 붐이 가장 활발한 나라이고, 한국 내 베트남인과, 베트남 내 한국인이 각각 8만여 명, 그중 국내에 와 있는 베트남 유학생 수는 2017년 말 현재 중국 다음으로 많은 1만 5,000여 명이다. 한국 남성과 결혼하는 외국 여성 중에서 베트남 여성이 가장 많다.

베트남의 리 왕조가 쩐 왕조로 교체 되던 즈음인 1226년 리 왕조의 왕자 이용상(李龍祥)이 고려로 망명했을 때, 고려는 이용상을 환대했다. 고려는 이용상을 화산군으로 봉했고, 이용상은 고려를 침략한 몽골군과의 전투를 승리로 이끄는데 기여했던 것에서 시작된 한국과 베트남의 관계가 적국으로 만나 전쟁을 치른 지 수 십 년 만에 이제는 친구이자 동반자가 된 것을 보면 국제관계에서 영원한 적도 영원한 동지도 없음을 보여준다.

분단과 식민지배, 동족간 전쟁 등의 공통적인 역사적 경험을 공유한 한국과 베트남은 다르지만 같은 그 어떤 공통점을 가지고 있다. 극에서 극으로 관계가 달라지기도 했지만 현재의 우호적인 분위기는 긍정적이다. 베트남에 대한 기억의 조각들이 각자 다르겠지만, 그 다른 기억의 조각들을 재조합하여 종합적인 인식을 가져야 할 때가 아닌가 싶다. 참전 군인이었던 세대와 여행지로 기억하는 세대 간의 기억은 다르지만 현재는 같은 베트남을 보고 경험하는 중이다.

그간 피상적인 이해에 그쳤던 베트남이라는 나라에 대해 알아가면 알아갈수록 강인하고 끈질긴 나라라는 사실을 깨닫게 된다. 우리나라 사람들이 흔히 갖고 있는 잘못 가운데 하나가 동남아시아 국가들의 국민들을 조금 낮춰 보는 경향인데, 그것이 얼마나 허무맹랑하고 잘못된 생각인지를 베트남의 역사를 공부하다 보면 알게 된다. 베트남이 우리에 비해 가난한 나라이고 외형적으로는 조금 작은 사람들이라 갖는 편견은 당장 우리가 버려야 할 일이다. 국제결혼으로 맺어진 베트남과의 관계에서 갖는 편견도 상당하다. 대화가 원활하지 않고 조금 더 우위에 있다고 생각하는 이들의 폭력과 강압은 버려야 할 과제다. 군대를 동원해 침략하고 수탈하는 것만이 식민지를 상대하는 모습이 아니다. 정신적으로 무시하고 배제하는 일방적 입장으로는 바람직하고 건강한 관계를 가질 수 없다. 여행지로 즐기면서 그 나라를 무시하는 마음은 여행자로서도 바람직한 태도가 아니다. 역사적, 문화적 유산을 공유하며 서로를 이해하는 것이 역사여행자의 바람직한 태도가 아니겠는가. 아니 더 나가서 세계인의 바람직한 태도라 생각한다. 그 베트남을 더 잘 이해하고 기억하며 공유하는 것은 우리 국민 모두에게도 유익한 일이라는 생각이다. 직접적이든 간접적이든 공통된 아픈 역사를 가지고 있는 이들이라면 조금 더 이해할 수 있는 여지가 충분하지 않겠는가. 서로의 역사를 알아가고, 경험을 공유하며 서로에게 유익한 일들로 만나는 베트남과의 관계가 되기를 기대한다. 서로를 잘 기억하자. 단절된 과거가 아닌 열린 미래를 위해서 말이다.

참고문헌

게르하르트 슈타군, 2019,『전쟁과 평화의 역사』, 이화북스.

리영희, 1985,『베트남 전쟁』, 두레.

박태균, 2015,『베트남 전쟁 −잊혀진 전쟁, 반쪽의 기억』, 한겨레출판사.

버나드 로 몽고메리, 1995,『전쟁의 역사』, 책세상.

윌리엄 J. 듀이커, 2003,『호치민 평전』, 푸른숲.

채명신, 2006,『베트남전쟁과 나』, 팔복원.

〈AP통신〉 2006. 2. 18.

〈다음백과〉, '킬링 필드' https://100.daum.net/encyclopedia/view/47
　　　　　XXXXXXXX86